Heinrich Preschers

Allgemeines Archiv für die Länder und Völkerkunde

Erster Band

Heinrich Preschers

Allgemeines Archiv für die Länder und Völkerkunde
Erster Band

ISBN/EAN: 9783744701211

Hergestellt in Europa, USA, Kanada, Australien, Japan

Cover: Foto ©ninafisch / pixelio.de

Weitere Bücher finden Sie auf **www.hansebooks.com**

Allgemeines Archiv
für die
Länder- und Völkerkunde.

Herausgegeben

von

Friedrich Carl Gottlob Hirsching.

Erster Band.

Leipzig,
bey Christian Gottlob Hilscher
1790.

Omnino litterarum studia nunc ita comparata sunt, ut varietatem et copiam multo magis desiderari videas, quam subtilitatem et ἀκρίβειαν. — Ingenii est pauperis et humilis, intra angustos unius disciplinae fines se suaque continere, ut omnes vitae suae spes ex unicis (v. c. Pandectis) suspensas habere.

Praef. Cat. Praelect. in acad. Götting.
per hiemem 1783.

Vorerinnerungen.

Bey der emsigen Bearbeitung der Geschichte, Geographie, Topographie, Naturkunde und Statistik, und bey den zerstreuten Abhandlungen, welche in dieses Fach einschlagen, kann ein solches Archiv, das so wohl noch unbekannte oder nicht beschriebene Gegenstände, in getreuen Schilderungen darstellet, als auch aus weniger allgemein bekannten Provinzialwochenblättern, Zeitungen und Intelligenzblättern, oder auch aus ganz heterogenen Werken merkwürdige und authentische Nachrichten dieser Art zur weitern Bekanntmachung aushebt, jedem Liebhaber dieser Wissenschaften eine sehr angenehme Erscheinung seyn.

Vorerinnerungen.

Bereits im Jahre 1786 unternahm ich es, in dieser Hinsicht die Geschichte und Statistik meines Vaterlandes, oder vielmehr des ganzen fränkischen Kreises in einer Quartalschrift zu bearbeiten und bekannt zu machen. Ich suchte zu diesem Vorhaben mehrere fränkische Gelehrte anzuwerben, theilte ihnen meinen Plan mit, und fand auch gütige Zusage und Beystand. Unterdessen kündigte eine Gesellschaft fränkischer Gelehrten in der wirzburger gelehrten Zeitung, dann im Journal von und für Deutschland und nachher auch in der oberdeutschen Litteraturzeitung ein, meiner Quartalschrift in vielen Stükken ähnliches Journal, unter dem Titel: Materialien zur Geschichte der Menschheit, an. Ich ließ mich durch diese Ankündigung gar nicht abschrecken, da sie sehr weit aussehend war, und verband mich auch zur bequemern und thätigern Herausgabe mit dem Hrn. M. Degen in Anspach. Allein die Lübeckische Buchhandlung in Bayreuth, welche diese Quartalschrift in Verlag nehmen wollte, war zu unwirksam und ökonomisch, da sie seit dem Tode des braven Lübecks gar viel verlohren hat, die Mühe häufte sich, und — ich ließ mein Vorhaben, ohngeachtet der schriftlichen und

münd-

Borerinnerungen.

mündlichen Aufmunterungen von Seiten mehrerer Gelehrten, und auch meines Hrn. Mitherausgebers, fahren, um eine günstigere Gelegenheit abzuwarten.

Indessen hatte mein Unternehmen, dessen Nutzen Niemand mißkennen wird, der nur einigermaßen die fränkische Geschichte und Statistik in ihrem wahren Umfang kennt, hie und da starke Sensation gemacht. Herr M. Degen mochte den Entwurf meines fränkischen Magazins für Menschen- und Länderkunde *) einigen Gelehrten in Anspach mitgetheilt haben; denn im Jahre 1789 kündigten Hr. D. Büttner und Herr geheimer Registrator Fischer, beide in Anspach, ein fränkisches Archiv auf Subscription an, in welcher Ankündigung alle Stücke meines schon vor 3 Jahren entworfenen Plans getreu enthalten sind. Mit diesen beiden vereinigte sich Hr. Regierungssekretair Keerl in Anspach, worauf der erste Band des fränkischen Archivs noch zu Ende des vorigen Jahres, jedoch

*) S. Gothaische gel. Zeit. vom J. 1788. St. 1. S. 8.

Vorerinnerungen.

doch auf Kosten der Herausgeber, erschien Indessen scheint das fränkische Publikum zu einem so mühseligen und kostbaren Unternehmen noch nicht recht gestimmt zu seyn, wie man aus der geringen Subscribentenliste des fränk. Archivs am deutlichsten ersieht. Vielleicht mögen auch die vielen öfters wiederholten Versprechungen, zuviel haben erwarten lassen, und dadurch die Aufmerksamkeit des gelehrten fränkischen Publikums vereitelt haben.

Indessen sehe ich mit Vergnügen, wie dieser bisher für gering geachtete und gar nicht gehörig bearbeitete Gegenstand, nämlich die historische und statistische Beschreibung des fränkischen Kreises, dessen nähere Bekanntmachung ich seit dem Jahre 1785 in so vielen Briefen und auch häufig mündlich bey kleinen Reisen sehnlich wünschte, bereits von mehreren Gelehrten in Schutz genommen, und seiner löblichen Ausführung näher gebracht wird. Die Vorsehung hat den fränkischen Kreis so außerodentlich gesegnet, daß ein solches Unternehmen von Freunden der Vaterlandskunde mit Vergnügen muß unterstützt werden,
und

Vorerinnerungen.

und daß ein solches Vorhaben der Ausländer mit gemeinschaftlicher Freude aufnimmt, der in noch minderer Kenntniß mit dem fränkischen Kreise steht. Gerade als ich dieses schrieb, wurde mir die Ankündigung einer Zeitschrift zugeschickt, unter dem Titel: Fränkisches Magazin zur Geschichte, Geographie, Topographie, Naturkunde und Statistik, herausgegeben von C.F. Keßler von Sprengseisen, herz. S. meiningischen Obristlieutenant, auch Obermarschkommissar des hochlöbl. fränk. Kreises. Der Herr Herausgeber ist bereits als Schriftsteller rühmlich bekannt, so, daß uns diese Ankündigung viel Gutes hoffen läßt.

Was das Publikum von meinem Archive zu erwarten habe, lehrt schon der Titel desselben; und die Inhaltsanzeige giebt eine genaue Uebersicht. Alles was Lage, Grenzen, Einwohner, Volksmenge, Sprache, Sitten, Lebensart, Industrie, Erziehungswesen, Landesgesetze, Produkte aus dem Reiche der Natur und der Kunst, Bergwerke, Feldbau, Handlung, Beschreibungen von Fabriken und Arbeits-

Borerinnerungen.

beitshäusern, billige und bescheidene Vorschläge zu Verbesserungen, dieser und jener Gebrechen, welche Obere aufmerksam machen können; mit einem Wort, alles, was zu einer künftigen Geschichte, Geographie oder statistischen Beschreibung irgend eines Kreises, einer Gegend, einer Stadt, eines merkwürdigen Dorfs u s. w. behülflich seyn kann, ist willkommen, und ich werde mit denenjenigen, so mich mit dergleichen Nachrichten unterstützen wollen, das weitere schriftlich verabreden.

Ich werde Beyträge, Fragmente zur nähern Kenntniß Deutschlands liefern, (ob ich gleich andere Welttheile nicht auszuschließen gesonnen bin) und verlange nichts, als meine Mitbürger auf den kleinen Erdstrich, den sie bewohnen, aufmerksam zu machen. Mein Hauptzweck ist dabey auf die Kenntniß des Nahrungsstandes verbreitet; der schicklichste Weg hiezu ist, deucht mir, eine richtige Angabe der Häuser und der Zahl der Einwohner, der Gewerbe und Handwerker.

Welche

Vorerinnerungen.

Welche Menge von Unrichtigkeiten findet man nicht in so vielen statistischen Schriften, besonders in Reisebeschreibungen. Auch diese werde ich gelegentlich zu berichtigen suchen. Es ist schwer, die Beschreibung des geringsten Städtchens, geschweige denn eines ganzen Landes zu machen, wenn man sich nicht an Ort und Stelle aufhält; die meisten Quellen und Hülfsmittel sind schlecht, fehlerhaft, öfters ganz falsch. Manche herrliche Beschreibung eines Landes, einer Gegend, einer Stadt u. s. w. steckt in einem voluminösen und gelehrten Werke verborgen, die also, wer nicht gerade Litteratur besitzt, oder Gelegenheit dazu hat, ein solches kostbares Werk einzusehen, öfters ziemlich unbekannt bleibt. Solche verborgene Merkwürdigkeiten werde ich durch dieses Archiv bekannter zu machen suchen.

Ich gebe diesem Buche den Titel Archiv, weil es sowohl ungedruckte, als auch gedruckte, aber wenig bekannte Sachen in sich zur ferneren Aufbewahrung und zum gemeinnützigen Gebrauch enthalten soll. In diese specielle Hinsicht gehören auch zweckmäßige brauchbare Verordnungen

Vorerinnerungen.

gen, welche auf den Wohlstand der mehresten Mitglieder der bürgerlichen Gesellschaft abzwecken, und deren besonderer Abdruck immer ein verdienstliches Werk ist. Brauchbare Beyträge werden mir hiezu willkommen seyn.

Geschrieben zu Erlangen, auf der Friedrich-Alexanders Universität im März 1790.

Friedr. Carl Gottl. Hirsching.

Inhaltsanzeige.

1) Beschreibung der königl. ungarischen Haupt- Frey- und Krönungsstadt Preßburg   Seite 1
2) Hohe Landesstellen in Wien   17
3) Meine Reise durch Hohenlohe   19
4) Nachricht von der Stadt Lucern in der Schweiz, und ihrer Regierungsverfassung   55
5) Historisch-topographische Beschreibung der Stadt Eichstädt   68
6) Von dem Chausseebau im Fürstenthum Eichstädt   113
7) Volksmenge des Fürstenthums Eichstädt   128
8) Von der Insel Cythera, heut zu Tage Cerigo genannt, den Venezianern gehörig   133
9) Von der Papiermühle bey Hof   145
10) Anzahl der Baumwollenstrumpfwürker- und Weberstühle in der Landeshauptmannschaft Hof   150
11) Bevölkerungsstand der Städte, Märkte und Dörfer in der Landeshauptmannschaft Hof im Vogtländischen im Jahre 1783   152
12) Revolution in Frankreich. Rücksicht auf die Ursachen.   155
13) Ueber das mineralische Wasser zu Steben, im Fürstenthum Bayreuth   160
14) Nachricht von den Schiffarten der Russen im Eismeere   164
15) Von dem Quecksilberbergwerk zu Idria   167
16) Statistische Fragmente von dem Herzogthum Sachsen-Weimar   174
17) Ueber die Stadt Blankenburg und das Kloster Michaelstein   178

18)

Inhaltsanzeige.

18) Beschreibung der Gold-Cronacher Gold- und Silberbergwerke im Fürstenthum Bayreuth, insbesondere von der sogenannten alten Fürsten-Zeche, und dem neuerlich dazu verliehenen vereinten Felde S. 182

19) Nachricht von Altona und dem dasigen Handel 196

20) Bischöflich-eichstädtische Leichen- und Trauerordnung, wie solche seit dem 1. May 1789 daselbst gehalten wird 199

21) Hochfürstl. Brandenburg-Bayreuthische Verordnungen 209

22) Kurzgefaßter Unterricht, gegen die Darstellung der unrechtmäßigen Ausschließung augsburgischer Patrizier- und Bürgerssöhne von dem dortigen hohen Domstifte 212

23) Beschreibung der Charfreytagsprocession zu Herzogenaurach, im Bisthum Bamberg am 10. Apr. 1789 226

24) Natürliche Merkwürdigkeiten in dem Fürstenthum Eichstädt und einem Theile des heutigen Nordgaues 255

24) Von den Badgästen zu Bad-Embs in den Jahren 1788 und 1789 285

25) Was heißt in Rußland Arende, und was ist ein Arendegut? 294

26) Etwas über den Anbau kleiner oder Trüpfhäuser 295

27) Arbeitslohn der Maurer und Zimmerleute im Fürstenthum Bayreuth 299

28) Landeshauptmannschäftliche erneuerte Verordnung, wie es bey Hochzeiten, Kindtaufen und Leichen in der Stadt Hof im Fürstenthum Bayreuth gehalten werden soll 302

29) Statistische Nachrichten von der Stadt Reichenbach im kursächsischen Vogtland 308

30) Nachrichten von der gegenwärtigen Einrichtung und dem Fortgang des Krankeninstituts zu Erlangen 310

31) Kurze Uebersicht des Zustandes der Stadt Hof im bayreuthischen vom Jahre 1785. 332

Beschreibung der königl. ungarischen Haupt- Frey- und Krönungsstadt Preßburg. *)

Natur, Kunst und die vorzügliche Gewogenheit der Regenten, haben die königl. freye Haupt- und Krönungsstadt Preßburg mit so mannichfaltigen Vorzügen begabet, daß sie, gleich andern merkwürdigen Städten, einer genauen Beschreibung allerdings höchst würdig ist. Die Dunkelheit der Geschichte erlaubt es nicht, vom ersten Anbau dieser Stadt und von dem Ursprung ihrer Benennung, etwas gewisses zu sagen; doch scheinen die Geschichtschreiber hierinnen einig zu seyn, und mit ziemlicher Wahrscheinlichkeit behaupten zu wollen, daß dieser Theil am linken Ufer der Donau, wo jezt Preßburg steht, erst von Jazygern, hiernächst von Quas-

---

*) Ein Auszug, aus der in Deutschland wenig bekannten Beschreibung dieser Stadt vom Hrn. Korabinsky.

Quaden und Markomannen, dann von Rugiern, Herulern, Langobarden und so von Römern ist bewohnt gewesen, welche allhier nach und nach einige Festungswerke zu ihrer Vertheidigung anlegten. Der berühmte bayersche Geschichtschreiber Aventin berichtet, daß sie Uratislaus, ein Fürst der Mähren, dem Karl der Große im J. 805 Pannoniam secundam eingeräumt, aus einem Burgstall einer alten vertilgten Stadt der Römer erbauet, und Posonium genennet haben soll. *) Er legt ihr auch den Namen Uratisaburgum bey. **) Andere aber nennen sie Braclaburgum.

Die deutsche Benennung wollen einige ganz natürlich von den Pressen und von der Burg herleiten, welche hier nahe am Weingebirge gestanden, und wohin die herum wohnenden Leute ihre Weintrauben zu keltern und auszupressen brachten. Das sogenannte Grüne Stübl, wo sich noch heut zu Tage eine ungeheure Weinpresse befindet, und das gleich dabey stehende Baron Mednyanskische Haus, welches nach seiner ehemaligen Aufschrift für das älteste gehalten wird, scheinen diese Ableitung zu begünstigen, zumalen der böhmische Nahme Preßpurek, das nämliche andeutet: doch diese

Mei-

---

*) Fürstl. Türkisch-Ungarische Chronik 1663. in Fol. S. 705.

**) Diese Benennung kommt auch auf der Karte vor, in dem Hasischen Atlante historico auf der IV. Tab. Imperii Francici, ingleichen auf den Kärtchen des Hrn. Tomka Szaszky.

Meinung bestehet nicht, wenn man weiß, daß vor ohngefähr 800 Jahren, weder Wein in dieser Gegend gepflanzet worden, noch Deutsche ihren Sitz allhier gehabt haben. Der ungarische Name Posony, hat vermuthlich sein Daseyn von dem lateinischen Posonium, welcher nunmehr am üblichsten ist. Alle diese und mehrere gelehrte Meinungen untersucht und prüft der scharfsinnige Bel in seinem großen Werke etwas genauer, wohin sich wißbegierige Leser am besten verwenden können.

Unter der Regierung des Königs Stephan wurde zu Preßburg das Christenthum eingeführt. Nach der Zeit trugen auch die folgenden Könige auf mancherley Weise das Ihrige zur Aufnahme der Stadt bey. Ladislaus Kumanus ließ die Wödritzer-Gasse, das ehemalige Schellendorf, bey dem jetzigen Pulvermagazin, und das Dorf Bluhmenau im J. 1280 zum Besten der Preßburger anlegen. Unter dem Könige Sigmund scheint die Neustift vor dem ehemaligen Fischerthore, wo Fischerhütten gestanden, ihren Anfang genommen zu haben. Die Königin Elisabeth und Beatrix hielten sich in Kriegsunruhen und auch außerdem hier auf. Hiernächst diente diese Stadt verschiedenen andern ungarischen Königen öfters zu einem angenehmen Aufenthalt. Ferdinand I. machte sie 1536 zur Hauptstadt des Reichs. Auch trugen die Freyheiten, welche die ungarischen Könige von Zeit zu Zeit dieser Stadt verliehen, so-

dann

dann die Landtage, Krönungen, Friedensbündnisse, welche hier zu Stande kamen, und einige wichtige Einrichtungen, nicht wenig zum Flor des Orts bey. Aber nichts hat bisher den Glanz dieser Stadt so sehr erhoben, als Maria Theresia, welche 1772 zur Vergrößerung und Verschönerung derselben, etwas nahmhaftes angewiesen hat. Durch diesen hohen Vorschub, wurden die innern Thore, welche die angebauten Häuser nur verdunkelten, abgetragen; zum Behuf bequemer Passagen neue Oefnungen durch die Mauern veranstaltet und mehrere gemeinnützige Sachen bewirket, so daß auch die späteste Nachkommenschaft die preiswürdigen Gesinnungen dieser erhabenen Frau jederzeit bewundern und verehren wird.

Seitdem beeiferten sich auch die Inwohner, ihre neuerkauften Plätze mit Gebäuden zu besetzen, die nicht nur zu Wohnungen bequem sind, sondern auch gut ins Auge fallen. Was die ältere Bauart der Häuser in der Stadt und in den Vorstädten betrift; so sind dieselben von lauter felsenharten und gebackenen Steinen, massiv von 1. 2 auch 3 Stockwerken hoch, und dabey regelmäßig gebaut; ob man gleich sonst gestehen muß, daß die erste Anlage der Stadt und der Gassen von einer Regelmäßigkeit weit entfernt gewesen ist. — Unter den Dächern befinden sich in vielen höhern Häusern bequeme Dachstuben. Man findet viele öffentliche und Privatgebäude, die wegen der daran verwendeten zierlichen

Bau=

Baukunst, die Augen der Kenner an sich ziehen. Von alten gothischen Häusern mit Erkern und Thürmchen findet man noch einige, welche aber, bey Erneuerung derselben, immer weniger werden, und beynahe gar verschwinden.

Der erste Anblick der Stadt, vorzüglich an der fliegenden Brücke, und wenn man zu Wasser vorbey fährt, verschafft einem Fremden ein angenehmes Vorurtheil, weil sich ihm das königl. Schloß und die schönsten Gebäude ganz in der Nähe abwechselnd darstellen. Die Lage der Stadt überhaupt befindet sich am nördlichen Ufer der Donau, welche von Abend gegen Morgen fließt. — Gegen Morgen, Mittag und Nordost hat sie eine weite Ebene, die sich auf viele Meilen erstreckt. Gegen Abend und Norden wird sie von dem königl. Schlosse, sodann von dem gleich daran stossenden Gebirge bedecket. — Eigentlich liegt die Stadt von Norden nach Süden, und vom Abend süd- und ostwärts abschüßig, hernach erst eben. Die besondere Situation der Häuser ist unterschiedlich, nach dem verschiedenen Laufe der Gassen. Gehet die Gasse von Morgen gegen Abend, so sind die Häuser gegen Mittag oder Mitternacht gewendet, und den gegenseitigen Winden mehr ausgesetzt.

Da die meisten Straßen geräumig und so angelegt sind, daß der Wind allenthalben streichen, und die Luft von menschlichen Ausdünstungen und vorräthigen Unreinigkeiten hinlänglich befreien kann, so ist auch der Ort der Gesundheit zuträglich. — Die Polhöhe ist nach dem Meridian auf den kanarischen Inseln im 48 Grade, 8 Minuten, 2 Sekunden: die Länge aber 41 Grad 45 Minuten, folglich in dem gemäßigten Himmelsstrich. Der längste Tag beträgt 15 Stunden, 52 Minuten, der kürzeste aber 8 Stunden, 8 Minuten.

Von der innern Stadt hat man sich schon seit 40 Jahren einen Begriff nach dem Plan machen können, welchen der ehemalige Bürgermeister und seltene Studienfreund, Joh. Christoph Burgstaller, gestochen ans Licht treten ließ.

Die natürliche Lage der Stadt Preßburg ist in einer überaus schönen und angenehmen Gegend, welche ihren Bewohnern alle zum Unterhalt nöthige Mittel reichlich darbietet. Es befinden sich hier Berge, Hügel und Wälder, die schönsten Flächen, Aecker und Wiesen. — Die Baumgärten strotzen oft mit allerhand Gattungen des schmackhaftesten Obstes. Auf den Gebirgen, welche so, wie die Waldungen, mit verschiedenen köstlichen Wasserquellen versehen sind, pflanzt man die köstlichsten Weine. Die Donau steht jedem offen, den Ueberfluß jeder Art mit leichten Kosten wegzuschaffen, und dagegen auf derselben alle noch fehlende Bedürfnisse herbey zu holen. — Die verschiedenen

Haupt- Frey- u. Krönungsstadt Preßburg. 7

nen Auen, so sie bildet, sind in mancherley Rücksicht sehr nützlich und zu Ergötzungen reizbar. —

Die Stadt nimmt mit allen ihren Vorstädten einen Platz von 558800 Quadratklaftern ein; welche mit einem Graben, den man die Linie nennet, umgeben ist. Diese Linie ist im Jahr 1775 unter dem Burgermeisteramte des Hrn. Alexanders von Kevitzky um die Stadt gezogen, und mit 4 Mauthäusern versehen worden. Gegenwärtig zählet Preßburg innerhalb gedachter Linie über 100 Gassen, und über 1300 Häuser. Seit 1761 vom 1ten Jänner werden die Haupt- und Nebengassen der innern Stadt Abends mit Laternen beleuchtet, welches der Stadt zu einer besondern Zierde gereichet und die nächtliche Sicherheit ungemein befördert. Die Unterhaltung dieser Beleuchtungen kostet jährlich 3000 Gulden.

Die königl. ungar. Hofkammer ist ein massives und herrliches Gebäude. Es ist aus 4 Häusern unter der Direction des k. k. Hofingenieurs von Hillebrand, von dem Kammerbaumeister Römisch erbauet worden. An der Fronte desselben kann man in 4 Reihen über 60 Fenster zählen.

Der Fürstenplatz ist ein etwas längeres als breiteres Viereck. Auf diesem Platz präsentiret sich die herrliche und nach allen Regeln der reinen Architectur 1781 vortreflich hergestellte Erzbischöfliche- und

Primatialresidenz. Alle Bauverständige versichern, daß dieser herrliche Pallast, die sehr geräumige Einfarth, die Haupttreppe, der mit Pracht ausgezierte Saal, die auf 16 Säulen ruhende Gallerie, die sehenswürdige Hauskapelle, und alle übrigen Stücke dieses Gebäudes nach den Regeln einer gründlichen Architectur angelegt sind, bey jedem Kenner Aufmerksamkeit erregen, Preßburg aber zu einer großen Zierde gereichen. Der eigentliche Angeber und Ausführer des Werks ist der Hofarchitect Sr. Eminenz, Hr. Melchior Hefela. *)

Auf dem Platz vor dem Barmherzigen Kloster pflegen die neugekrönten Könige, wenn das Ritterschlagen in der Franziskaner Kirche vollzogen worden, auf einer erhabenen Bühne, welche mit rothgrün- und weißem Tuche bedeckt ist, unter freiem Himmel den hungarischen Ständen ihre Privilegien und Immunitäten Hand zu haben, den Eid abzulegen. In der Marktszeit dienet dieser Platz vorzüglich den Flachs- und Lederhändlern zum Verkaufe.

Der ehemalige Getreidemarkt, auf welchem die Statue des heiligen Florians stehet, ist seit ei-

---

*) Der ganze und vielwinklichte Platz, welcher jedoch den Zimmern an der Gleichheit gar nichts benimmt, beträgt in allem 867 Klaftern. Im ganzen Gebäude befinden sich 64 freystehende Säulen: bey dem Portal auf der Gasse 4; in der Einfarth 44; im Saal 16.

einigen Jahren zu einem Geflügelmarkt umgeschaffen worden.

Auf dem Theaterplatz erblickt man ringsherum ansehnliche Gebäude, worunter sich das Theater selbst, welches der Graf Georg Eschaky auf freiem Platz sehr niedlich und bequem erbauen ließ, besonders auszeichnet. Im J. 1776 den 9. Nov. wurde es zum erstenmal eröffnet. Am Portal desselben ist der antike Kopf des Demokritus angebracht, und dann stehet auf einer Tafel von rothem Marmor, mit durchaus goldenen Buchstaben: Aedem hanc, in qua quid deceat, quid non, quo virtus, quo ferat error, ludendo agitur, in perpetuum sui adversum optimos Concives monimentum posuit.
  C. G. C. de K. MDCCLXXVI.

Die Kaserne hat man 1759 zu bauen angefangen und ist 1763 vollendet worden. Das Gebäude präsentirt an der Fronte, wo das Portal mit einem kleinen Balkon befindlich ist, 50 Fenster in 3 Reihen, und kostet 170000 Gulden; der innere Platz bestehet in einem viereckigen Hofe, welcher zum Exerciren dienet. Die Kapelle stehet dem Hauptthor gegen über. Ausser dem Stabe beherberget es ganz füglich ein ganzes Bataillon.

An vortreflichen Gärten ist hier kein Mangel, worunter ich nur den sehenswürdigen Graf Palfischen Garten nennen will.

Deutschlands Nachbarschaft lockte bereits in den ältesten Zeiten, noch mehr aber in den neuern, immer mehr und mehr Deutsche herbey; besonders geschah solches, nachdem in Oesterreich, Kärnthen, Steyermark ꝛc., das protestantische Religions-Exercitium verboten worden war. Da verließen viele reiche und ansehnliche Familien ihre Heymath und verfügten sich dahin. In dem jetzigen Jahrhundert nahm Preßburg, so wie an Schönheit der Gebäude, also auch an der Zahl der Einwohner, zur Verwunderung zu, wozu die Abnahme der benachbarten königl. Freystädte nicht wenig beytrug, aus welchen die besten Familien ebenfalls nach Preßburg gezogen sind und ihre Reichthümer mitgebracht haben.

Zu einer genauen Einsicht der Zahl der Einwohner daselbst dienen die jährlichen Zählungen, welche zuverläßig seyn sollten; so dann die Tauf- und Copulations-Listen; endlich die Sterbelisten.

Nach den Zählungen, welche 1773 daselbst vor sich gegangen, befanden sich 26485 Seelen. Nach der Zählung vom J. 1779 aber 28740 Seelen.

	1773 waren:
Erwachsene Mannspersonen	9063
Minderjährige — —	3712
Erwachsene Weibspersonen	10024
Minderjährige — —	3686
Summa	26485

1779

Verzeichniß der ...

B...

Im Jänner	—	—
Im Februar	—	—
Im März	—	—
Im April	—	—
Im May	—	—
Im Junius	—	—
Im Julius	—	—
Im August	—	—
Im September	—	—
Im October	—	—
Im November	—	—
Im December	—	—
		Summe

Altersh...
An alte...
Bauchf...
Beinfä...
Blutftu...
Brech...
Dampf...
Darmb...
Entzün...
Der G...
Glieder...
Hitziger...
Eben d...
Kinder...
Kopf...
Kopf...
Krebs...
Leberve...
Lungen...
Magen...
Mutte...
Nieren...
Schad...
Schla...
Schwere...
Stein...
Tollh...
Verrü...
Waſſe...
Wind...
Wurm...

Vergleichung der geſtorbe... und diejenigen Perſonen mitge... Eliſabe...

Männer	—	—
Weiber	—	—
Knaben	—	—
Mädchen	—	—
		Summe

II. Tafel.

…erstorbenen, nach den Monaten.

	1773	1774	1775	1776	1777	1778	1779	Summe
	69	78	78	78	81	69	99	570
	91	74	90	85	60	76	86	562
	82	87	92	94	56	84	77	561
	100	72	78	70	54	65	112	557
	71	82	74	84	64	73	105	553
	83	65	94	61	53	86	104	526
	66	87	86	60	76	83	139	587
	53	82	86	101	119	98	106	655
	76	77	79	84	94	96	94	597
	90	60	91	93	87	79	66	576
	62	47	72	84	55	67	82	459
	72	62	110	94	66	75	56	537
	915	873	1030	988	865	951	1126	6748

…nen Geschlechter, wozu plötzliche Todesfälle
…zählet sind, welche bey den Barmherzigen und
…therinnen gestorben sind.

	1773	1774	1775	1776	1777	1778	1779	Summe
	295	278	261	252	236	219	254	1795
	202	172	255	195	217	194	243	1478
	305	275	357	357	307	300	385	2286
	238	272	284	335	254	287	381	2051
	1040	997	1157	1139	1014	1000	1263	7610

1779 waren;

Erwachsene Mannspersonen	9908
Minderjährige — —	4170
Erwachsne Weibspersonen	10776
Minderjährige — —	2894
Seelen	28740

1779 sind zu Preßburg getauft worden 1221; vermählt 392 Paar; in der Ehe lebten überhaupt 5079 Paar.

Der Stadtphysikus liefert, vermöge der Besichtigungsscheine, welche von Chirurgis geschrieben werden, die Zahl der Todten nach den Monatstagen, in welchen sie sterben, nach dem Geschlechte, Alter und den Krankheiten, welche ihren Tod befördert, auf eine tabellarische Weise, die jährlich in den Zeitungen bekannt gemacht wird. *)

Wer sich von den männlichen Kleidungen der Preßburger eine genaue Vorstellung machen will, der kann solche, nach dem ältern und neuern Zeitalter in verschiedenen Kupferstichen leicht zu Gesichte bekommen. Die vorzüglichsten Schriftsteller, welche hievon geschrieben, oder welche der Nachwelt, die ungarische Tracht in Bildnissen hinterlassen haben, sind unter andern folgende:

Be-

---

*) Auf der ersten und zweiten Tafel folgen hier Verzeichnisse der Krankheiten, welche daselbst vom J. 1773 — 79 sind angegeben worden.

Behamb beschrieb die Kleidungen.

Topeltinus that ein gleiches in seinem Werke: Origines et oceasus Transilvaniae Cap. XIII. pag. 105.

Matth. Bel in seinem Prodromo Hung. antiquae et novae, wo zugleich auf der 203 Seite ein adelicher Ungar in Lebensgröße abgebildet ist.

Im Ortelio; in den Annalen des Khevenhüllers, wie auch in der ungarischen Chronik, welche 1663 zu Nürnberg herausgekommen, findet man eine Menge Porträts von ungarischen Magnaten und Helden, welche daselbst, nach ihren damaligen Trachten im Brustbilde vorkommen.

Das Trophaeum Eszterhazianum, die Leichenrede auf den Tod des ungarischen Palatins Grafen Ludwig von Batthian stellen auch einige Abbildungen von den neuesten Kleidertrachten dar.

In der Histoire des Troubles d' Hongrie, à Paris befinden sich auch Trachten von hohen Standespersonen, da man denn einige ohne Halsbinde; mit goldenen Knöpfen; den Pelz mit und ohne Brämen; sodann Spangen an Gürteln erblicken kann.

Unter den europäischen Trachten der Mannspersonen scheint die ungarische mit der spanischen und jetzt mit der schwedischen Nationaltracht die nächste

Aehn-

Aehnlichkeit zu haben; denn das spanische Kamisol gleichet der Länge nach dem ungarischen Oberrock oder Dolman; der Unterschied aber besteht darinn, daß die Gürtel von Seide, silbernen oder goldenen Schnüren, welche mit goldenen, silbernen oder seidenen Knöpfen versehen sind, gemacht sind. Der spanische Mantel gleicht dem ungarischen Mantel oder Pelz, doch so, daß der Ungar dieses Kleidungsstück entweder ganz anzieht, wie der Deutsche seinen Oberrock, oder umhänget, wie der Spanier seinen Mantel. Die Hosen sind von den spanischen darinn unterschieden, daß sie bis an die Fußsohlen hinab gehen und keiner Strümpfe bedürftig sind. Der untere Theil von dem Knie an wird auf den Waden entweder durch Heftel, oder durch Knöpfe und Spangen unterschieden. Erstere Art wird gemeiniglich bey Zischmen getragen; die andere aber bey Schuhen oder Topanken, welche den deutschen Schuhen etwas gleich kommen, nur auf der Seite mit Schnüren fest gemacht werden und keine Schnallen bedürfen.

Vorhin haben die Ungarn, gleich den Polen, das Haupt scheeren lassen und trugen Mützen von Pelzwerk, welche sie auf ungarisch Kalpak nannten. Diese Benennung mag von den Tartarn herkommen, weil sie ihre Mützen auch Kalpak nennen. Jezt tragen sie deutsche Hüte. Die ungarische Kavallerie trug ehedem Kalpaks, jezt aber eine Art Mützen, die man Eschako nennet. Noch vor 30 oder 40

Jahren hatten die Ungarn, wie auch die Miliz zu Fuß und zu Pferd Schnautzbärte, welche aber bey der Miliz abgekommen, hernach auch von andern nachgeahmt worden sind. Zu Anfang dieses Jahrhunderts trugen auch Domherren, Bischöfe und andere Geistliche einen herabhangenden Bart, welcher nach und nach auch aufgehöret hat. Die Schnautzbärte aber, sind der Geistlichkeit, unter dem Erzbischof Barkotzy zu tragen, verboten worden.

Außer den ungarischen Magnaten tragen sich zu Preßburg viele Vornehme, besonders aber viele von den Bürgern, deutsch. Herrschaftliche Domestiquen gehen auch alle deutsch einher.

Was nun die Damen vom ersten Range und die übrigen Personen vom Adel betrift, so bedienen sie sich durchgängig der deutschen Tracht; aber die bürgerlichen Frauen und Töchter haben ihre besondere Kleidung, welche jedoch von der alten Tracht ganz verschieden ist. Man sieht auf ihren Häuptern keine Scheinlhauben, keine Visiere und Barten mehr, an ihren Leibern aber keine ungarischen Mieder und keine ungarischen Pelze. Die Preßburger Hauben, glatt und gekräußt, zieren dermalen ihr Haupt, und statt der Pelze sind Schliefer, deutsche Pelze, Kantusch ꝛc. zur Mode geworden. Doch auch dieses wird nach und nach seltener, indem sich die Frauenzimmer immer mehr zur deutschen Tracht bequemen. Gewiß ist es, daß dergleichen alte und

neuere

neuere Trachten, in einem Schraubthaler wie zu Augsburg, oder in einem Almanach, wie die zu Göttingen, Leipzig ꝛc. immer einen unterhaltenden Anblick jedem neugierigen Liebhaber verschaffen würden.

In Preßburg wird durchgängig Deutsch gesprochen: aber man trift wenige Häuser an, wo nicht auch ungarisch und böhmisch geredet wird. Diese beiden letztern Sprachen trachten vorzüglich bürgerliche Eltern ihren Kindern sorgfältigst beybringen zu lassen, weil der Landmann, welcher die dasigen Plätze mit Victualien und andern Bedürfnissen versieht, sonst keine andere Sprache spricht. Die Kinder von 10 — 15 Jahren, werden wegen des Ungarischen, meist nach Raab, Felpetz, Kispetz, Dömölk, Nemeschker, Nemeschtcho; dann in die Schütt, nach Bischdorf, Vajka, Somerein, Fahlendorf, Rete ꝛc. auf ein Jahr, entweder in die Kost, oder in einen Tausch geschickt. Das Böhmische lernen sie gemeiniglich in Modern, Tirnau, Neusohl, Priteschd, Skalitz, Lamatsch ꝛc. *) Ob hier gleich allgemein rein
Deutsch

---

*) Es ist in Preßburg schon mehrmalen der Versuch gemacht worden, für deutsche Kinder eine ungarisch-böhmische Sprachschule zu errichten. Dieses Unternehmen sollte verhindern, daß die Jugend nicht nöthig hätte, sich Jahre lang in gedachten Gegenden aufzuhalten, wodurch sie, in eben diesem Alter, wo sie die meiste Aufsicht braucht, bekanntermaßen ihren Schulfortgang mit Nachtheil unterbricht, dabey nicht selten die Sitten der Dorfleute mitbringt,

Deutsch gesprochen wird, so hat doch der gemeine Mann, besonders die Hauer, einen eigenen Dialect.

bringt, und in Umstände geräth, welche den Eltern Kummer, Verdruß und manchen unnöthigen Aufwand verursachen. — Von allen diesen Versuchen aber hat sich keiner unter so großem Beyfall und so lange erhalten, als derjenige, welcher 1763 im Joh. Baurischen Hause auf der Vierämpergasse, zum Besten bürgerlicher Töchter seinen Anfang genommen, und bis 1769 gewähret hat.

Hohe Landesstellen in Wien.

Diese sind: 1) der kaiserliche Reichshofrath, im Reichshofrathsgebäude, neben der Burg, Nro. 1. 2) Die oberste Hof= und Staatskanzlei in auswärtigen Geschäften, auf dem Ballhausplatz Nro. 11. 3) Der Staatsrath in inländischen Geschäften, er hat seine Kanzlei auf dem Controllorgang in der Burg. 4) Die vereinigte böhmisch=österreichische Hofkanzlei, Hofkammer und Ministerial-Banko=Deputation, in der Wipplingerstraße, Nro. 290. 5) Die oberste Justizstelle, in der Himmelpfortgasse, Nro. 990. 6) Die Hofkammer im Münz= und Bergwesen, ebendaselbst. 7) Die Hofrechnungskammer, in der Singerstraße, Nro. 886. 8) Der Hofkriegsrath, auf dem Hof, Nro. 234. 9) Die ungarisch=siebenbürgische Hofkanzlei, in der Schenkenstraße, Nro. 49. 10) Die niederländische Kanzlei, in der Herrengasse Nro. 22. 11) Die italienische Kanzlei, in der Staatskanzlei Nro. 11. 12) Die Rectifications Hofkommission, in der böhmisch=österreichischen Hofkanzlei. 13) Die Erbsteuer=Hofkommission, ebend. 14) Die

Studien- und Bücherzensur-Hofkommission, ebend. 16) Die Mildenstiftungs-Hofkommission, ebend. 17) Das General-Erblandpostamt, in der Wollzeil Nro. 818. 18) Das niederösterreichische Appellationsgericht, in der Herrengasse, Nro. 59. 19) Die niederösterreichische Landesregierung, in dem ehemaligen Minoritenkloster. 20) Die niederösterreichische Landtafel, in der Herrengasse Nro. 23. 21) Die niederösterreichische Landschaft, ebend. 22) Der Stadtmagistrat, in der Wipplingerstraße, Nro. 417. 23) Das Merkantil- und Wechselgericht, in der Herrengasse Nro. 23.

Die Namen dieser Stellen selbst zeigen schon an, was für Geschäfte und Gegenstände dahin gehören. Keine deutsche Stadt wird so viele hohe Gerichtsstellen aufweisen können, als Wien.

Meine Reise durch Hohenlohe.

Da ich vor einiger Zeit von Anspach aus nach Stuttgard eine Reise durchs Hohenlohische machte, und mich in diesem Lande, welches durch Natur, Kunst und Fleiß so viel vorzügliches vor andern hat, hinlänglich umsah: so theile ich Ihnen hier meine Bemerkungen zum öffentlichen Gebrauche mit.

Das Erste, was mir bey meinem Eintritt ins Hohenlohische auf dieser Seite, nämlich von Leutershausen her, sehr auffallend war, war eine Strecke Hayde. Sie war zwar mit Alleen in die Kreuz und in die Queere bepflanzt; allein man sieht bey jedem Schritt, daß diesen Alleen alle Aufsicht und Pflege fehlt. An einigen Orten sind Bäume ausgegangen, an andern liegen sie bis zur Erde gebeugt, ohne Stütze. Solche Verwahrlosungen, solche Mängel der Industrie, der Polizey und Ordnung, sind besonders mehr an Residenzen sehr auffallend und für das Auge beleidigend.

Näher hin, etwa tausend Schritte vor Schillingsfürst, kommt man an einem englischem Garten vorbey. Seine Einfassung, die nur in einer Bretterwand bestand, und sein äußerst kleiner Umfang, benahmen mir den Muth, ihn auch von innen zu sehen. Noch einen englischen Garten soll die Fürstin eigentlich für sich, am Schloßberge, anlegen lassen.

Schillingsfürst, welches die Residenz des Fürsten von Waldenburg und Schillingsfürst in sich begreift, liegt auf einem Berge. Unter diesem liegt der Flecken Frankenau, mit einer evangelischen Pfarrkirche. Die Aussicht auf dem Berge im Schloß ist romantisch und unvergleichbar; man sieht bis Waldenburg, welches doch 12 Stunden davon entlegen ist. Man kann also in Schillingsfürst, Hohenlohe der Länge nach beynahe ganz übersehen, denn Oehringen, die Haupt- und Gränzstadt dieses Fürstenthums, liegt nur noch 2 Stunden unter Waldenburg.

Das neue Schloß, das an der Spitze des Berges stehet, bestehet in einem Corps de Logis und zwey Seitenflügeln. Es ist aber, obgleich seine Anlage groß ist, weder ganz ausgebaut, noch ganz meublirt. Aber auch in den Schloßhof kann man nicht gehen, ohne auch hier auffallende Beweise vom Mangel der Ordnung, der Polizey und des Wohlstandes zu finden! Auch hier erblickt man Ruinen und zerfallene Trümmer.

Ehemals gab der Fürst Opern, und vielleicht war dieß nur die einzige Gelegenheit, in das so öde und verlassene Schillingsfürst — durch welches keine Hauptstraße gehet, in welchem ganz und gar kein Commerz ist — Fremde und auch etwas Geld in Umlauf zu bringen; wenigstens zogen sie die benachbarten Herren Rothenburger in die Residenz. Aber Opern waren es nicht. Es waren geistliche Singspiele, im Jesuiter Geschmack! Das Sujet war meist aus dem alten Testament genommen. Die Musik, deren Setzer Emmert hieß, war vielleicht noch das leidentlichste.

Der Fürst ist ein sehr ansehnlicher, hübscher, freundlich lächelnder Herr. Was man nur Herablassung und Gefälligkeit, besonders gegen Fremde nennen kann, muß man ihm mit Recht beylegen. Er verdient ganz den Namen eines Weltmannes.

In Absicht der Religion kann man ihm mit Recht, oft, eine zu weit getriebene Bigotterie zur Last legen; allerdings ist dieß wunderbar, da er ein Herr von Kenntnissen und Einsichten ist. Dieser Fürst könnte übrigens von den Revenüen seines Landes recht gut und gemächlich leben, wenn seine weitaussehenden Entwürfe, und der Mangel seiner Festigkeit nicht jährlich eine Schuldenlast vergrößern müßten, die er aber zum Theil mag angeerbt haben. Werth wäre er aber gewiß, mehr häusliche Freuden und ein größeres Glück zu genießen, als er, wie ich in Schilligsfürst hörte, an der Seite seiner Gemahlin, die eine Fürstin Salm ist, genießen soll.

Von Schillingsfürst aus, welches größtentheils erst in neuern Zeiten nach und nach ist angelegt worden, war mein Weg gerade nach Kirchberg, einer zweiten hohenlohischen Residenz, gerichtet. Sie ist von der erstern etwan 6 Stunden entfernt, und man passirt durch einen Strich des rothenburgischen und fürstlich Schwarzenbergischen Gebiets. Gleich wenn man von Schillingsfürst aus, in das erste rothenburgische Dorf Wettringen kommt, so erblickt man den großen Unterschied von Industrie, Erwerb und natürlichen Reichthum, durch welchen sich das Rothenburger Gebiet, gegen jenen auszeichnet. Der Weg gehet, neben lauter fruchtbaren Feldern, in einem fetten Boden vorbey. Links hat man eine Kette von Wald und Bergen, rechts eröfnet sich eine fruchtbare Ebene, in welcher sich die Reichsstadt Rothenburg erhebt. Die Chaussee fängt aber erst mit dem Kirchberger Gebiete an, und von hier aus geht sie bis nach Oehringen.

Hier verdient dieß gewiß vor allem eine rühmliche Bemerkung, daß Kirchberg eines der ersten Häuser im Reich war, welches die Wege seines Landes chaussirte. Diese kleine Stadt liegt wieder auf einem reizenden Berge und in der fruchtbarsten und angenehmsten Gegend in Hohenlohe. Der Gesichtspunct ist zwar eingeschränkt, und erstreckt sich,

Meine Reise durch Hohenlohe.

sich, da wo er am weitesten ist, ohngefähr nur auf eine Stunde, aber die Aussicht ist überaus reich, und die Gegend, wegen der untermischten kleinen Thäler, sehr mannichfaltig und unterhaltend. Nichts gehört zur Verschönerung einer Landschaft, das man hier nicht finden sollte.

Um Kirchberg herum sind die lezten Weinberge, und man kann also annehmen, daß hier das Weinland eigentlich aufhöre. Da der Wein in hiesiger Gegend sehr trinkbar seyn soll, und auch oft, um gleiche Preise, mit dem Kocherwein verkauft wird, so ist zu bedauern, daß noch so viele Hügel um diese Gegend öde liegen, und daß sich überhaupt die Polizey, der Vervollkommnung des Weinbaues, nicht besser annimmt. Auch hier ist die Gegend durchaus ein gesegnetes Fruchtland, auf welchem fast alle Arten von Früchten gedeihen, so wie beim ersten Blick unendlich mehr Industrie, Betriebsamkeit und Wohlstand, als im Schillingsfürstischen, sichtbar ist.

Beim ersten Eintritt in diese Residenz möchte man fast schließen, daß hier ein besonderer Baugeist existire, der sich hauptsächlich auf Rechnung des Fürsten schreiben mag; wenigstens viele Verschönerungen des Orts, als massive Brücken, ein neues Thor, und einige ansehnliche Häuser, haben ihr Daseyn dem Fürsten zu danken. Das Schloß, welches zwar unregelmäßig ist, und aus einem alten und neuen besteht, ist das größte und schönste in ganz

Hohenlohe. Seine breiten und lichtvollen Treppen und Gallerien hat es vor sehr vielen Schlössern Deutschlands voraus. Pracht vermißt man zwar; aber dagegen findet man durchaus Ordnung und eine schöne gemächliche, hinreichende Einrichtung und Ausmeublirung. Der Kunstliebhaber kann sich übrigens in ganz Hohenlohe nicht so viele Nahrung, als hier, versprechen.

Das Schloß besitzt, außer einem eigenen Malereykabinet, worinnen sich einige vortrefliche Originale befinden, nicht nur einen durch alle Zimmer vertheilten, großen Vorrath von Gemälden, sondern auch, eine zwar nicht zahlreiche, aber wohleingerichtete Bibliothek *) und ein sehr sehenswürdiges Kunst- und Naturalienkabinet, worinnen sich besonders eine schöne Sammlung von Muscheln, viele künstliche Uhren, Pretiosa, vortrefliche Arbeiten in Elfenbein, und ein Hut auszeichnen, den der unsterbliche Gustav Adolph bey Lützen auf hatte, und hernach, um nicht erkannt zu werden, seinem Adjutanten, einem Grafen von Hohenlohe, aufsezte. Der sel. Hofrath Hanselmann wollte dieß Ka-

---

*) In derselben zeichnet sich besonders die vollständige, zahlreiche und auserlesene Deductionssammlung des 1778 verstorbenen Reichsgr. Comitial-Abgesandten von Pistorius, aus, die er mit beträchtlichem Aufwand und seltenem Glück bey seinem 50 jährigen Gesandtschaftsposten gesammelt, und noch bey seinem Leben, um der Zerstreuung vorzubeugen, hieher verkauft hat.

Anmerk. d. H.

Kabinet nach seinem bekannten weitläuftigen antiquarischen Kenntnissen, vollständig beschreiben, allein der Tod raffte ihn, noch vor vollendeter Arbeit, hinweg.

Der jetzige Fürst, Christian Friedrich Karl, ist einer der liebenswürdigsten Herren, und einer der besten und gewissenhaftesten Regenten. Ist man bey ihm, so glaubt man bey einem Freunde zu seyn, mit dem man sich traulich unterhalten kann. Nicht nur in seinem ganzen Schlosse, sondern auch in der ganzen Gegend seiner Residenz, findet man tausend Beweise seines geprüften Geschmacks. Er ist übrigens ein sehr fleißiger Leser, und hat eine niedliche Handbibliothek; die stillen Musen, die Künste und überhaupt alle gemeinnützige Unternehmungen finden bey ihm die großmüthigste Unterstützung, Achtung und Schirm.

In Rücksicht der Fremden kann man beynahe annehmen, daß dieses Haus die Honneurs von Hohenlohe macht.

Noch findet man im Schlosse, eine ausgesuchte Sammlung englischer bunter Kupferstiche, worunter sich die sämmtlichen nach Angelica Kaufmann befinden. Warlich, eine wahre Augenweide und Belehrung für das Schöne! — Sie sind durch drey Zimmer vertheilt. Ihr Besitzer ist der hier domicellirende jüngste Bruder des Fürsten, der sehr viel

viel Geschmack für die Kunst hat, und ein vortrefflicher Carricaturzeichner ist. Auch die Sammlung römischer Alterthümer, wovon ich schon vorhin sprach, ist hier in einem besondern Kabinette aufgestellt.

Kirchberg selbst erhält durch die, von Nürnberg nach Heilbronn, hier durchgehende Landstraße, und theils durch den, bis nach Paris sich ausbreitenden Ochsenhandel, und dann, durch seine Färbereyen und Lohgerbereyen Umlauf und Betriebsamkeit. Da die Viehzucht auch in dem hiesigen Landes Antheil vortreflich ist, und der Boden alle Arten der Früchte, oft bis zum Ueberfluß giebt: so mußte ich mich allerdings über eine gewisse Theurung wundern, da ich mich in meinem Gasthofe nach den Preis verschiedener Victualien erkundigte. Mir wurde versichert, es wäre zu viel baares Geld im Lande; der Landmann wäre zu wohlhabend, und schriebe daher dem Städter gewissermaßen Gesetze vor! Was ihm nicht übertheuer bezahlt würde, suchte er selbst zu consumiren, und dieß wäre daher immer mit eine Quelle der Theurung. Ausserdem hat Kirchberg geschickte Färber, Tuchmacher, Weißgerber und andere Handwerksleute, welche außerhalb der Stadt und an dem Thal wohnen, und guten Handel mit ihren Producten treiben. Die hier durchgehende Post- und Landstraße giebt auch dem Ort mehr Leben.

Ich verließ diesen angenehmen Ort nach einem zweitägigen Aufenthalt, und richtete meine Reise gerade

rade nach Bartenstein. Man kommt auf diesem Wege von 5 Stunden meist durchs Anspachische. In Bretkenfeld zwey Stunden von Kirchberg, ist, wegen der sehr frequenten Landstraße von Frankfurt nach Augsburg, die auch die Kaiserstraße genennt wird, ein sehr beträchtlicher Zoll, der eigentlich aus dem Weg- Brücken- und Waarengeld bestehet. Die Straße gehört zu den gangbarsten im Reich. Auch die Chaussee ist gut, doch nicht so gut, wie die Kirchbergischen. Die Aussicht ist übrigens auf diesem Wege, besonders linker Hand, immer durch Waldungen sehr eingeschränkt. Das Land ist übrigens Fruchtland; der Boden ist aber schon schwerer. Der natürliche Ertrag der Länderenen, und die Viehzucht, machen auf dieser Seite den ergiebigsten Zweig der Handlung aus.

Bartenstein, ein ganz kleines Städtchen, liegt hart an der genannten Kaiserstraße. Der Ort selbst zieht ganz seine Nahrung vom Hofe; und die Einwohner desselben bestehen aus dem Adel und der übrigen Dienerschaft. Er schließt auch noch in sich ein Capuzinerkloster, das den Fürstlichen Hofprediger und Pater Beichtvater hergiebt.

Auch dieß Städtchen liegt, wie die zwey vorhergehenden, auf einem Berge; aber die Gegend ist hier schon wilder, und die Aussicht äußerst eingeschränkt. Das Schloß ist zwar noch neu, aber klein und niedrig, und weder reich und prächtig, noch ge-
schmack-

schmackvoll meublirt. Wenn man allenfalls die Hofkirche ausnimmt, so ist im ganzen Schloß nichts sehenswürdiges, außer der Bibliothek der Fürstin, gleich an der Kirche. Sie ist sehr geschmackvoll aufgestellt, und besitzt auch einige seltene und kostbare Werke.

Der daranstossende Ort ist nicht groß, jedoch neu und regelmäßig erbauet; da er aber etwas abgelegen ist, so wird das Commerz keine sonderliche Fortschritte machen.

An diesem Hofe geht es übrigens gewissermaßen schon groß her. Er ist selten ohne Fremde; er hat die splendideste Tafel unter allen übrigen Fürstlichen Höfen. Er hat auch von Zeit zu Zeit seine Hoffeste; die besten darunter sind die Concerte. Die Musik in Bartenstein ist in der That sehr gut, sie hat ihre Vervollkommnung hauptsächlich dem Hauptmann von Becke zu danken. Sie ist auch, da die Familie des Fürsten musicalisch ist, gewissermassen Bedürfniß für den Hof. Selten wird man an einem Hofe so viel Enthusiasmus für diese Kunst finden, als hier. Ich hörte in einem Concerte, an das ich stets mit Vergnügen denke, eine Prinzessin vortreflich singen. Die Prinzen, und besonders die Prinzessinnen dieses Hauses sind die liebenswürdigsten Geschöpfe von der Welt. Kurz, der Hof dieses Fürsten ist ein, der Freude und Fröhlichkeit bestimmter, öffentlicher Ort! —

Die

Die Fürstin, eine sehr brave, ansehnliche, jetzt meistens kränkelnde Dame, soll sehr auf Religion halten, und in diesem Stück oft nur zu weit gehen.

Der Fürst ist ein, Anfangs zurückhaltender, aber nachher traulicher, Gefälligkeiten voller Herr. Nur einen Zug will ich anführen, woraus man so ziemlich sicher auf seinen Character schließen kann. Ein schwer beladener Frachtwagen, der von Frankfurt kam, und nach Augsburg bestimmt war, blieb kürzlich vor Bartenstein im Schnee stecken. Was thut der Fürst? Er ließ den ganzen Wagen auf ein großes Schlittengestell packen, und gab dieses Gestell bis Augsburg, dem Bestimmungsort des Fuhrmanns her. Nun giengs freilich; aber ist dies nicht ein edler Zug dieses Fürsten? —

Der Fürst hat ein schönes Land und beträchtliche Aemter, die reichsten Waldungen, die schönsten Wildbahnen, besonders im Amte Meinhardt: aber der Ton des Hofes ist zu groß, die Landesökonomie zu vernachlässigt, als daß sich nicht die Landesschulden aufhäufen sollten. Was mag nur die Vermählung einer Prinzessin vom Hause,*) an den

fran-

----
*) Die Prinzessin Maria Anna Elisabetha geb. d. 20. März 1760, vermählte sich am 9. May 1784, mit dem französischen Grafen von Dorset. Der Graf, ein Herr von 50 Jahren, der schon Descendenz hat, besitzt ein sehr großes Vermögen an Leibrenten und Banknoten. Der Prinzessin hat er jährlich 6000 Livres Nadelgelder, und 6000 Gulden Witthum verschrieben. Die Summe wird verdoppelt, wenn sie einen Sohn geboren hat.
        Anmerk. d. H.

französischen Grafen von Dorset vor einigen Jahren gekostet haben? — — Denn der Fürst läßt sich nie klein finden. Einen Zuwachs von Größe hat dieses Haus erst kürzlich erhalten, da der Bruder des Fürsten, zum Coadjutor des Bischofs zu Breslau erwählt wurde. Eine Wahl, die gewiß, halb auf Rechnung des Erbprinzen von Ingelfingen, der zu Breslau in Garnison liegt, kommen wird.

Ich verließ dieß Städtchen, wo einem, so bald man Zutritt bey Hofe hat, die Zeit (die einem ausserdem sterbenslang werden würde,) sehr angenehm verstreicht, und richtete meinen Gang gerade auf Weickersheim.

Weickersheim liegt etwan drey Stunden unter Bartenstein nordwest an der Tauber, und gehört dem Fürsten von Oehringen, dem es, mit der Grafschaft gleiches Namens, nach dem Tode des letzten Grafen, kraft der Erbverbrüderung, heimfiel. Der Weg bis dahin ist, da die Chaussee directe nach Mergentheim gehet, äußerst schlecht; und die Gegend sehr öde und einsam, meist mit Wäldungen besetzt. Der Boden ist sehr hart und steinig, und kommt mit dem andern Erdreich im Hohenlohischen, in gar keinen Vergleich. Indessen hat man ohngefähr auf der Hälfte des Weges, einmal eine sehr weite und herrliche Aussicht über das Amt Hollebach hinweg gegen Mergentheim zu.

Weickersheim liegt sehr tief, in einem engen, aber fruchtbaren Wiesenthal, zwey Stunden oberhalb Mergentheim. Der Weinbau an dem mittägigen Gebirge, ist beträchtlich, und für das Auge und ländliche Ergötzungen besonders angenehm. Auf einem dieser Weingebirge liegt der Carlsberg, an welchem der beste Wein wächst, der zu den eigenen Besitzungen des Fürsten gehört. Ueberhaupt zieht er aus dem hiesigen Weinbau einen starken Centertrag. Der hiesige, sogenannte Tauberwein ist sehr trinkbar, und eröffnet eine reiche Quelle der Industrie und Nahrung; aber gegen den Kocherwein ist er schwer und ins Blut gehend, wie der Weinländer spricht. Doch ist der Margelsheimer, der eine Stunde unter Weickersheim, an einem Wirzburgischen Amtsort gleiches Namens wächst, der feurigste und beste aller Tauberweine. Er wird mit einer kleinen Mischung, selbst als Wirzburger Wein, bis nach München verfahren.

Die Nahrung von Weickersheim besteht also ganz allein im Weinbau. Zwar kommt auch der Fürst von Oehringen alle drey Jahre mit seinem Hofe hieher, und hält sich ohngefähr ein viertel Jahr hier auf; allein dieser Aufenthalt hat in verschiedenen Rücksichten gar keinen Einfluß in den Wohlstand des Orts. Die Verschönerung von Weickersheim schreibt sich hauptsächlich von dem letztern Besitzer dieser Herrschaft, Carl Ludwig, her. Ueberall findet man Beweise genug, daß er ein Herr von großen Entwürwürfen war, der aber auch keine Kosten scheuete, diese Entwürfe gehörig auszuführen; dem es gar nicht an Ideen, wohl aber an einem geprüften Geschmack fehlte, daher sind bey allen seinen Einrichtungen mehr Ueberladung und gesuchte Größe, als einfache Schönheit sichtbar; ein Fehler — der aber mehr der Zeit, in der er lebte, mag zugeschrieben werden.

Das herrschaftliche Schloß ist unstreitig das größte und solideste unter den Hohenlohischen. Es besteht aus zwey Hälften, aus einer alten und neuen; ist sehr geräumig und gut meublirt, und hat besonders vortrefliche Keller. In diesem Schloß ist der große Saal, der beynahe bis ans Ungeheure gränzt, am sehenswürdigsten, nur Schade, daß er nach der obigen Bemerkung beynahe nach gothischem Geschmack gebaut ist. Vor dem Schloß ist ein geräumiger Platz, der mit artigen Häusern eingefaßt ist. Sehenswürdiges von Malereyen habe ich nichts gefunden, als eine kleine Suite von Hohenlohischen Grafen, worunter sich einige gute Köpfe befinden.

Am Schloß ist ein großer Garten; aber seine Anlage ist ganz steif und ängstlich, wie die zu Versailles. Er ist übrigens mit Statüen eigentlich zu reden überladen, unter welchen sich doch auch einige gute befinden; enthält auch einige artige Pavillons, so wie es ihm auch nie an Wasser fehlt.

Der

Der schönste Sommeraufenthalt, den man sich nur gedenken kann, ist im Carlsberg, einem vortreflichen Lustschloß, welches Graf Carl Ludwig geschmackvoll und kostbar, in einem Walde bey Weickersheim anlegte. Der Wald ist mit Alleen durchschnitten, mit hinlänglichen Nebengebäuden und auch einem Thiergarten versehen, und von wo aus eine der schönsten Aussichten in verschiedene Thäler ist. Diesen angenehmen Ort des Vergnügens, der unter die ersten Sehenswürdigkeiten von Hohenlohe gehört, wissen sich auch die Weickersheimer, die eine gewisse fröliche Stimmung, eine gewisse lachende Laune haben und sehr gesellschaftlich sind, recht gut zu Nutze zu machen. Man kann hier den Sommer über sehr oft kleine Lustparthien antreffen. Uebrigens ist Weickersheim der einzige Ort im Hohenlohischen, wo sich auch Nachkommen der Kinder Israels aufhalten und eine Schule haben. Ein Beweiß von den toleranten Gesinnungen der ehemaligen Grafen von Weickersheim! —

Die vielen angrenzenden schönen Dorfschaften, so wie die Nähe von Mergentheim, machen jedem Fremden den Aufenthalt in Weickersheim angenehm; so wie ich jedem Reisenden, den diese Straße trift, den Koberischen Gasthof empfehlen möchte, wo man überaus gut und sehr billig bedient wird.

Von Weickersheim aus gieng ich wieder rückwärts nach Langenburg, an dem Jaxtflusse, der

Residenz des Fürsten zu Hohenlohe Langenburg. Ich muß aufrichtig gestehen, unter allen Hohenlohischen Städtchen hat es mir hier am wenigsten gefallen. Der Ort selbst liegt in einer kalten, mehr wilden als angenehmen Gegend, und ist auf allen Seiten mit hohen Bergen umgeben. Das Schloß ist zwar weitläuftig, hat aber nicht im mindesten etwas auszeichnendes an sich. Der größte Theil desselben ist uralt, nur an der Vorderseite ist ein neues Corps de Logis nebst zwey Flügelthürmen, in deren einem sich die Hofkapelle befindet, angebauet, das von weitem gut in die Augen fällt.

Auch hier wird Wein gebauet, worunter der am Schloßberge der beste seyn soll. Der Ort ist sehr reinlich, und mit einem, obgleich nicht sehr beträchtlichen Weingebirge versehen. Wichtiges für die Kunst habe ich hier nichts gefunden, davon ich Sie benachrichtigen könnte, als ein sehr gutes Gemälde von Jordans im Speisesaal, und einen kleinen Brauer in einem Zimmer der Fürstin.

Der Fürst ökonomisirt übrigens sehr; seine Lieblings Unterhaltung scheint die Jagd zu seyn. Er hat eine große Festigkeit des Characters, sein Wort ist gewissermaßen heilig. Auf die Polizey und die Vervollkommnung seines Landes siehet er sehr und er hat deshalben schon verschiedene nützliche Anstalten getroffen.

Lan-

Langenburg ist übrigens im Verhältniß seiner Größe ein sehr gesellschaftlicher Ort. Ich hatte
eben Gelegenheit, einem Concerte und einem Ball
in der Post beyzuwohnen, und konnte mich nicht genug an dem besonders offenen, fröhlichen Ton er-
quicken; so wie ich auch die schönsten Mädchen bey
dieser Gelegenheit erblickte, deren reizendes Andenken nie meinem Gedächtnisse verschwinden wird. Die
Musik war zwar stark besetzt, übrigens aber elend
und hingehudelt. Den Winter über werden hier öfters solche Gesellschaften veranstaltet, wobey ich
Sie, mein Freund, zu sehen wünschte.

Die Bauern sind hier größtentheils reich, und
verstehen die Kunst, mit ihrem Vieh, Getreide und
ändern Lebensmitteln gut zu wuchern, und die Preise, so hoch als möglich zu treiben. Wäre Langenburg zu Errichtung eines Handels besser gelegen, die
Einsichten dieses Fürsten würden diesen Ort längst
blühender gemacht haben.

Verwundern mußte ich mich noch über die alte,
elende, mit zerfezten Fahnen ausgespickte Kirche,
um so mehr, da sie an der Hauptstraße stehet, und
gleich beim Eintritt durchs Thor einen solchen üblen
Eindruck machen muß.

Und nun giengs Berg ein, Berg aus, theils
durch Wälder, theils neben Fruchtfeldern vorbey,
nach Künzelsau, welches drey Stunden unter
Langenburg liegt.

Künzelsau ist ein artiger, volkreicher Marktflecken am Kocher, links mit waldichten Gebirgen, rechts mit hohen fruchtbaren Weinbergen umgeben. Er hat kaum drey viertel Stunden im Umfang, ist aber doch ausnehmend volkreich; schon beim ersten Blick sieht man diesem Ort seine Industrie und seinen Wohlstand an. Künzelsau ist ein Städtchen, das hauptsächlich durch sich selbst bestehet, nemlich durch Handel und Absatz seiner verarbeiteten Waaren. Man könnte zwar sagen, einige Zünfte und Handwerker, wie z. B. die Metzger und Schuster, wären viel zu sehr übersetzt, allein sie bringen sich doch auf der andern Seite sehr gut fort. Alle beynahe mögliche Gattungen von Handwerkern sind da befindlich. Man zählet allein gegen 60 Metzger, 23 Becker, 70 Schuhmacher, 14 Schneider, 17 Schildwirthe, 11 Kauf= und Kramläden, 6 Schönfärbereyen, 10 Roth= und Weisgerber, 2 Goldschmiede, Geschmeidemacher, Zinngießer, Kupferschmiede, Kürschner, Tuchmacher und dergleichen.

Einige von den Kaufleuten treiben Speditionshandel, der viele tausend Gulden des Jahrs beträgt, und ziehen ihre Waaren unmittelbar aus Holland.

Der Viehhandel ist hier vorzüglich wichtig und einträglich. Es wohnen hier verschiedene Metzger, die theils allein, theils in Gesellschaft einen Ochsenhandel im Großen nach Strasburg, und von da nach

nach Paris und andere französische Städte treiben. Diese kaufen die Ochsen theils selbst, theils durch ihre Knechte und Beytreiber, in einem gewissen Bezirke von Franken, den Bauern und andern Landwirthen ab. Diese Künzelsauer Viehhändler kaufen nun, eine Woche in die andere gerechnet, wenigstens 150 große Ochsen auf, und schicken solche, entweder auf einem oder mehreren Haufen, durch ihre Treiber nach Strasburg. Ein Paar Ochsen kosten beim Ankauf oft mehr als 200 Gulden rhein.; rechnet man aber im Durchschnitt das Stück zu 50 Rthlr. so beträgt dies wöchentlich auf 150 Stück 7500 Rthlr. und folglich jährlich 390,000 Rthlr. Diese beträchtliche Summe, welche jährlich nur in einem kleinen District gewonnen wird, hat auch in neuern Zeiten die Fürsten dieser Länder ermuntert, die Viehzucht und den Viehhandel auf alle mögliche Weise zu begünstigen. Im Jahre 1784 waren in Hohenlohe vier Compagnien, die nach Paris, Metz und Strasburg, nur allein aus der hiesigen Gegend bis Creilsheim und Schrozberg, Ochsen verschickten. In manchen Jahren tragen diese Viehhändler gegen 500,000 Rthlr. aus Paris, Strasburg und dem Elsaß baar mit sich weg; eben daher kommt es, daß so vieles französisches Geld, besonders Laubthaler und Schildlouisdors, in der hiesigen Gegend circulirt. Dies ist nur der Ochsenhandel nach Strasburg und in die umliegende Gegend: von dem Schaaf- und sogenannten Hämmelhandel überhaupt, und dem seit etlichen Jahren nicht unbeträchtlichem

lichem Ochsenhandel nach Frankfurt, diesmal nichts zu gedenken. Manche von den Metzgern treiben auch starken Handel mit böhmischen und baierschen Triebschweinen oder inländischem Schaafvieh.

Wie gesagt, kein Ort in ganz Hohenlohe ist so volkreich und so gewerbsam, als dieser. Er zeichnet sich noch über dies durch eine größere Wohlfeilheit der Waaren und Lebensmittel aus, woran vielleicht seine Lage und eine größere Consumtion Schuld seyn mag. Das beste Fleisch von ganz Hohenlohe wird hier geschlachtet.

Ein Glück für diesen Ort ist es, daß die Natur einen starken Bach durch denselben geleitet hat, wodurch die Unreinigkeiten ab- und in den Kocher geführet werden, sonst möchten die vielen Metzger und Gerber die Luft ungesund machen. — Künzelsauer Kaufleute, Roth- und Weißgerber, Kürschner und andere Gewerbsmänner beziehen die Frankfurter Messe.

Uebrigens herrscht auch hier ein verhältnißmäsiger größerer Luxus; so wie die Künzelsauer gewissermassen unruhige Köpfe sind, und ein gewisses Freyheitsgefühl affectiren.

In dem Schloße, welches überhaupt dem Ort ein gutes Ansehen giebt, privatisirt der Prinz Eberhard, (ein Bruder des Fürsten von Kirchberg,)

mit

mit seiner Gemahlin. Man wird wenig edlere Menschen antreffen, als dieses glücklich vereinigte Paar ist. Der Prinz ist durch die Herausgabe eines sehr erbaulichen Gebetbuchs bekannt. Noch einer der fähigsten Köpfe und der größten Juristen lebt hier; es ist der geheime Rath Müller. Ein Mann, von dem man eigentlich sagen kann, daß er das Factotum im Lande ist,

Eine Gewohnheit und Sitte fand ich hier, von der ich wünschte, daß sie allgemeiner seyn möchte. Es ist das Abblasen eines Liedes vom Thurm mit Zinken und Posaunen, und dieß zwar dreymal des Tages, am frühen Morgen, zu Mittag und am Abend. Dieses Abblasen hat für eine gefühlvolle Seele überaus viel rührendes und angenehmes, und erhebt den Geist zu erhabenen, edlen Gegenständen.

Eine kleine Stunde von hier liegt Ingelfingen, die Residenz des Fürsten, an fetten Wiesenthälern und zwischen hohen Weinbergen. Nahe am Städtchen fließt der Aal= Hecht= Karpfen= und Barbenreiche Kocherfluß. Der Ort selbst, ist unter allen Residenzen Hohenlohes der finsterste und elendeste, und ziehet theils seine Nahrung von der Hofhaltung, theils vom Weinbau.

Der Weinhandel eröfnet einen starken Zweig der Nahrung. Der Wein selbst ist gesund und gut,

wenn

wenn er seine Zeit ausgehalten hat und wird weit verfahren. Wenigstens durch ganz Hohenlohe und einen Theil des benachbarten Schwabens und Anspachischen gehet das Ingelfinger Weinnegoz. Dem Bierländer fällt diese Art Weine aber nicht genug auf die Zunge. Berechnet man die Mühseeligkeit und Beschwerden, und das Jahr aus Jahr ein Anhaltende des Weinbaues — zählt man noch die vielen Fehljahre darzu — überlegt man, daß der Hecker sonst gar keine Quelle der Nahrung hat, als diese, und daß er den Erlöß seines Mostes am Herbst, jederzeit schon gewissen Capitalisten schuldig ist, die ihm darauf das ganze Jahr vorgeschossen: so wird man sich nicht wundern, wenn man auch hier, wie zum Theil in andern Weinländern, einen gewissen äußern Wohlstand und Reichthum vermißt; hingegen tausend Spuren der Dürftigkeit erblickt.

Wundern mußte ich mich, daß ohnlängst in einer gewissen Zeitung so viel Wesens von der neu angelegten Vorstadt gemacht wurde. Vermuthlich rührte jene Beschreibung entweder von einem Spaßvogel, oder von einem Speichellecker her. So viel ist gewiß, in Ingelfingen selbst ärgerte man sich von Seiten des Hofes darüber. Aus der Vorstadt selbst, die ungeheure Summen gekostet haben mag, wußte ich nicht, was ich machen sollte! Alles ist kleinlich, alles geziert, alles unpassend; obgleich der erste Gedanke einen in der That Ideenreichen Kopf anzeigt. —

Die ganze Vorstadt ist beynahe eine Grupp‑
rung von Geschmack verschiedener Nationen und
Zeitalter. Da stehet ein Tempelchen in griechischem
Geschmack, dort ein chinesisches Haus; da ein Ruin,
dort ein deutsches Häuschen! Mit unter einige er‑
barmungswürdige Figuren von Bildhauerarbeit. ——
Der Plan des Ganzen soll sich vom Erbprinzen
Friedrich Ludwig herschreiben, und eine Pira‑
mide am Thor, die aber mehr einem Grabstein ähn‑
lich sieht, sagt: daß sie zu Ehren seiner Gemahlin,
Marianen-Vorstadt heiße.

Der Prinz ist bekanntlich ein großer Geist und
ein umfassender Kopf. Die hier gerügten Fehler
kommen gewiß nicht auf seine Rechnung; er hat
nur nicht die Leute, die seinen Ideen entsprechen,
und seine erhabenen Plane ausführen können.

Das Schloß ist erst zu Anfang dieses Jahrhun‑
derts von dem Großvater des jezregierenden Fürsten
erbauet worden, weitläuftig und zum Theil ganz mo‑
dern möblirt. Der gleich an das Schloß gränzende
Garten ist mit einer schönen Orangerie versehen, auch
werden Ananas daselbst gezogen, übrigens ist er
ökonomisch angelegt.

Der Hof zu Ingelfingen gleicht dem ruhigen
Wohnorte der Stillen im Lande, und man kann
sich dem edlen, altdeutschen Fürsten Paare nicht
nähern, ohne von den stärksten Empfindungen der

Hoch‑

Hochachtung durchbrungen zu seyn. Man erblickt da so vielen wahren Biedersinn, ein so ungeschraubtes Herzens Christenthum, daß es einen ganz in Entzückung versetzt. Die Tochter des Fürsten gehört zu den gefühlvollesten und edelsten ihres Geschlechts. Ich habe sehr niedliche, herzvolle Gedichte von ihr gelesen, und wünschte Ihnen einige mittheilen zu können.

Es ist noch ein oberes Schloß in Ingelfingen, welches seinen Namen von seiner Lage hat. Hier wohnt die verwittwete Erbprinzessin, mit ihrer einzigen Tochter, einer aufblühenden Schönheit, im Genuß ansehnlicher Renten. Sie ist eine Dame, die außerordentlich viel Gutes im Stillen thut!

In dieser Stadt befindet sich auch, seit der Regierung zweyer Regenten, das Seniorat von Hohenlohe. Es hat ein großes Ansehen und einen großen Einfluß in das Wohl eines so zusammengesetzten Körpers, als Hohenlohe ist. Ohne dasselbe kann gewissermaßen nichts geschehen. Der Senior ist, beim Lichte betrachtet, das, was ein Creisausschreibender Fürst ist. Als Geschlechtsältester hat er also die Senioratssachen, dann als Director des Fränkischen Grafen-Collegii, die dahin einschlagenden Collegial- und Reichstags-Sachen, dann als Creisgeneralfeldzeugmeister und Inhaber eines Infanterieregiments, die Militairangelegenheiten zu besorgen.

In-

Ingelfingen ist nicht groß, aber sehr volkreich; und die neuangelegte Vorstadt hat schon manchen geschickten Handwerksmann und Künstler hieher gezogen. Die Industrie der Ingelfinger Einwohner ist in ihrem ansehnlichen Weingebirge sichtbar, und ausgezeichnet. In der Gegend bey Ingelfingen verrichten alle Einwohner dieses fruchtbaren Thals, wenige ausgenommen, ihren Feldbau mit Kühen, und ohngeachtet der öfters sehr steilen Anhöhen bringen sie ihren Dünger oder Früchte, mit 2 oder 3 Kühen, wohin beides bestimmt ist, und haben von dieser Viehzucht hinlänglichen Vortheil.

Zwey Stunden unter Ingelfingen ist zu Weißbach ein ergiebiges Salzwerk, das einzige in Hohenlohe. Vermuthlich wird deswegen auch an andern Orten alle Sonntage für dasselbe auf der Kanzel gebetet.

Ich verließ Ingelfingen mit Achtung gegen manchen braven Mann, den ich da kennen lernte, und mit Dank gegen die gesellschaftlichen Freuden, die ich da genossen hatte. In der That gerührt verließ ich diesen Ort, wo ein so edler Hof und so viele brave Menschen sind.

Ich nahm meinen Weg nach Oehringen, längst dem Kocher hinauf, über Döttingen und Kupferzell.

Döt-

Döttingen ist ein angenehmer Marktflecken, drey Stunden über Ingelfingen, in einem fetten Wiesengrunde, der mit hohen Gebirgen umschlossen ist. Auch Frucht und etwas Wein wird hier gebaut. Der Fürst von Kirchberg hat hier ein artiges Jagdschloß, in dem er sich, theils im Sommer, theils im Herbste aufzuhalten pflegt. Es ist zugleich der Sitz eines Beamten.

Eine Stunde von Döttingen, näher an Oehringen hin, kommt man immer auf der schönsten Chaussee durch Kupferzell, einem Waldenburgischen Amtsflecken, in welchem durchaus ein gewisser Wohlstand und Landreichthum sichtbar ist. Hier ist es gar nicht selten, Bauern von 50, 60, 80 und mehrern tausend Gulden zu finden. Man kann sagen, daß man bey Kupferzell eigentlich in die Schmalzgrube von Hohenlohe komme, so wie sich diese fruchtbare Ebene, über Oehringen hinaus, erstrecket. Auch die Viehzucht ist hier in ihrer größten Vollkommenheit, und der Viehhandel außer Landes, bis nach Paris, ist hauptsächlich in den Händen der Kupferzeller Wirthe, und bringt schöne Summen ins Land. Auch giebt es hier Handwerksleute verschiedener Gattung, z. B. Strumpfwirker, welche viel Industrie beweisen.

Der Erbprinz von Schillingsfürst privatisirt hier in einem artigen Schlößchen. Er ist ein sehr ansehnlicher Herr, der sich gar nicht auf die Seite der

der väterlichen Bigotterie neigt. Er ist in beständige Processe mit seinem Herrn Vater verwickelt, die schon lange am Reichshofrath anhängig sind. Man sagt, dieser Prinz müßte sich begnügen, blos von den jährlichen Zinsen eines eigenen Vermögens, von 100,000 Gulden zu leben, welches in der That, da er vermählt ist, und eine ansehnliche Familie hat; und seine eigene Oekonomie, führen muß, nicht viel ist. Er ist wirklich in einer betrübten Lage. — Hier wohnt auch der in Deutschland rühmlichst bekannte Oekonom, Hr. Pfarrer Mayer, dessen Schriften, besonders über seine Lieblingsmaterien, der Lehre vom Gyps, der Stallfütterung, Aufhebung der Brache u. s. w. Sie schon gelesen haben. Er gab auch eine pragmatische Geschichte der Land- und Hauswirthschaft des Amtes Kupferzell, Schwäb. Hall 1773. 8. heraus; als worinn er wahre, ausgebreitete Verdienste hat.

Eine Stunde unter Kupferzell kommt man auf die, von Schwäbisch Hall nach Heilbronn führende Poststraße. Hier nähert man sich dem Städtchen Waldenburg, welches eigentlich die erste Residenzstadt des Fürsten von Schillingsfürst seyn sollte, und welches der katholischen Linie den Namen gegeben hat. Denn Hohenlohe theilt sich, wie bekannt, in die Neuensteinische und Waldenburgische Linie, davon die erste lutherisch, die zweite katholisch ist.

Der

Der Fürst hält sich im Sommer öfters hier auf. Walbenburg ist eine Amtsstadt, und liegt an der Spitze eines hohen Gebirges, an deſſen Auſſenſeite ein Schloß mit einem hohen Thurm befindlich iſt, von da aus nach den oſt= nord= und beſonders weſtlichen Gegenden eine Ausſicht auf 15 bis 20 Meilen weit bey hellem Wetter, bis ins Würtembergiſche und Pfälziſche, ſich erſtreckt. Aber um dieſer Ausſicht willen allein mochte ich nicht die beſchwerliche Reiſe Berg an machen, da ich ſicher darauf zählen konnte, daß ich ſonſt nichts merkwürdiges finden würde.

Der Ort ſelbſt iſt nicht lebhaft, weil er wegen ſeiner hohen Lage durch die Natur gleichſam von allem Commerz ausgeſchloſſen worden. Der Boden iſt übrigens, beſonders zu Gartengewächſen, vortreflich.

Drey Stunden unter Kupferzell kam ich durch das Städtchen Neuenſtein, der ehemaligen Reſidenz der Grafen, die auch der neuenſteiniſchen Linie den Namen gegeben hat.

Es liegt in einer ziemlich ausgedehnten fruchtbaren Ebene, und der fette Boden iſt zu Hervorbringung faſt aller Arten von Früchten fähig. Der Obſtbau wird hier auch ſchon wichtig, nicht nur durch die Menge, ſondern auch durch die Güte des Obſtes, welches hier gebauet wird. So vorzüglich gut der

Feld=

Feldbau, besonders aber der Kleebau um Neuenstein herum ist, desto weniger erheblich ist der Weinwachs, sowohl in Ansehung der Menge, als Güte; und gleichwohl liegt in einem der dortigen herrschaftlichen Keller ein Faß von 100 Fuder ganz nach der Form des Heidelberger. Vielleicht war vor 100 Jahren mehr Weinkommerz in Neuenstein, als jetzt?

Von Neuenstein aus bis nach Oehringen, welches eine Stunde entfernt ist, ziehet sich das allerfetteste Wiesenthal, durch welches sich ein Bach schlängelt, der mit Mühlen besetzt ist. Kurz man merkt überall, daß man sich jetzt schon dem gesegneten Würtemberg nähere.

Im Schloß zu Neuenstein ist seit einigen Jahren ein Zucht und Arbeitshaus angelegt, dessen Aufseher der Hauptmann Schmid ist. Von dieser für Hohenlohe sehr wichtigen Anlage muß ich Ihnen einige nähere Nachrichten geben. Der für die Aufnahme und das Wohl seines Landes so eifrig besorgte Fürst hat solches nebst einem Hospital in dem ehemaligen herrschaftlichen Schloße vor 12 Jahren anlegen lassen. Es bedarf freilich noch vieler Verbesserungen, aber es zeichnet sich doch dadurch zu seinem Vortheil sehr aus, daß seine Strafen und Züchtigungen weit menschlicher sind, als sie in andern Zuchthäusern zu seyn pflegen. Die Arbeiten bestehen hauptsächlich in gewissen Frohnen und Wollarbeiarbeiten, es ist auch eine Tuchfabrike damit verbunden. In derselben werden Tücher, Biber und Flanell mit gutem Erfolg verfertiget, wozu der unermüdete Eifer des oben genannten Aufsehers sehr viel beyträgt. Er hat es jezt schon so weit gebracht, daß er von dieser Waare jährlich bey 4000 fl. größtentheils in das Ausland absetzet. Auf den zu diesem Institute gehörigen Aeckern ist ein Anfang mit Krappbau gemacht worden, welcher so gut, als der holländische immer ausgefallen ist.

Am Schloße liegt ein Garten mit einem Weiher umgeben, welcher dem Genuß des Zuchthauses überlassen ist, aus dem sich recht viel Schönes machen ließe. — Aber — mit welchen Empfindungen, mit welcher Fülle von Gedanken fährt man am Schloße vorbey, welches noch durch gewisse, unvertilgbare Züge seines Alterthums ehrwürdig ist, in welchem ehemals so mancher brave, altdeutsche Graf von Hohenlohe wohnte, welches einer gewissen Linie seinen Namen gegeben ——— und jezt das Wohnhaus eines gewissen Auswurfs der Menschheit ist! — Gott, wie verändern sich Zeiten und Sitten.

Endlich kam ich nach Oehringen, der Hauptstadt des Fürstenthums Hohenlohe, und überall erblickte ich Spuren, daß ich mich der Residenz eines wichtigen Fürsten näherte.

Oehringen selbst ist zwar eine etwas weitläuftige, aber versteckte und unregelmäßige Stadt, in einer tiefen, ungesunden Lage, die hauptsächlich vom Handel und dem Hofe lebt. Der jetzt regierende Fürst hat auf eine großmüthige und ihm Ehre machende Art große Summen Geldes zu Erbauung einer Vorstadt verwendet, welche dem Orte ein vortrefliches Ansehen giebt. Die Häuser sind alle ansehnlich, und meist drey Stockwerk hoch. Die mehresten baute der Fürst selbst auf seine Rechnung und schenkte sie nachher weg. Verschiedene Privatpersonen haben ebenfalls auf ihre Kosten neue schöne Häuser vor der Stadt angelegt.

Oehringen hat seit einigen Jahren durch den Alleinbesitz seines jetzigen Fürsten sehr gewonnen. Ehemals besaß Waldenburg die Hälfte davon, und so war Oehringen in zwey Besitzungen getheilt; natürlich konnte die Stadt bey dieser Lage nie recht aufkommen und glänzend werden. Der jetzt regierende Fürst von Hohenlohe-Neuenstein, Ludewig Friedrich Karl, hat seinem Herrn Agnaten, dem Fürsten von Hohenlohe-Waldenburg und Bartenstein seinen Antheil an dieser Stadt schon im Jahre 1782 um eine beträchtliche Summe von 300,000 fl. rhein. abgekauft, und ist nun allein Regent. Oehringen ist nun also nicht mehr als eine gemeinschaftliche Stadt von den Fürsten von Hohenlohe-Neuenstein und der Hohenlohe-Waldenburgischen Linie anzusehen.

Durch diese Veränderung hat nun Oehringen manches gewonnen, und der Fürst hat schon verschiedene Anstalten zur Aufnahme und Verschönerung der Stadt gemacht, davon ich viele Beyspiele anführen könnte. Auch sind die Thore der Stadt, die ehemals mit alten Spießbürgern besetzt waren, nun mit regulirter Miliz besetzt.

Von der Wichtigkeit des Stifts und des Archivs in Oehringen kann man sich aus den gründlichen und lehrreichen Hanselmannischen Schriften einen Begrif machen. Wie viel uralte, herrliche Documente werden hier noch aufbewahrt, welche für die hohenlohische Geschichte von äußerster Wichtigkeit sind. Nur Schade, daß die Lücke eines eben so kenntnißvollen als unermüdet arbeitsamen Hanselmanns noch nicht ausgefüllt ist! —

In dieser Hauptstadt befindet sich ein reiches Collegiatstift, welches von dem ehemaligen Grafen Hermann in dem 11ten Jahrhundert gestiftet, und vor den Zeiten der Reformation von Canonicis regularibus versehen worden ist. Das Stift ist durch seine Privilegien und durch seine reichen Besitzungen ein wahrer Schatz für die Stadt. Die Stiftskirche ist groß und schön und durch manche Ueberbleibsel des Alterthums und der Kunst schätzbar; ich rechne besonders dahin die Monumente am Hochaltar. Schade, daß das ehrwürdige Ansehen des Alterthums

Meine Reise durch Hohenlohe. 51

thums so übel mit einer neuen Kanzel und Altar kon=
traſtirt iſt.

In der Gruft, die ich für ſehr ſchädlich halte,
weil ſie nur einige Treppen tief iſt, in welcher auſ=
ſerdem die Särge noch ganz frey ſtehen, fand ich
einen, ſeit 100 Jahren unverweſten Körper. —
Nahe an der Kirche, in einem Kreuzgange, werden
den Fremden Ueberbleibſel aus den katholiſchen Zei=
ten gezeigt. Es ſind einige Heilige in Holz, über=
lebensgroß, ſehr gut gearbeitet, und beſonders in
Rückſicht ihrer Gewänder und ihres gothiſchen Ge=
ſchmacks ſchätzbar.

Das Gymnaſium in Oehringen war ehemals
ſehr beſucht und berühmt, aber es hat ſeitdem viel
von ſeinem Anſehen verlohren. Auch ſind Stipen=
dien mit dieſem Gymnaſio verbunden, die das rei=
che Stift bezahlt. Der gegenwärtige Rector dieſer
Schule iſt ein geſchickter und brauchbarer Mann.
Es iſt auch ſeit einigen Jahren eine Zeichnungs=
Schule mit dieſem Gymnaſio verbunden, von der
ſich in der That viel verſprechen läßt, da Oehringen
zwey vortrefliche Künſtler an dem Bauinſpector
Probſt und dem Maler Schillinger beſitzt.
Zwey wirklich ſeltene Zeichner und Maler, die ihrer
Kunſt ſehr viele Ehre bringen!

Der Hof in Oehringen iſt der ſplendiſbeſte unter
den Hohenlohiſchen. Ganz natürlich — er hat auch
die größten Landes=Beſitzungen von Hohenlohe.

D 2 Der

Der Adel bey Hofe ist ansehnlich und unter diesem befinden sich würdige Männer. Auf das Militär wendet der Fürst jährlich beträchtliche Summen! Auf dem Hauptplatz, woran das Schloß und die Stiftskirche stößt, befindet sich die Grenadierwache. Die gesammte Hofdienerschaft ist ansehnlich und gut besoldet; und der Fürst überhaupt ein gnädiger und religiöser Herr, der sehr auf seine Leute sieht und nichts versäumt, seinem Hofe Größe und Ansehen zu geben.

Die Fürstin ist eine der edelsten, würdigsten Damen, voll Gesinnungen der Redlichkeit und des Wohlwollens. Schade, daß ihre Bestimmung nur diese zu seyn scheint, immer kränkeln zu müssen.

Dieß ist nun das einzige Haus von Hohenlohe, welches keine Erben hat. Aber die sämtlichen Fürsten von Hohenlohe stehen in einem so guten Einverständniß mit demselben, daß sie ihm langen Flor und langes Leben wünschen.

Das Schloß selbst ist klein und eigentlich nur ein Flügel-Gebäude. Aber der Fürst hat vor einigen Jahren einige Zimmer ganz neu machen und sie kostbar meubliren lassen.

Wichtiges für die Kunst ist übrigens da nichts zu finden, als die Arbeiten der Probste und Schillinger und die Kupferstich-Sammlung des Fürsten, die aber sehr ausgesucht ist.

Der

Der an das Schloß gränzende herrschaftliche Garten ist von großem Umfang und wird jezt anglisirt.

In der Stadt befinden sich mehrere Künstler, Kaufleute von Spezerey-Tuch-Zitz- und andern Waaren, Goldschmiede, Zinngießer, zwei sehr gut eingerichtete Apotheken und eine Buchdruckerey ꝛc. Auch befindet sich hier die Landesregierung und Cammer, deren Vorsteher durch Gelehrsamkeit, Klugheit und Rechtschaffenheit sich auszeichnen. Oehringen würde weit mehr Nahrungszufluß durch Commerz haben, wenn die Nachbarschaft den kreisschlußmäßigen Chausseebau auf der von Heilbronn durch das Würtembergische 4 Stunden lang nach Oehringen gehenden Post- und Commercialstraße aus Eifersucht nicht hinderte.

Zwey Stunden von Oehringen liegt Friedrichsruhe, der Sommeraufenthalt des Fürsten. Hier und an allen Orten dieses reizenden Sommeraufenthaltes hat man die herrlichsten Aussichten auf viele Stunden weit in die fruchtbarsten Gegenden, mit Buschwerk und Waldung untermischt. Man sucht auch diesen Ort, der besonders der Lieblings-Aufenthalt der Fürstin zu seyn scheint, jährlich zu verschönern, seine Gärten zu erweitern, seine Schlösser zu vermehren. Nur wäre zu wünschen, daß es mehr nach den Regeln der Natur und der gefälligen Simplicität geschehen möchte. Kurz, der Geschmack in Friedrichsruhe hat mir nicht gefallen wollen.

Zwischen Oehringen und Friedrichsruhe, beynahe auf halbem Wege, liegt an der Chaussee der so genannte Plazhof, ein verpachtetes Cammerguth des Fürsten, woselbst eine ansehnliche Meyerey ist.

Hier ist nun der Obstbau außerordentlich gut und stark, und man kann sagen, daß ein großer Theil von Hohenlohe von hier aus mit Obst versehen werde.

Als ich Abends von dieser kleinen Excursion wieder in der Post zu Oehringen ankam, fand ich Gesellschaft. Ich muß gestehen, daß unter allen Hohenlohischen Gesellschaften diese am wenigsten nach meinem Geschmack war. Ich fand da so viel Geschraubtes und Geziertes, so viel Steifes und Hochtönigtes, so viele Anmaßung und dummen Stolz, daß man warlich hätte glauben sollen, man wäre in einer Gesellschaft kleiner Fürsten. Aus dem Dickethun sollte man fast schließen, die Herren wüßten sich die Gutmüthigkeit ihres Fürsten recht wohl zu Nutze zu machen.

Aber lieber Himmel, wie wird es mir morgen gehen, da mich der Posthalter versichert, er wäre schlechterdings nicht im Stande, mich mit zwey Pferden nach Heilbronn fahren zu lassen. Doch in dem Augenblick erinnere ich mich, daß schon der Verfasser des Romans meines Lebens über die abscheulichen Wege bey Oehringen fulminirte!! Leben Sie wohl.

Nachricht von der Stadt Lucern in der Schweiz, und ihrer Regierungs-Verfassung.

Die Ehren- und Kriegeszeichen Lucerns sind die zwey Panner, die Stadtfahne, und die zwey Schützenfahnen. Die Jahrbücher der helvetischen Geschichte liefern Beyspiele genug, wie mancher redliche Mann in der muthvollen Vertheidigung seines Vaterlandes sein Leben eingebüßet; wie durchschoßen, durchlöchert, mit Füßen getreten und mit Blut bespritzt diese Ehrenzeichen doch noch jederzeit, und meistens siegreich, in die Stadt sind zurück getragen worden. Bey kleinern Kriegsauszügen wird hier gemeiniglich eine der Schützenfahnen mitgenommen; ist die Gefahr größer, und wird ein zahlreiches Volk aufgebothen, so geht auch die andere Schützen- oder die Stadtfahne, oder das kleinere Panner mit; wenn aber die Noth dringend, und das Vaterland in Gefahr ist, so trift es auch noch das große Panner, ins Feld zu ziehen. — „Er soll „seine

„seine Fahne aufrecht erhalten, all sein „Vermögen, Leib und Leben dazu setzen, „dabey sterben oder genesen, und sein „Beßtes und Möglichstes thun, so weit „sein Leib und Leben gelangen mag." So lautet der Eid, so derjenige schwört, dem das eine oder andere dieser Ehrenzeichen von der höhern Gewalt anvertrauet wird: und es trift die große und die kleine Stadt (Lucern), jede eine Fahne und ein Panner in Verwahrung zu halten. Bey jedem der Panner befinden sich vier Harschhörner, deren Ursprung in das entfernteste Alterthum sich erstrecket, da Kaiser Karl der Große die Stadt Lucern mit vier solchen Kriegs-Trompeten, ihrer Tapferkeit halber, beschenkt haben soll. Obwohl die Pannerherren und Venner als Feldoberste angesehen werden, und Völker unter ihrem Befehle haben: so hat doch über dieselbe ein oberster Befehlshaber im Kriege und Felde zu gebiethen, der in den vorigen Jahrhunderten, anstatt des schimmernden Titels eines Generals oder Heerführers, Stadthauptmann genannt wurde; und diese wichtige Stelle ward einem der Schultheißen, oder aber wer solch eines wichtigen Vertrauens am würdigsten und tüchtigsten schien, übergeben, die das ein und andermal mit einer fast unumschränkten Gewalt oder Dictatur, wie es die alten Römer nannten, in Zeit der Noth und der Verlegenheit, verbunden war.

Jeder

und ihrer Regierungs=Verfassung.

Jeder Schweizer ist bekanntlich ein gebor=
ner Soldat: denn jeder hat die Pflicht auf sich, das
Vaterland, im Falle der Noth, nach allen seinen
Kräften zu vertheidigen. Die heutige Eintheilung
der Landmiliz ist in fünf Brigaden, die eilf Regi=
menter, oder 25 Bataillons, jedes zu 400 Mann
gerechnet, ausmachen. Diese fünf Brigaden tra=
gen die Namen von Willisau, Rothenburg,
Entlibuch, Münster und Rußwyl. Jede
hat eine Jägerkompagnie von 100 Mann, und je=
des Bataillon eine Kompagnie Grenadiers. Der
Nachhaufe, oder Corps de Reserve, beträgt beynahe
eben so viele Tausend Mann; und der erste alljährlich
bestimmte Auszug ist von Tausend, nebst 8 Feld=
stücken, und einer Compagnie Artilleristen. Das
Artilleriekorps besteht aus 5 Compagnien, und die
Reuterey oder Dragoner, aus dreyen. — Die
Hauptstadt hat ihre besondere Wache; die benach=
barte Mannschaft des Stadtbezirks oder Banns,
der weitschichtig ist, nebst einer Kompagnie Jäger,
sind zu ihrem Dienste. Ferner unterhält der Can=
ton eine Compagnie Hatschier oder Marechaussée
zur Sicherheit der Straßen und des Landes. — Und
endlich besteht der abschiedsmäßige Auszug oder
Beytrag zum Eidsgenossischen Defensionale, aus
1200 Mann, nebst Zugehörde an Artillerie: das
zweyte und dritte Aufgebot verdoppelt sich, und ihr
Aufbruch beruhet auf den sogenannten Hochwach=
ten oder Wachtfeuern, die auf etwa 15 Anhö=
hen bereit gehalten, angezündet, und damit, so

wie

wie in der übrigen Schweiz, das Sturmzeichen gegeben wird. — Jeder der 16 Jahre alt ist, wird in den Musterrobel eingezeichnet, muß Dienste thun, und soll, so bald er sich verehlichet, seine Montur und sein Feldrohr haben. Es hat alle Jahre des Sommers bestimmte Trüll= oder Exerziertage, und dann eine Visitation und Musterung vor den obrigkeitlich bestellten Landmajoren. In dem Arsenale oder Zeughaus werden, nebst einem ansehnlichen Vorrath an Feldstücken und Kriegsgeräthe, für ein zweites Armement genugsame Flinten aufbewahret, auch überdies alle Jahre eine gewisse Anzahl derselben auf den Schützenplätzen, als Preise und Gaben, ausgesetzt und hingegeben.

Schon in den Zeiten, in welchen Lucern noch unter fremder Herrschaft gestanden; hat die Stadt schon einen besondern Rath zum Schutze ihrer erworbenen nahmhaften Rechte gehabt, der sich alle halbe Jahre von selbsten zu erwählen und zu ergänzen, die Freiheit genoß: ein Vorrecht, welches der Stadt älteste Freiheit genennt wird, und im J. 1330 vom Herzog Otto von Oesterreich derselben aufs neue ist bestätiget worden. Dies ist der tägliche oder innere Rath von 36 Gliedern, deren Hälfte, nemlich 18, von einem Johannistage zum andern dem Rathe täglich beiwohnen, und den Urtheil und Recht suchenden Partheyen das Wort vorzutragen, durch einen Eid verpflichtet sind. Der zweite Rath ist der sogenannte

große

große oder souveraine Rath, der kurz nach der Zeit, als die Stadt dem Eidesgenossischen Bunde beygetreten, entstanden ist.

Die Regierung der Stadt ist nicht ganz aristokratisch, sondern eine Vermischung von Aristokratie und Demokratie, wobey aber die letztern, seitdem die Eidesgenossenschaft Ruhe und Frieden genießet, und die Zeiten, wo Herrschaften, Land und Leute feil geboten wurden, verschwunden, auch schwerlich ganz neue Bündnisse entstehen werden, von der erstern weit überwogen wird. Der innere und große Rath, der aus den edeln und patrizischen Geschlechtern, und den regimentsfähigen bürgerlichen Familien besetzt und ergänzt wird, führt überhaupt alle Regierung. Aus diesem wird ein Haupt erwählt, das an der Spitze der Regierung sitzt, den Geschäften den Anfang und die erste Leitung giebt, und dessen Amt und Obliegenheit eine so mühsame als erhabene Würde ist. Dieses Ehrenhaupt nennt man Schultheiß. Es haben daher die Gesetze und Befehle, welche von dem gesammten Gewalte aus verkündet werden, folgenden Eingang: Wir Schultheiß und Rath, auch der große Rath, so man nennet die Hundert der Stadt Lucern.

Die

Der Stadt- oder Staatsschreiber, wie auch der Unterschreiber, *) Rathsschreiber, **) und Großweibel ***) befinden sich alle bey den täglichen Rathsversammlungen, und werden die Kanzlei oder auch die vier Amtsleute genennt. Die drey letztern können Glieder des großen Raths seyn, der Stadtschreiber aber ist von keinem der Räthe, und muß, wenn er zu dieser Stelle befördert wird und des Raths wäre, denselben abdanken: er ist von der Kanzlei das Oberhaupt, hat die Schlüssel zu den Archiven; alle wichtige Geschäfte gehen durch seine Hände; die Hauptbriefschaften werden durch ihn ausgefertiget, und fordern hiemit einen auf Tüchtigkeit und eine ausgedehnte Einsicht gegründeten Fleiß.

Das Schultheißenamt wird alle Jahre durch eine geheime Wahl abgeändert, und diese Wahl wechselt gemeiniglich zwischen dem regierenden und dem Altschultheißen ab. — Die beiden Schultheißen, die

---

*) Der Unterschreiber ist der Gehülfe des Stadtschreibers, und vertritt seine Stelle in desselben Abwesenheit, hat auch seine besondre Arbeiten und führt das Staats- oder große Rathsprotokoll.

**) Der Rathsschreiber führt das Protokoll der Civilhändel, und ist der Schreiber des Rathsrichters in den Kriminalprocessen.

***) Der Großweibel aber wartet innerhalb der Stube auf den Rath, läßt die Partheyen vor, und ziehet gewisse Gelder und Bußen ein; ist auch dem regierenden Ehrenhaupte zur Aufwartung, und soll dasselbe täglich begleiten.

die beiden Statthalter, und die zwey Aeltesten der Räthe, nämlich von jeder Seite einer, können als ein geheimer Rath angesehen werden, der in vorfallender Noth, wo der Verzug Gefahr leidet, Rathschlüsse abfassen, Befehle ertheilen und Briefschaften ablassen kann. Eben diese sechs Häupter lesen zum ersten die einlangenden Briefe durch, und beurtheilen auch die Antworten, die darauf erlassen werden. — Die Umfrage im Rath wird durch den Rathsrichter gehalten, der von der Eidesseite genommen, und von derselbigen erwählet werden muß. Das Stadtsiegel liegt in seiner Verwahrung; er besiegelt alle Briefe und urkundlichen Recesse, führt die Kriminalprocesse, schlichtet verschiedene kleinere in der Stadt vorfallende Händel, und wo die Stimmen im Rath gleich getheilt sind, giebt er den Ausschlag und den Entscheid. Sollte auch ein Amtsschultheiß einer Recht suchenden Parthey den Zutritt vor Rath verweigern, so ist der Rathsdiener, damit auch des Geringsten Klage niemals unterdrückt werde, berechtiget, die Anzeige deshalben vor Rath zu thun, und also diese Klage, oder den Anstand erörtern zu lassen.

Der innere Rath versammelt sich viermal in der Woche, als am Montag, Mittwoch, Freytag und Samstag. Alle Geschäfte müssen anfangs vor dieser Versammlung schweben, und werden von derselben zuerst erörtert. Damit nun der innere Rath in einer beständigen Wirksamkeit für das Wohl

des

des Vaterlandes verbleibe, und wichtige Staatssachen nicht langwierig behandelt, oder gar nicht vorgenommen werden, und also dieser Verzug der Republik Schaden bringen könnte: so vermag eines der ältern Staats= und Grundgesetze: „Daß wo ihrer „sechs des großen Raths einig würden, sie sich zum „regierenden Schultheiß verfügen, und verlangen „können daß die obschwebende triftige Angelegenheit „an den Rath, dann an Räthe und Hundert gebracht, „und darüber berathschlaget werde."

Das erste und älteste Tribunal ist hier das sogenannte Stadt=Neune=Gericht, das aus vier innern, drey großen Räthen, und zween aus der Bürgerschaft bestehet, und alle halbe Jahre abwechselt. Dasselbe hat den Auftrag, über Schimpf und Scheltungen, Rauf= und Schlaghändel und andere Frevel, so sich in der Stadt und derselben Kirchgang ereignen, das Recht zu sprechen, und die Strafbaren, ohne weitere Appellation, mit einer Geldbuße zu belegen, oder auch mit der Einthürnung zu bestrafen. Das zweite und fast eben so alte Tribunal ist das Stadtgericht, das über Erb und Eigen, Schulden und Anforderungen richtet, die in der Stadt und derselben Bezirk geschehenen Käufe fertiget und auch noch andere minder wichtige Geschäfte schlichtet. Noch immer wird das Stadtgericht öffentlich gehalten. — Die Stadtrechnungskammer, die fast zu gleicher Zeit entstanden, berichtiget und untersucht alle und jede Rechnun=

nungen, welche die obrigkeitliche Personen abzulegen haben. — Die Civilkammer ist 1714 zur Erleichterung der Geschäfte des täglichen Raths, von demselben errichtet worden. Die Besorg- und Versicherung der Haabschaften der Weiber und der Waisenkinder ab der Landschaft, die Erlassung des Mannrechts benen, die sich an fremden Orten niederzulassen entschlossen, die Todeserkennung derjenigen, welche in die 25 Jahre abwesend und von sich nichts mehr hören lassen, hangen von dem Endscheid dieses Tribunals ab. Ausserdem hat jedes öffentliche Geschäfte wieder seine besondere Kammer.

Die bürgerlichen oder Civilgesetze der Stadt Lucern sind theils geschrieben, theils ungeschrieben. Der geschworne Brief, das Stadtrecht, das seit 1706 gedruckt vorhanden ist, und die andern gedruckten oder geschriebenen Verordnungen, wie nicht minder die einigen Gemeinden bestätigten Lands- und Amtrechte, enthalten die sogenannten geschriebenen Gesetze: wo aber keine solche vorhanden, pflegt man entweder nach den gemeinen Rechten, oder aber der Gewohnheit, altem Herkommen und bisherigen Uebung zu richten; und dieß nennt man ungeschriebene Gesetze. Und gleichwie jedes Reich und jede Republik, ihr besonderes Staatsrecht für sich, und mit denen sie begränzenden, oder sonst in Verbindung stehenden Mächten haben: aber so hat auch Lucern allgemeine und besondere Verbindungen und Verträge, theils

mit

mit den Eidsgenossen und zugewandten Orten überhaupt, theils mit den benachbarten Cantons insbesondere, wie auch mit entferntern Fürsten, Herren oder Städten; dazu auch die Verkommnisse oder Concordata, die mit dem Bisthum Constanz, geistlicher Sachen wegen, sind getroffen worden, gehören.

Was nun die Bevölkerung betrift: so wird die Anzahl der sämmtlichen Einwohner in der Schweiz, der Cantone und der zugewandten Orte, auf eine Million, achtmal hundert und etliche Tausend gesetzt, beyläufig nach folgender Tabelle: *)

Canton Zürich = , , 156000
    davon zwischen 10 und 11000 in der Hauptstadt.

Canton Bern , , , , 360000
    davon bey 10000 in der Hauptstadt.

Can-

---

*) Was die Bevölkerung in der Schweiz betrift, so wird diese von den mehresten Schriftstellern sehr verschieden angegeben. Man vergleiche nur einmal Büsching, Fabri, Meiners, Schütze (in seinen vortreflichen statistischen Programmen; von der Volksmenge in mehreren Städten. Gera 1787. Fol. u. f.) Franz (in seinem Lehrb. der Länder und Völkerk. 1 Th. S. 76. u. f.) und viele andere mehr. Die Verschiedenheit der Angaben macht diese Tabelle hier, welche ich aus des berühmten Hrn. Seckelmeisters von Balthasar Nachrichten von der Stadt Lucern, neue verbesserte Ausgabe, Luc. 1784. 8. S. 130. u. f. genommen habe, sehr schäzbar, weil sie von einem in der Schweizer Geschichte bewährten und bekannten Kenner herkommt.

und deren Regierungs-Verfassung.

Canton Lucern . . . 85000
    davon bey 5000 in der Hauptstadt.

Canton Uri . . . 28000
    mit Einbegriff der Urseler, die etwa 2500, und der Liviner, die gegen 12000 ausmachen.

Canton Schweiz . . . 21000

Canton Unterwalden . . 20000

Canton Zug . . . 18000

Canton Glarus . . . 20000

Canton Basel . . . 37000
    davon bey 15000 in der Hauptstadt.

Canton Freyburg . . . 72000
    davon in der Hauptstadt etwan 6000.

Canton Solothurn . . . 45000
    davon in der Hauptstadt etwan 5000.

Canton Schaffhausen . . 30000
    davon in der Hauptstadt bey 6000.

Canton Appenzell . . . 50000
    der volkreichste Canton in gesammter Eidesgenossenschaft, ja wahrscheinlich die bevölkerteste Gegend in Europa.*)

Summa in den XIII. Cantons . 942000
                                   Hiezu

---

*) Einige behaupten, Zürch sey, nach Proportion, noch für volkreicher zu schätzen.

Hirschings Archiv I. B.

Hiezu gehören noch:

Fürst-Abt zu St. Gallen	80000
Stadt St. Gallen	9000
Stadt Biel	6000
Graubündten	230000
Wallis	90000
Fürst-Bischof von Basel	50000
Fürstenthum Neuenburg	40000
Stadt Genf	30000
Stadt Mühlhausen	8000
Summa in den zugewandten Orten	**543000**

Landgrafschaft Thurgau	60000
Rheinthal	12000
Sargans	10000
Gaster und Utznach	10000
Grafschaft Baden	24000
Die freyen Aemter	20000
Schwarzenburg, Murten, Granson und Eschalens	40000
Die sieben italienischen Vogteyen	150000
Stadt Rapperschwyl	5000
Summa der gemeinsam. Unterthanen	**331000**

In etwa einem halben Jahrhundert mag die Summe der Bewohner Helvetiens auf zwey Millionen sich erstrecken, so sehr vermehrt sich dieses glückliche Volk, ungeachtet der fremden Kriegsdienste, der sonstigen Auswanderungen, und der so sehr sich verbreiteten Weibheit in männlichen Sitten. — Die Bevölkerung ist wirklich groß, und wird, bey einer gleichen Strecke Landes, schwerlich anderwärts in Europa, ausser der Republik der vereinigten Niederlande, zu finden seyn. Aber nur Freyheit kann Menschen beflügeln, daß sie auch die unwirthschaftlichen Gebirge beklettern, den nakkenden Felsen Nahrung abtrotzen, und Wohnungen an Orten aufschlagen, wo sie oft zwey Theile des Jahres einsam, zwischen Schnee und Eis, wie begraben, der schwülen Sommerhitze entgegen warten müssen, um sodann eilfertig die Gewächse, und den nöthigen Vorrath, auf den langen Winter zu sammeln.

Historisch-topographische Beschreibung der Stadt Eichstädt.*)

Lage, Name und Ursprung der Stadt.

Die fürstbischöfliche Residenzstadt Eichstädt, von welcher das ganze Bisthum seinen Namen führt, liegt

---

*) Eichstädt gehört bekanntlich zu den von Gott gesegneten Ländern; welches zur Geschichte und Statistik überaus reiche Materialien darbietet. Und doch kennt man keine Gegend unsers Frankenlandes, welche in der zuverlässigen, brauchbaren Geschichte, besonders aber in der Statistik unbekannter wäre, als das Bisthum Eichstätt. Woher dieser historische Miswachs herrühren mag, will ich hier gerade nicht entscheiden; so viel aber kann ich meine Leser versichern, daß es an geschickten und thätigen Männern daselbst gar nicht fehlet, wohl aber an Muth und Unterstützung höherer Orte. Von der Stadt Eichstätt haben wir kaum ein Paar zuverlässige Nachrichten, und diese wenigen sind noch überdies sehr zerstreut; es wird also mehreren diese historisch-topographische Beschreibung schätzbar seyn, da sie von einem sehr gelehrten, und mit der Geschichte seines Landes vertrauten Eichstädter, herkommt, dem es an Thätigkeit und vielfachen Kenntnissen gar nicht fehlt. Diese Beschreibung ist aus den reinsten Quellen geschöpft, die Nachrichten sind zuverlässig, endlich auch die meisten, ja wohl fast alle noch ungedruckt. Die Handschrift selbst mußte eine scharfe Critik durchlaufen, und was nicht durch Documente bewiesen werden konnte, ist ausgelassen.

liegt im Nordgau, und ist 18 Stunden von der Reichsstadt Nürnberg, und eben so viele von Augsburg entfernt. Das ganze hohe Stift wird in das obere, mittlere und untere getheilt; das obere gränzet meistentheils an das Fürstenthum Onolzbach, das mittlere an das Herzogthum Neuburg, das untere an Oberbaiern, die obere Pfalz und die Grafschaft Pappenheim. Die Stadt selbst liegt zwar in einem engen und unebenen, doch aber angenehmen und gesundem Thale, welches sich alle vier und zwanzig Stunden wenigstens, wie die Bemerkung schon öfters ist angestellt worden, einer andern Luft zu erfreuen hat. Die Mitte dieses Thals durchschneidet der Altmühlfluß, welcher auch die Stadt von einer Vorstadt trennet. Die umliegenden Berge sind hoch und wasserhaltig, so, daß von einem derselben immerhin das Wasser mitten durch die Stadt geleitet wird, von einem andern quellet ein Bach hervor, der 4 Mühlen in der Westen treibt, und aus dem nämlichen rollet das Wasser manchesmal klafterdicht aus einem Felsenloch heraus, das hinter dem Kloster zu St. Walburg mit schröcklichem Getöse 12 bis 15 Schuh hoch herunterfällt, und durch einen Kanal in die Altmühl geführet wird.

Wegen dem Ursprung des Namens, Eichstädt, wollen die Geschichtschreiber nicht übereinstimmen; einige nennen die Stadt Dryospolis oder Dryopolis, *)

---

*) Freher T. II. S. G. bey Franc. Iren. in Op. Geogr. Aen. Syl.

Rubiloeus,*) Emstatt,**) Einstett,***) Anreat, welcher Name aber erst in der Mitte des funfzehenten Jahrhunderts unter dem funfzigsten Bischofe, Johann von Eich, meistentheils gebrauchet worden zu seyn scheinet; Aichstett u. dgl. Einige wollen ihn von Eich und Stadt herleiten, weil die Stadt auf einen Platz, wo viele Eichbäume gestanden, erbauet worden ist. Obwohl diese Meynung ihren guten Grund hat: so scheinet es doch wahrscheinlicher zu seyn, daß dieser Platz, wo die Stadt erbauet worden ist, schon lange zuvor Enstett benennet worden sey, vielleicht wegen besonderem Wachsthume der Eichen, wie noch heut zu Tage in weitschichtigen Wäldern viele Plätze ihre spezielle Benennungen haben; denn hätte diese Stadt erst ihren Namen von den umgehauenen Eichen erhalten, so würde wohl die Heydenheimer Nonne in dem Reisebuch des Heil. Wilibald, welches ihr der Bepflanzer dieser Gegend selbst im achten Jahrhunderte in die Feder dictiret, niemals geschrieben haben: misit illos S. Bonifacius ad *Eystett*; wiederum: regionem *Eystett* Suitgarius tradidit S. Bonifacio quae adhuc tota erat vastata; abermal: cum manerent duo simul ad *Eystett* &c. wie solches die Original Handschrift erprobet. Dieser Platz hies also Enstett, bevor man Eichen umgehauen, bevor ein Haus

das

---

*) Lehmanns Chronik.

**) Lamb. Schafnab.

***) In app ad Mar. Scot.

daselbst erbauet worden, bevor er zu einer Stadt erwachsen, und das Stadtrecht erhalten hat, welches erst im zehnten Jahrhunderte geschah, da die Nonne schon lange verfault war. Daß nun wirklich Eichstädt und Eichstett geschrieben wird, ist den Abänderungen der Zeit zuzuschreiben, so schon bey mehreren Städten geschehen ist.

Gewiß ist es, daß die Stadt Eichstädt ihren Ursprung und Zuwachs größtentheils der freygebigen Großmuth eines Grafen von Hirschberg, Swiger mit Namen, dem unermüdeten Eifer des Heil. Wilibald, ersten Bischofs daselbst, und endlich der häuslichen und rastlosen Sorgfalt ihrer würdigen Hirten, und erhabenen Fürsten, zu verdanken habe, daß es in einigen Jahrhunderten zu einem der ansehnlichern und einträglichern Bisthümer Deutschlandes erwachsen ist. Im Jahre 741 im Herbste wurde Wilibald zum Bischofe vom Heil. Bonifaz geweiht,*) und da fieng er auch den öden und verwilderten Platz zu bebauen an, auf welchem, außer einer Mutter Gottes-Kapelle jenseits des Altmühlflusses, wo heutiges Tages die Beckenkapelle in der Pfarrkirche ist, nichts als Wüsteney anzusehen war. Seine ersten Gedanken, außer welchen sich wohl keine andere bey

einem

---

*) Wilibald erschien im Jahre 742 schon als Bischof von Eichstädt im Maymonat auf der Synode zu Regenspurg, welche Karlmann dahin ausgeschrieben hat, sonst könnte die Nonne nicht schreiben: ad praedestinatam mansionis suae locum remeauit. *Vid. Hodœpor.*

einem eifervollen Manne vermuthen laſſen, giengen auf die Errichtung eines Münſters, und einer Wohnung, welche ihn und einige ſeiner Diener faſſen könnte, welche auch beyde unfern der obbenannten Frauenkapelle, wo noch heute die Domkirche ſteht, erbauet worden ſind. Es konnte freilich Wilibald die Verfertigung der Kirche nicht mehr erleben, er mußte die Vollendung dieſes löblichen Geſchäfts ſeinem Nachfolger, Geroch, überlaſſen, doch wurde durch ſeine klugen Veranſtaltungen der Anfang dazu gemacht, und durch ſeine weiſen Vorkehrungen unfruchtbaren Plätzen Urbarkeit verſchaft, damit in der Folge der Zeiten kommende Anſiedler ihren Unterhalt, und im Schweiß ihres Angeſichts das tägliche Brod finden möchten.

Auf dieſe Art verfloſſen über anderthalbhundert Jahre, bis die Gebäude vermehrt, und der Ort zu einer Stadt erwachſen iſt. Nur von einem Gebäude läßt ſich gewiſſe Meldung machen, das unter dieſer Zeit errichtet worden iſt; dies iſt die Heil. Kreuz-Kirche auf dem Hügel, wo würklich das Walpurgiskloſter ſteht. In dieſe ließ Ottkar, der ſechſte Biſchof zu Eichſtätt und Abt zu Niederaltaich, die Gebeine der Heil. Walburg überſetzen, und dazu ein Gebäude für regulirte Chorfrauen im Jahre 871 aufführen, welche ihren Namen von der Heil. Walburg erhielten. Erchanbold, der achte Biſchof,*) erlangte

---

*) Die Neue Sammlung der geogr. hiſtor. ſtatiſt. Schriften, welche zu Weiſſenburg herauskommt, läßt im 3. B. S 117. den B. Erchanbold im Jahre 902 ſterben, und S. 127. im Jahre 908 ſein Kloſter mit Mauren umgeben.

langte im Jahr 908 vom Könige Ludwig die Erlaubniß, sein Münster und die Gebäude mit Mauren umgeben und eine Zollstadt errichten zu dürfen. Gegen die Mitte des 11. Jahrhunderts wurden unter dem 15ten Bischofe Heribert, einem Grafen von Rothenburg an der Tauber, die Domkirche erweitert und verschönert, die St. Walburgiskirche, welche vom Bischofe Otkar schon vergrößert wurde, ebenfalls erweitert, und mit ansehnlichen Einkünften vermehret; es wurde auf dem St. Wilibaldsberge durch seine Freygebigkeit ein Kloster, von welchem aber wirklich nichts mehr zu sehen ist, nebst verschiedenen andern Kapellen errichtet. Diesem löblichen Beyspiele folgte der 18te Bischof, Gundakar II. dieses Namens, ein Graf von Nassau, bey dessen Konsekration Kaiser Heinrich III. mit seiner Mutter Agnes, bey welcher er Hofkaplan war, der Kardinal Hildebrand, in der Folge römischer Pabst unter den Namen Gregor VII., nebst 30 Bischöfen und Aebten gegenwärtig waren; dieser ließ nicht allein die 2 kostspieligen Thürme zur Domkirche, welche sein Vorfahrer, Gebhard, ein Graf von Kalw, hernach römischer Papst, zu erbauen angefangen, zu Ende bringen, und die heute noch auf dem Domfreudhofe stehende Johannis des Täufers-Kapelle erbauen, wohin er auch begraben zu werden verlangte, sondern es wurde auf seinen Befehl auch eine steinerne Brücke über die Altmühl errichtet, die heute noch die Spitalbrücke genennet wird. Den merklichsten Zuwachs an Häusern und ansehnlichen

Gebäuden hat wohl die Stadt in der Mitte des 12. Jahrhunderts erhalten, da sich die Domherren von dem gemeinschaftlichen Leben, der Wohnung, und dem Tische des Bischofes, welches in andern hohen Stiftern schon im 10. Jahrhunderte seinen Anfang genommen, getrennet haben; da sie die Güter unter sich getheilt, und Privatwohnungen für sich errichten zu lassen genöthiget wurden. Dieses verschaffte der Stadt größtentheils Leben und Ansehen; es wurden nach und nach prächtige Wohnungen errichtet, milde Stiftungen gemacht, zahlreiche Dienerschaft in die Stadt gezogen, die Gewerbe und Nahrungsmittel vermehrt, so daß bis in das 14. Jahrhundert die Stadt zu enge wurde, und um die Leute fassen zu können, mit 4 förmlichen Vorstädten vergrößert werden mußte.

Schicksale der Stadt.

So günstig die Aussichten für die Stadt, ihre Vergrößerung und Bevölkerung waren; so schlugen sie doch manche Unglücksfälle so weit zurück, daß viele Jahre verstreichen mußten, bis sie sich wieder zu erholen im Stande war. Einen dergleichen mußte Eichstädt im Jahre 1363 unter den 45ten Fürstbischofe, Berchtold, einem Burggrafen von Nürnberg empfinden, da sich über die Stadt ein fürchterliches Gewitter zusammenzog, welches in der Vorstadt, dem Buchthal, ausbrach. In dieser gieng ein so schrecklicher Wolkenbruch nieder, daß der

der Stadt Eichstädt. 75

der Regen auf den umliegenden Bergen ganze Felsenstücke ausspühlte, dieselben in die Vorstadt herunter wälzte, deren Last die Häuser zertrümmerte, und die nicht flüchtig gewordenen Einwohner zerquetschte. Das Wasser, welches das ganze Thal füllte, suchte Ausfluß, drang in die Stadt, und verheerte einen ansehnlichen Theil derselben, ohne daß der schaudervollen Wuth konnte Einhalt gethan werden.

Die Thränen waren noch kaum auf den blassen Wangen der Einwohner vertrocknet, als im Jahre 1397 unter dem unvergeßlichen Friedrich IV. einem Grafen von Oettingen, eine epidemische Seuche zu wüthen anfieng, welche einen großen Theil der Bürger, die unentbehrliche Stütze eines Staats, mit sich raffte.

In ungleich größere Schrecken, Kummer und Verlust wurde die Stadt unter Fürstbischof Johann von Eich im Jahre 1460 versenket, als Herzog Ludwig von Landshut Eichstädt am Palm-Sonntage zu belagern anfieng, weil gedachter Fürst mit dem Markgrafen von Brandenburg, Albert Achilles, in ein Bündniß getreten, und die Stadt Donauwerd dem römischen Reiche zurückgab. Dreyzehen tausend Feinde standen vor der Stadt; die Vorstadt beym Ostenthore wurde abgebrannt, unmenschliche Zerstörung wurde auf allen Seiten angerichtet. Am Mondtage der Charwoche Abends geschah der erste

Anfall,

Anfall, der aber mit wahrem Muthe abgewiesen wurde, welche der Feind bis auf den Ostertag fortmachte, so daß am Charfreytage die Chorherren von Rebdorf in der Domkirche den Gottesdienst halten mußten, damit sich indessen die Domherren mit Vertheidigung der Stadt auf den Mauern beschäftigen konnten. *) Es mußte endlich doch die Schwäche der überlegenen Stärke weichen. Am Ostersonntage mußte sich die Stadt dem Herzoge übergeben, welche aber nur so lange in dessen Händen blieb, bis der Fürstbischof das feierliche Versprechen machte, daß er dem Markgrafen Albert Achilles nicht mehr anhangen wollte.

Es erholte sich freylich die Stadt durch die kluge Vorsorge und Häuslichkeit ihrer Regenten von dieser Niederlage bald wieder; allein kaum ward diese Wunde geheilet, so wurde ihr durch die Reformation eine viel empfindlichere geschlagen, welche nicht die Stadt allein, sondern das ganze hohe Stift, welches sich bis dahin, sonderlich durch käuflich an sich gebrachte Güter, sehr empor schwang, fast bis

zur

*) Anno Dni MCCCCLX. facta est magna tribulatio super Ecclesiam Eystettensem qualis a principio huius ecclesie nunquam fuit nam in die palmarum obsessa est a duce Ludovico bauarie et in crastino scilicet secunda feria de sero cum impetu obpugnata licet non obtenta et per totam istam ebdomadam usque ad diem pasce sexta feria in Parasceuen primus prior reformationis wyndesemensis cum conventu suo peregit officium in sumo Canonicis in propugnaculis et muris ad defensionem civitatis existentibus. Ex MSpto.

zur völligen Entkräftung ermattete. Das sechszehnte Jahrhundert fühlte Eichstädt eben so arg nicht, wenn nicht das darauf folgende siebenzehnte ganze 11 Jahre, nämlich von 1624 bis 1635, dasselbe so hart mitgenommen hätte. Im Jahre 1625, stieg der Preis der Eßwaaren schon so hoch, daß die Mutt Weitzen 110 Gulden, das Korn 100 Gulden, die Gerste 113 Gulden kostete, (die Mutt fasset 32, das Schaf 16 Metzen) und also die Metze ohngefehr auf 3 Gulden 31 Kreuzer gestiegen ist. Diese unerhörte Theurung hielt freylich so lange nicht an, und das einzige Jahr 1632 hätte vollkommenen Ersatz machen können, da man einen Schiebochsen für 5 und 6 Gulden, eine Kuh für 1 oder 2 Gulden, ein Schaaf für 20 Kreuzer, eine Gaiße für 15 Kreuzer, kaufen konnte; wenn nicht in dem nämlichen Jahre noch die Schweden die Gegend um Eichstädt überall besetzt, Schaden angerichtet, und Grausamkeiten ausgeübt hätten, die sich mehr empfinden, als beschreiben lassen. *) Der 14. Junii dieses Jahres war der schreckliche Tag, der dieser Gegend und Stadt eine schaudervolle Fehde ankündigte. Gustav Adolph von Schweden erschien Abends zwischen 4 und 5 Uhr mit seiner Armee auf dem Blumenberg (zur Rechten des tiefen Thals), ließ durch einen Trompeter die Stadt auffordern, und führte 90000 Gulden Brandsteuer mit sich fort. Dieser Schrecken waren noch nicht ganz in den Herzen

*) Aus einem geschriebenen Kriegsregister vom Jahre 1624 bis 1635.

zen der Einwohner verschwunden, als am 5. April 1633 von dem obern Hochstifte die traurige Nachricht einlief, daß daselbst die Schweden alles eingenommen, und unmenschliche Grausamkeiten verübt hätten. Am 26. April sandte der Herzog von Weimar, von Neuburg aus einen Trompeter nach Eichstädt, der neue Brandschatzung begehren mußte. Am 1. 2. und 3 May ließ sich schwedische Kavallerie immer um Eichstädt sehen; man schickte dessenthalben Abgeordnete an den Herzog nach Neuburg, um ihn zu bewegen, der Stadt zu schonen, welches er auch gegen 12000 Reichsthaler bewilligte; er kam aber doch selbst den 4. May zwischen 4 und 5 Uhr Abends auf dem Petersberge (jetzigem Schloßberge) mit seiner Armee an, und fieng an, das Schloß zu beschießen, welches sich bis den 11. May herzhaft vertheidigte. Weil aber der versprochene, und so sicher gehoffte Entsatz von Ingolstadt nicht ankam, so mußte es sich endlich am besagten Tage zwischen 11 und 12 Uhr ergeben, welches von dem Herzoge besetzt wurde, der Stadt aber wurde nach erlegten 12000 Reichsthalern geschont. Während der Belagerung wurden Rebdorf und Marienstein rein geplündert, die Altäre entheiligt, die Gräber eröffnet, alles zerschlagen und zu Grunde gerichtet, und der ganze Vorrath von Getreide, alles Vieh, Bier, Zinn, Kupfer und dgl. hinweg geführt. Die Chorherren von Rebdorf, welche sich vorher in das Schloß geflüchtet hatten, mußten 300 Rthlr. erlegen; damit sie die Erlaubniß, in das Dominikanerkanerkloster in Eichstädt gehen zu dürfen, erhielten.

Doch blieb dieser feste Platz nicht lange in der Schweden raubgierigen Händen. Am 4. October kamen Johann von Werd, Schröter und Haßlacher mit ihrem Kriegsvolk nach Eichstädt, zogen sich gegen das fürstliche Schloß, belagerten es, und zwangen die schwedische Besatzung zur Uebergabe; am 15. dieses Monats, Nachmittags um 4 Uhr, wurde akkordirt, und den 17. zog Morgens zwischen 8 und 9 Uhr die schwedische Besatzung aus, und die kaiserliche ein. Bis den 7. December schien Eichstädt nach diesem Vorfall Friede zu haben, als an diesem Tage von dem schwedischen Obristen, Sperreiter, 600 Mann detaschirt ankamen, welche auf des Herzogs von Weimar Befehl die ganze Stadt in die Asche legen sollten; es fiel dieser Trupp, ohne einigen Widerstand zu finden, des Morgens ein, verübten, was ihnen immer Unmenschlichkeit einzugeben vermochte, schändeten die Nonnen, legten allenthalben Feuer an, und wütheten so lange, bis sie von einem Ausfall aus dem Schloße sich weiter zu begeben genöthiget wurden, ohne daß man verhindern konnte, daß nicht eine Mühle in der Westen, das Spitalthor, zwey Domherrn-Höfe und etliche Häuser verbrannt wurden; das Jesuiterkollegium kaufte sich mit der Nachbarschaft um 1100 Reichsthaler von dem Anzünden los.

So

So niederdrückend das Jahr 1633 für die Stadt war, so übertraf doch das folgende 1634 Jahr ungleich das vorhergehende. *) Am 6. Febr. schon kamen viele Feinde zu Pferde und zu Fuß unter dem Kommando eines Landgrafen von Hessendarmstadt und des Obristen Haßfurth unversehens von Regensburg zwischen 8 und 9 Uhr Abends vor die Stadt, und setzten an verschiedenen Orten an, hauptsächlich aber bey dem Westen- und Ostenthore; bey diesem drangen sie durch die Mauern des Jesuiterkollegiums ein; bey jenem, da sie von dem Hochgericht herunter gekommen, warfen sie sich in den St. Michaelts Freudhof, und kamen nach einer fünf viertelstündigen Bestürmung, vermittelst einiger Pedarten, in die Stadt. Sogleich besetzten sie mit 2 Kompagnien Kavallerie die Spitalbrücke, damit dadurch der Paß nach dem Schloß abgeschnitten würde, plünderten, raubten, nothzüchtigten Frauen, Jungfrauen, Klosterpersonen; nahmen gefangen, ertränkten in der Altmühl, machten nieder, goßen eiskaltes Wasser ein, welches sie den schwedischen Trunk nannten, und übten alle erdenkliche Zügellosigkeiten aus. Des andern Tages, Morgens um 7 Uhr, wurde ein Trompeter im Namen des Herzogs von Weimar vor die Thore des Schloßes, um selbiges aufzufordern, abgeschickt, mit der fürchterlichen Bedrohung: daß, wenn der Kommandant sol-

---

*) Aus einer Original-Relation an den flüchtigen Herrn Bernard von Gemmingen, Eichstädtsch. Domprobsten. d. d. 24. März 1634.

solches nicht ungesäumt in Güte übergeben würde, man gesinnet sey, die Stadt völlig in Brand zu stecken; worauf der Kommandant (vermuthlich Johann von Werd) zur Antwort gab: daß ihm von der Generalität dieser Posten anvertraut worden sey, den er auch zu behaupten gedenke; es wäre auch im Jahre noch zu früh dergleichen Begehren an ihn zu thun; und wenn es schon Pfingstenszeit wäre, er deßhalb nicht weniger Bedenken tragen würde. Sollte aber ja der Herzog von Weimar, wider sein gegebenes Wort, und so viele tausend Gulden gegebene und empfangene Brandschatzung, die Stadt in Brand stecken, müßte man sich zwar solches gefallen lassen, der Herzog aber könne sich gleichwohl vorstellen, welcher schlechte Nutzen, Ehre, und Reputation ihm dadurch zufließen würden. Der Trompeter hatte kaum seinen Auftrag überbracht, als man schon anfieng, die Vorstädte in Brand zu stecken; die Stadtthore wurden mit Bollwerken versehen, das einzige Buchthalthor ausgenommen, welches sie zu Aus- und Einmärschen nöthig hatten, und wodurch aller Raub, den sie in der Stadt zusammenrafften, nach Weissenburg abgeführet wurde. Es kam freylich der Obriste Haßlang mit 1400 Reutern und 400 Musquetierern von Ingolstadt den 11. Februar zur Hülfe herbey; allein diese packten nicht an, sondern zogen bald wieder ab, da indessen die Schweden die ganze äußerste Westen bis an den weißen Thurm, von da bis an den Oetlbach hinter St. Walburg (dieses Kloster wurde noch gerettet) den Stock von der

Stadtrichterey bis an das Rathhaus, die Stadtschreiberey und hinauf bis an den Roßmarkt, den ganzen Stock, der die untere und obere Marktgasse scheidet, von des Kanzlers Hause bis zu dem Prediger Kloster (wovon doch der mehreste Theil gerettet wurde) die ganze Pfaller-Gasse samt dem St. Wilibaldsthor, den ganzen Alten-Hof, die Landvogtey; auch andere hin und wieder gestandene Häuser, das Gymnasium, und das Jesuiter Kollegium samt der Kirche, deren Gewölbe ganz eingefallen, dieselbe umliegende Nachbarschaft, die Domprobstey, des Hrn. von Biberbachs und Hrn. von Rechbergs Höfe, und das Frauenkloster Marienstein in die Asche legten, so, daß durch diesen erbärmlichen Brand 444 Häuser, 7 Kirchen, als zu St. Sebastian, zum heil. Geist, die St. Veits, der Jesuiten, zu unserer Lieben Frauen in der Westen, und zu St. Andreä vom 6. bis zum 12. Febr. zu Grunde gerichtet wurden. Der P. Rector der Jesuiten wurde mit einem andern, dem Pater Anreiter gefänglich abgeführt, und erst im halben Merz, gegen einen weissenburgischen Pfarrer und einen andern Bürger, ausgewechselt. Die Geistlichkeit wurde so arg mitgenommen, daß in der Domkirche nur noch 9 und in der Pfarr ein einziger Priester anzutreffen waren. Das ganze hohe Stift blieb in des Feindes Gewalt; die obern Aemter mußten dem Kastner von Gunzenhausen, das Amt Sandsee der Stadt Weissenburg; die Aemter Dollnstein und Mörnsheim, Pappenheim, Kipfenberg, Greding, Beilngries

aber

aber dem in Berching liegenden Obristen Sperreiter huldigen. Mit diesem Greuel der Verwüstung war die Wuth der Schweden noch nicht gesättiget; sie verließen wohl am 12. Febr. die Stadt, allein am 5. Septembr. erschien um 5 Uhr Abends der Obrist Sperreiter schon wieder mit 11 Kompagnien Kavallerie, und vielem Fusvolke, fielen bey dem Buchthalthore ein, machten die Schildwache nieder, plünderten was sie noch fanden, äscherten noch 44 Häuser ein, und würden noch zügelloser gewesen seyn, wenn ihnen nicht ein vom Schloß gemachter Ausfall Einhalt gethan, sie zum Theil zerstreut, zum Theil niedergemacht, und gefangen genommen hätte.

Bey diesen betrübten, und ganze 2 Jahre anhaltenden kummervollen Umständen, da im ganzen Lande kaum mehr der zehente Mann vorhanden, sondern theils gestorben, theils entlauffen war, mußte nothwendig, da der Feldbau ganz darnieder lag, Theurung und Hunger entstehen; es kam auch im Jahre 1635 so weit, daß man für ein Hühnerey 12 Kreuzer bezahlen mußte. Hunde, Katzen, sogar die todten Menschenkörper mußten den Verarmten zur Speise dienen; kein Tropfen Wein war irgends in der Stadt aufzutreiben; über 100 Stücke Schlachtvieh, ohne die Schaafe, und 146 Karren Wein, die der Kaiserliche Generallieutenant Graf Matthias von Gallaz aus dem Würtembergischen nach Eichstädt schickte, wurden von den Schweden, nach geschlagener und zerstreuter Bedeckung, aufgefangen und nach Ellingen geführt, wo sich die Fuhrleute noch mit Geld auslösen mußten. Auf diese Weise starben vor Hunger wöchentlich über 100 Personen und unter diesen viele auf der Gasse dahin.

Von diesen jammervollen Zeiten an blieb Eichstädt von nahmhaften Unglücksfällen bis auf unser Jahrhundert befreyt. Die Jahre 1729, 1784 und 1789 waren es, welche einen Theil der Stadt in ungemeinen Schaden versetzten. Im Jahre 1729 war im Januar eine so anhaltende Kälte, daß nicht nur allein in Wäldern das Wildpret, sondern auch auf den Straßen viele Menschen erfroren. Gegen das Ende dieses Monats ließ die Kälte nach, es fiel aber dichter Schnee, den ein erfolgter Regen und warmer Wind auf einmal so aufgelöset, daß am 30. Januar in der Nacht, und den 31. bey Tage die Altmühl so aufschwoll, daß die ganze untere Stadt unter Wasser gestanden, und die Gassen auf Schiffen mußten passirt werden. Ein ähnliches Unglück wiederfuhr der Stadt den 28. Febr. 1784, an dem das anhaltende Thauwetter, welches den tiefen Schnee auf einmal pakte, und der dazu gekommene Eisstoß eine solche Ueberschwemmung verursachten, daß das Wasser in den der Altmühl nahe gelegenen Gassen 5 und 6 Schuh hoch stand; man mußte von dem Westenthore durch die ganze Westen, durch das Thor des weißen Thurms, an dem die Wasserhöhe mit dem Buchstaben W. H. 1784 in Stein gehauen,

an=

angemerkt wurde, durch die Fischer- und Pfallergasse, um die fürstliche Residenz bis zum Domdecanat auf Kähnen fahren. Der Schaden, so den Gasthöfen und Krämern, sonderlich durch das in die Keller und Gewölber eindringende Wasser zugewachsen, läßt sich leicht ermessen. Das nämliche Schicksal litte die Stadt den 29. Jan. im Jahre 1789, da das Wasser die Höhe vom Jahre 1784 erreichte, in die Zimmer der zur ebenen Erde wohnenden Bürger durch Thüren und Fenster eindrang; die 4, 5, auch 6 Schuh dichte Eisschollen die Häuser beschädigten, die auf den Straßen um die Stadt gesetzten Bäume abknikten, die meisten hölzernen Brücken mit sich fortrissen, sogar die steinerne Spitalbrücke hart beschädigten, und durch einen zusammen gerissenen, von Stein erbaueten Pfeiler, die Wachstube der Soldaten, welche zum Glück eben außer derselben auf ihrer Huth waren, einstürzten, und dadurch, den an dem Flusse wohnenden Bürgern ungemeinen Schaden zufügten.

Vorstädte. Spitalvorstadt. Spital zum heil. Geist.

Doch konnten diese Unglücksfälle nicht hindern, daß die Stadt mit ihren Vorstädten auf 900 Gebäude anwuchs, und sich noch immer zu vergrößern und zu verschönern trachtet. Die vier Vorstädte werden die Spital-, die Osten- und Westenvorstädte und das Buchthal genennet. Auf die Spitalvorstadt führt die Straße von Nürnberg und

und Weissenburg zu. Von dem tiefen Thal über die Schlagbrücke ist eine Allee an einem Arm der Altmühl bis an die Kaserne gezogen, welche, wie ein Viereck gebaut, rechts an der Straße steht, welche auf den St. Wilibaldsberg, die ehemalige Residenz der Fürstbischöfe, führt. Dieser Arm des Altmühlflusses durchschneidet die Vorstadt, und ergießet sich zwischen dem heil. Geistspital, und beim sogenannten Bruderhause bey St. Sebastian in den Strom, der die Stadt anspühlet. Die Kirche zum heiligen Geist, und das daran stoßende Gebäude, so rechts an der Spitalbrücke stehen, sind ansehnlich; die Kirche selbst ist massiv gebaut, und von innen ganz artig, hat 3 Altäre, und 2 sehenswürdige Altarblätter. Das auf dem Hochaltar, so die Sendung des heil. Geistes vorstellt, und etwa 13 Schuh in der Höhe hat, malte Onghers im Jahre 1701. Das rechter Hand von 10 Schuhen in der Höhe, welches die heil. Elisabeth unter einer Schaar Armen vorstellet, denen sie Almosen austheilet, malte Heiß. Bey dem Eingange hat die Kirche ein schönes eisernes, mit Laubwerk verziertes Gitter. Außer der Kirche ist auf dem Portal der Kirchthüre zu lesen: IO. MARTINVS AB EYB S. R. I. P. ET EPISC. EISTETT. HOC TEMPLVM SVO AERE EREXIT. 1703.

Gegen das Ende des 15. Jahrhunderts ließ der merkwürdige Fürstbischof Johann von Eich das Spital und die Kirche erbauen; als aber dieses

Ge=

Gebäude im Jahre 1634 durch die unmenschliche Wuth der Schweden in die Asche gelegt wurde, erbaute Fürstbischof Johann Martin von Eyb im Jahre 1703 und 1704, die Kirche und das Spital vom Grunde aus neu, und legirte nach seinem Tod 62000 Gulden dazu, so, daß es wirklich nur das Eybische Spital genennet wird. Es wohnen darinnen ein Pfarrer, und 2 Benefizlaten samt einem Beamten, welcher der Spitalmeister genennet wird, und gewöhnlich Hochfürstl. Hoflammerrath ist. Es zählt 61 Pfründen, aber nur 24 Pfründner wohnen darinnen, die übrigen 37 sind in andern Quartieren, und rücken nach dem Alter in das Spital ein; die Pfründen werden theils von dem Fürsten, theils vom Domkapitel, theils vom Stadtmagistrat, und auch von andern Familien gestellet. Die Pfründner im Spital haben vor den andern freye Wohnung und Holz; im übrigen stehen sie gleich, sie ziehen wöchentlich einen Gulden, und 2 Laiblein Brod, auch zu gewissen Zeiten Wein. Ihre Pflichten sind, Morgens um 7 Uhr bei der Messe, und Abends um 3 Viertel auf 5 Uhr bey Abbetung des Rosenkranzes zu erscheinen; wenn ein Pfründner bei einer dieser Versammlungen abwesend ist, wird ihm ein Kreuzer abgezogen.

Das Bruderhaus.

Unfern dieses Spitals an der Straße, die nach Ingolstadt und Neuburg führet, liegt links der Kirche zu St. Sebastian mit einem Gebäude, bäube, so das Bruderhaus genennet wird. Die Kirche ist zwar klein, doch nieblich, steht von drey Seiten frey, und hat 3 Altäre; das Benefizium daselbst wird von einem Vikar des hohen Domstifts versehen. Diese milde Stiftung machte zu Anfang des 16 Jahrhunderts ein Domherr von Eichstädt, ein Baron Adelmann von Adelmannsfelden, welcher auch den ansehnlichen Getreidekasten neben der Kirche erbauen ließ. Es liegt der Stifter in der Kirche begraben, und hat folgende Grabschrift: *Anno Dni 1523.* am mitwoch nach Lucian starb der ehrwürdig, und Edl Herr Bernhard Adelman von Adelmansfelden Thumherr zu Eystett dieses Gottshaus und Bruderhauß Stüffter Gott gnad ihn.

Adelman   Leonrodt
O   O
Steusslingen   Vestenberg
O   O

An der Wand der nämlichen Kirche ist ein Stein mit der Inschrift: *Postquam Bernardus Adelman de Adelmansfelden Canonicus Eisletten. S. Sebastiano aedem, egenis hospitium, sibi monumentum, collocauerat, obiit anno gracie, M. D. XXIII. die XVI. Mensis decembris.*

Disce timere DEum, mortem meditare, nepotum spes dubia est, Lector fac bene, dum superes.

Unter dieser Inschrift steht der Tod mit einer Uhr, dessen Zeiger auf 1 Uhr deutet, in welcher Stunde der Stifter mag gestorben seyn.

Ueber dem Eingange in das Haus stehet:

HAS. AEDES. BERNHARDUS. ADELMAN. DE. ADELMANSFELDEN. CANONICUS. EISTETENSIS. VIVVS. EREXIT. AC. PIIS. VSIBVS. DICAVIT.

Bey dieser Inschrift ist das Abelmannische Wappen und das Bildniß Jesu Christi mit der Umschrift: GLORIA TIBI SOLI.

Auf dem Getreidekasten ist zu lesen zwischen dem Abelmannische Wappen: Bernhart Adelman von Adelmaßfelden Thumherr Stiffter ꝛc. Im iar Vnsers herrn. 1.5.2.1.

Der Kast zw Eren Gotts gepauen ist.
Vnd trost den Armen zu aller frist.

An diesem Getreidehause haben die Pfründner einen großen Garten an der Altmühl. Diese Stiftung unterhält 12 Männer, welche Brudermänner genennet werden, sie leben in einer Gemeinde, essen an einem Tisch und jeder hat sein eigenes Zimmer. Sie gehen in langen, schwarztuchenen, bis an die Schuhe reichenden und vorn geschlossenen Röcken. 2 werden von dem Fürstbischof von Eichstädt, 2 vom Domkapitel, 2 von des Stifters Familie, den Baronen von Adelmann, und 6 von dem Stadtmagistrat gestellet; sie sind verbunden täglich in dem hohen Domstifte, wenn der Chor gehalten wird, zu erscheinen: ihr Aeltester wird der Obermann genennet. Ein Domkapitular, der das Baziferat hat (das bischöfliche Stabtragen) ist ihr Vorgesetzter, und ein Bürgermeister ihr Unterpfleger.

Gr. Kobenzl. Garten.

Von dieser Kirche führt die Straße auf den schönen und kostspieligen **Gräf Kobenzlischen Garten**, der rechts der Altmühl liegt. Es war wohl vorher an diesem steinigten Berge ein Garten, mit zwey saubern Gebäuden versehen; allein die Sorglosigkeit des schläfrigen Eigenthümers pflegte ihn nie so, und kam auch nie auf die Gedanken, auf welche der wirkliche Eichstädtische Herr Domprobst, ein Graf Kobenzl, im Jahre 1784 verfallen ist. Diesem geschmack- und einsichtsvollen Herrn war es vorbehalten, aus Nichts Etwas zu machen, und einen steilen und unfruchtbaren Berg in einen englischen Park umzuschaffen. Nichts war diesem thätigen Herrn unmöglich; er ließ ein Stück des Berg aushauen, eben machen und einen geraden Spaziergang bis gegen die St. Wilibaldsburg gegen

Nie-

Niedergang führen, um den Garten selbst frembe und sehr viele Fruchtbäume, welche verschiedene Figuren machen, setzen; zwischen diesen auf die niedlichste Art 4 — 5 Schuhbreite Wege anlegen, die gemächlich auf die Höhe des Bergs führen, und solche auch hin und wieder mit Sitzen versehen. Ein enges Thal, durch welches bey anhaltendem Regen das Wasser vom Berge herabrollet, wurde durch seine kluge Anordnung, um das Ansehen des Gartens zu erhalten, so schön durch ein großes Bienenhaus verborgen und mit einer Brücke versehen, daß es auch von dem strengsten Beobachter kaum bemerket wird. Die umher liegenden und andern Eigenthümern zuständigen Felder, die Aecker, die er selbst am Berge anlegen lassen, weiden wahrhaft das Auge des gefühlvollen Kenners. Gegen Aufgang brachte er in dem nächst gelegenen Wäldlein, nach geschehenem Uebereinkommen mit dem Besitzer, die anmuthigsten Spaziergänge, die Jedermann offen stehen, an, davon einer in den andern, und unvermerkt auf die Oberfläche des Bergs bis gegen Weissenkirchen (eine Stunde von Eichstädt) führet; es sind darinnen in die hervorragenden Felsen viele Sitze, Grotten, Tische u. d. g. angebracht, so daß sich mit Durchgehen derselben 3 Stunden zubringen lassen. Gegen das Soldaten Lazareth, eine viertel Stunde von den Garten-Gebäuden, hängt gegen die Hälfte des Bergs unter niedrigen Gebüschen auf einem steilen Felsen ein englisches Haus mit einem Balkon, von welchem man die Ingolstädter und

Neu-

Neuburger, und über die Altmühl, die Hirschberger oder Regenspurger mit Bäumen besetzte Straßen, endlich in dem Thal bis an das fürstliche Lustschloß in Pfünz, anderthalb Stunden von Eichstädt, die wonnevolleste Aussicht hat. Unfern von den Garten=Gebäuden am Fuße des Berges steht eine kleine Kirche zu St. Magdalena, wo ein Benefiziat wohnet, und ein Bauernhof, der dem Stadtmagistrat zugehörig ist, nebst einigen andern Häusern.

Osten=Vorstadt.

Von diesem sehenswürdigen Garten führt über die Altmühl, worüber Fürstbischof Raymund Anton im Jahre 1776 eine massiv steinerne Brücke erbauen ließ, die Straße zwischen Alleen und Wiesengründen in die schöne Vorstadt zum Ostenthor, wo fast das erste Gebäude das Arbeitshaus ist.

Arbeitshaus.

Dieses ganz ansehnliche, mit einem großen Garten begabte Gebäude, liegt rechts der Straße, und war ein Seminar für Kleriker, welches Fürstbischof Christoph von Westerstetten zur Bildung junger Geistlichen, nachdem er die Jesuiten im Jahre 1614 in das Wilibaldinische=Kollegium berufen, gewidmet hatte. Fürstbischof Johann Anton Knebel von Katzenellenbogen veränderte es, im Anfange des jetzigen Jahrhunderts, zur Erziehung

ziehung junger Studenten, welche bis gegen die Mitte unsers Sekulums allda ihren Unterhalt hatten. Endlich wurde es ganz allein dem Unterricht der Kleriker, nach übergebenen Einkünften der ehemaligen Benedictiner-Schotten, geschenket. Als aber im Jahre 1773 das Institut der Jesuiten aufgehoben ward, und im Jahre 1781 Fürstbischof Johann Anton von Zehmen die Regierung übernahm, so entschloß sich dieser unternehmende Fürst im Jahre 1783 den 29. November diese Pflanzschule in das Jesuiter-Kollegium zu verlegen, und nicht lange darauf dieses Gebäude in ein, einem Staate höchst nöthiges Arbeitshaus umzuschaffen. Es geschah dieses im Jahre 1786. Die gerechten Wünsche aller Gutdenkenden wurden erfüllet; dem bis zur Zügellosigkeit ausartendem Bettelvolke enge Schranken gesetzt, müßige Hände beschäftiget, und da mit dem Arbeitshause ein Armeninstitut verbunden wurde, wahrhaft Armen, die sich selbst durch Handarbeit zu erhalten außer Stande sind, von dieser Quelle der nöthige Unterhalt abgereicht, und bedürftige Kranke gepfleget. Die Obsorge und Errichtung dieses nützlichen Geschäfts wurde dem Freyherrn Joh. Bapt. von Ulm, Domkapitularen, Kustoden und Regierungs-Vicepräsidenten übertragen, dessen thätiger Geist sich schon bey den unvergeßlichen Theurungsjahren so sehr empfahl. Dieser verdienstvolle Herr ließ verschiedene Arme zusammen kommen und befragte sie, wie viel sie täglich zu ihrem nöthigen Unterhalt nothwendig zu seyn erachte-

ten,

ten, damit sie Niemand durch ungestümmes Betteln belästigen dürften? Die einstimmige Antwort war: des Tags 6 Kreuzer. Dieses wurde auch bewilliget, und auf diese Art veranstaltet. Arme, wegen hohen Alters oder preßhaften Gliedern zur Arbeit gänzlich unfähige Leute erhalten des Tags 6 Kreuzer, oder die Woche 42 Kreuzer. Armen, welche zwar arbeiten können, aber doch die 42 Kreuzer zu erwerben nicht vermögend sind, sondern nur die Hälfte oder den dritten Theil bekommen, wird von der Armenkasse soviel darauf bezahlt, daß die wöchentlichen 42 Kreuzer vollständig werden. Arme Kranke werden aus der nämlichen Quelle vollkommen versorget. Die Armenkasse wurde errichtet von dem Hochfürstl. Zahlamte, von dem hohen Domstifte, von den wohlthätigen Beyträgen anderer Stifter und Klöster, von den Allmosengeldern, so jährlich von gewissen Benefizien müssen ausgetheilet werden, von freygebigen Vermächtnissen und Schenkungen, endlich von dem Allmosen, so Privathäuser wöchentlich zu geben pflegten. Es wurde deswegen die Stadt in 63 Abtheilungen getheilt, wovon wöchentlich jeder Hausinnhaber, wenn ihn die Ordnung trift, mit einem Register, worauf die Bewohner seines Bezirks verzeichnet sind, und jeder sein gegebenes Allmosen einträgt, seine Abtheilung von Haus zu Haus durchgehet, und das Allmosen sammelt, welchem gottgefälligen Geschäfte sich auch Domherren, Kavaliers und fürstliche Räthe zu unterziehen nicht schämen; dann das Gesammelte nebst dem Register

dem

der Stadt Eichstädt.

dem Armeninstituts-Verwalter einliefert. Der Ertrag von dieser Sammlung betrug im ersten Jahre 1786 bis 87, 5816 Gulden, 8 Kreuzer, 1 Pfennig, die Kasse insgesamt 11045 Gulden, wovon 9299 Gulden, 50 Kreuzer, 2 Pfennige für Arme, Kranke und andere Nothwendigkeiten verwendet wurden.

Die Arbeit, mit welcher die zu arbeiten fähigen Personen beschäftiget werden, und welche größtentheils in Flachs und Baumwollespinnen besteht, wird aus dem Arbeitshause abgereichet, wo eine Simois-Fabrik errichtet worden ist; es stehet den Arbeitenden frei, ob sie die Arbeit in ihrem Quartier, oder im Arbeitshause, verrichten wollen. Ueber der Thüre dieses Hauses steht mit goldenen Buchstaben: Hier findest du Nahrung und auch Erbarmung. 1786.

Kapuziner.

An das Arbeitshaus stößt der Garten der Kapuziner, zu deren Kloster und Kirche ein offenes Thor, und ein ganz geräumiger Vorhof führet. Es ließ auf diesem Platz gegen die Mitte des 12ten Jahrhunderts, unter der Regierung Gebhards II. eines Grafen von Hirschberg, Waldobrun von Rauchshofen eine Kirche, welche zum Grabe Christi genennet wurde, erbauen, welche besagter Fürstbischof Gebhard in der Folge einigen aus Schottland

ge=

gebürtigen Benedictinern, die man insgemein Schotten nennet, und die er von Regenspurg herberufen lassen, übergab, nachdem er zuvor ein Kloster dazu erbauet hatte. Da aber ihre Einkünfte ziemlich gering waren, und sie sich kaum zu erhalten vermochten, obwohl ihr Probst, ein Chorherr von St. Wilibald, sich selbst unterhalten konnte, so gieng das Kloster gegen das Ende des 15ten Jahrhunderts ein. Das Kloster und die Kirche standen bis zum Anfang des 17ten Jahrhunderts unbewohnt, und wollten sich in einen Steinhaufen verwandeln, als es Fürstbischof Konrad von Gemmingen wieder herzustellen anfieng, er mußte aber die Vollendung desselben wegen zu frühzeitigen Todes seinem würdigen Nachfolger, Christoph von Westerstetten, überlassen, welcher im Jahre 1623 das Kloster, und das Gebäude den Kapuzinern einräumte, welche es wirklich im Besitze haben, und auf Kosten des Landes gegen 40 Glieder unterhalten. In der Kirche sind 4 Altäre, und 4 ganz artige Gemählde; das Hochaltarblat, welches in der Höhe 14 Schuh hat, und den vom Kreuze abgenommenen, und in dem Schoos seiner Mutter ruhenden Heiland vorstellet, malte Matth. Kager 1625. In der Kapelle rechts ist die Auferstehung Christi von 12 Schuh in der Höhe, die heil. Anna, und der heil. Joseph daneben von 9 Schuh, alle 3 von Thomas Schäfler.

von der Stadt Eichstädt.

Das Waisenhaus.

Von den Kapuzinern führet eine breite Gasse mit schönen Häusern und fruchtbaren Gärten auf beyden Seiten versehen, daß diese Vorstadt allein beynahe die Stadt mit Zugemüse versehen könnte, gegen das Ostenthor. Ohnweit den Kapuzinern, rechts, stehet das ansehnliche Waisenhaus, zu welchem der 65te Fürstbischof, Johann Anton von Freyberg, die Stiftung machte, und ein reicher Bürgermeister von Eichstädt, Michael Gegg, durch ein ansehnliches Vermächtniß zu seiner Reife brachte. Es ist in der Mitte des Gebäudes, so in den sechziger Jahren zu bauen angefangen worden, das Wappen des Fürstbischofs mit der Unterschrift:

Iohannes Antonius Episcopus Eychstettensis, ac S. R. I. Princeps fundavit anno Domini MDCCLVIII.

Und über dem Eingange das Wappen des Bürgermeisters mit der Inschrift zu sehen:

Iohannes Michael Gegg Consul emeritus Eystadii erexit MDCCLVIII.

Anfänglich konnten nur 12 Kinder, bis mehrere milde Beyträge dazu kamen, unterhalten werden; wirklich beläuft sich ihre Zahl auf 30. Die Kinder werden nach des Abt Felbiger Lehrart von einem Weltgeistlichen und einem Instructor unterwiesen; und es steht ihnen frey, zu was für einen Stand sie sich bequemen wollen. Die ganze Einrichtung ist nieblich, besonders die Kapelle, wo den Kindern täglich die Messe gelesen wird, die sie auch an höheren Festen mit dem deutschen Gesange zu begleiten pflegen. Sie haben jährlich öffentliche Prüfung, denen auch der wirklich regierende Fürstbischof, zu größerer Aufmunterung, selbst schon beygewohnet, und mit eigener Hand die Schenkungen unter die Wohlverdienten ausgetheilt hat. Es ist dieses Waisenhaus der Fürsorge eines Grafen von Thurn und Valsassina, Domkapitularen und Kammer-Vicepräsidenten übergeben, dessen Eifer und Menschenliebe sich sowohl bey den kranken und lernenden, als bey den sich unterhaltenden und betenden Kindern so vorzüglich auszeichnet, daß er wahrhaft den Namen eines Vaters der Waisen verdienet. Es stand in dieser nämlichen Vorstadt auf dem Platz, wo wirklich die Schule der regulirten Chorfrauen de Notre Dame ist, schon ein Haus für vater- und mutterlose Kinder, welches zu Anfang des 17ten Jahrhunderts der Fürstbischofs Christoph von Westerstetten erbauen lassen; allein dieses wurde durch die Wuth der Schweden in den 1630ger Jahren in die Asche gelegt.

Der Hofgarten.

Dem Waisenhause gegenüber, linker Hand, ist der Hofgarten, den zwar nicht seine vorzügliche Größe

Größe und kostbaren Gebäude, wohl aber der gute Geschmack und die Niedlichkeit, die darinnen herrschen, sehenswürdig machen. Fürstbischof Johann Euchar, ein Schenk von Kastell, ließ ihn zu Ende des 17ten Jahrhunderts, vermuthlich da der bekannte Gemmingische botanische Garten eingegangen, anlegen; er behielt aber den bloßen Namen eines Gartens, bis ihm die Fürsten unsrer Zeiten Ansehen verschafften. Fürstbischof Johann Anton, der Zweite dieses Namens, aus der freyherrlichen Familie der Freyberg von Hopferau warf gleich vom Anfange seiner Regierung, die er im Jahre 1736 antrat, seine Gedanken auf die Verschönerung dieses Gartens; es wurden auf seinen Befehl Glashäuser, Wohnungen für die Hofgärtner, Sommerhäuser und ein Lusthaus für seine Person errichtet, in dessen Gesellschaftssaal der berühmte Johann Holzer den Plafond gemalet, der ein Götterfest vorstellet und von jedem Malereyverständigen gesehen zu werden verdienet. Fürstbischof Raymund Anton, ein Graf von Strasoldo, sein Nachfolger, ließ den nämlichen Saal mit leichter Stukkatur und mit der Geschichte des Jephta und seiner Tochter verschönern, welche Michael Baader, ein Eichstätter, der sich in Rom und Paris, wo er wirklich noch lebt, Lorbeern sammelte, in Lebensgröße gemalet hat, und einen Balkon gegen die Mitte des Gartens verfertigen, der mit einem solchen geschmackvollen eisernen Gitter mit vergoldetem Laubwerke umgeben ist, daß an demsel-

G 2 ben

ben kaum der strengste Beobachter etwas auszusetzen finden wird. Der Garten selbst wurde auf seinen Befehl mit verschiedenen Fontainen, mit artigen steinernen kleinen Statuen, die Bildhauer Berg verfertigte, und worunter sich ganz vorzüglich die Nacht und ihr schönes durch einen steinernen Schleier hervorsehendes Angesicht auszeichnet, die Lusthäuser nach dem feinsten Geschmack mit Fayencefiguren, und verschiedenen recht lebhaft gemachten Insecten verzieret. Fürstbischof von Zehmen, der wirklich regierende Fürst, schlug gar seinen Sommeraufenthalt in diesem Garten auf und ließ ihn mit verschiedenen Irrwegen, mit angenehmen Waasenbassinen und Vertiefungen, mit eisernen Gittern durch die Gartenmauren, welche Aussicht und frische Luft verschaffen, u. d. g. bereichern, und erst im Sommer 1789 ein ganz niedliches Schießhaus aufführen.

Von dem Hochfürstlichen Garten kömmt man rechts an eine Gasse, in welcher rechter Hand neben dem, gewiß artigen Geistl. Rath Gulbischen Garten, ein Gebäude für die Tempelherren gestanden, welche eine Stunde von Eichstädt den Neuburgischen Grenzen zu, verschiedene Güter inne hatten. Nicht weit davon ist der Stadtpfarr Fraidhof, wobey eine Kirche stehet und worauf schöne Monumente anzusehen sind.

Auf vorgemeldeter breiten Straße kommt man an das Ostenthor; links desselben führt der Weg

dem

dem sogenannten Graben zu, wodurch das Wasser aus den nahgelegenen wasserreichen Bergen rollet. Genau an dem Ostenthor stehet die Reutschule, der Hofstall, die Wagenremisen, die Heuböden nebst einer Heuwage, und die Wohnung eines zeitlichen Bereuters, welches ansehnliche Gebäude im Jahre 1730 Fürstbischof Franz Ludwig, ein Schenk von Kastell aufführen ließ.

Kloster der regulirten Chorfrauen de Notre Dame.

An dem Graben rechter Hand stehet die schöne Kirche und das Kloster der regulirten Chorfrauen de Notre Dame, welches Fürstbischof Johann Anton, ein Knebel von Katzenellenbogen, zu Anfang des jetzigen Jahrhunderts auf seine eigene Kosten zum Unterricht der Jugend des schwächern Geschlechts, nachdem feinsten Geschmack, auf welche Art erbauen lassen, und nach seinem Tode namhaft beschenket hat. Die Kirche ist wirklich artig, klein, mit einer Kuppel versehen, und in der That sehenswürdig; alle Gemälde die darinnen sind, verfertigte Bergmüller. Das Choraltarblatt, von etwa 12 Schuhen in der Höhe, zeigt mit sinnreichen Gedanken den Weltheiland mit seinen 5 eröffneten Hauptwunden, unten die katholische Kirche mit den 3 Haupttugenden, Glaube, Hoffnung und Liebe; noch zwey andere Gemälde von 7 Schuhen, die unbefleckte Empfängniß und der Heil. Joseph samt der ganzen Freskomalerey sind von der nämlichen Meisterhand. Das Kloster unterhält über 30 Frauen und Schwestern ohne die Pensionairs. Es ist ziemlich wahrscheinlich, daß auf diesem Platz die Beguinen vor ältern Zeiten ein Haus gehabt haben; wenigstens kommt in alten Urkunden, die von diesem oder dem benachbarten Platze reden, öfters das F r a u e n h a u s vor; ob sie aber durch die verbesserten Zeiten, oder im 14ten Jahrhunderte bey ihrer fast allgemeinen Tilgung, zu seyn aufgehöret haben, läßt sich nicht bestimmen.

Buchthal.

Von da aus kömmt man zwischen hohen Lindenbäumen, die rechts stehen, und zwischen obstreichen Gärten, die links in dem Stadtgraben angelegt sind, an den Soldatengalgen und in die B u c h t h a l s V o r s t a d t. Ein Weg dieser Vorstadt führet an dem Soldatengalgen vorbey zwischen mehreren Häusern, worunter auch manches ansehnliche ist, auf die Schießstadt, wo ein ansehnliches Schießhaus und neben diesem ein Wirthshaus stehet. Es muß sich baselbst an Sonn- und Feyertagen die jüngere Bürgerschaft im Scheibenschießen üben, welches wirklich um so mehr betrieben wird, da der Stadtmagistrat im Jahre 1788 ein schönes Bürgerchor von einigen hundert Mann errichtet hat, welches weiße Westen und Beinkleider, blaue Röcke mit rothen Aufschlägen, weiß und blaue Kokarden auf

den

den Hüthen, anstatt der Patrontasche aber die Pulverflasche an blau und weissen Schnüren trägt. Die Offiziers dieses Chors, welche ihre Westen von Silbermoor mit goldenen Borten tragen, sich wahrhaft prachtvoll. Es wird auf dieser Schießstadt jährlich am Jakobi- und dem darauf folgenden Tage vom Fürsten, dem Domkapitel und dem Stadtmagistrat ein Freyschießen von fünf seidenen, mit Geld behängten Fahnen gegeben, wo sich viele Fremde einfinden; neben diesen Fahnen laufen noch Hirsche und werden Vögel auf hohe Stangen gesteckt, welchen wiederum besondere Preise angewiesen sind. An eben diesem Wege ist eine Kapelle, mit einem Benefizium zu St. Joseph, nebst einem Haus, welches das Blatterhaus genennet wird. Es wohnen daselbst 12 betagte arme Weiber, die sogenannten Blatterweiber, welche aber außer dem freyen Quartier nichts ziehen, sondern sich, wie andere Arme, zu erhalten suchen müssen. Das Gebäude und Benefizium stehen unter der Obsorge des Stadtmagistrats.

Am geraden Wege vom Thore aus, welcher auf die untere Richtstadt führet, ist links ein großer Steinbruch, der eines Bürgers Eigenthum ist, woraus die meisten Grabsteine verfertiget werden. Bey dem Thore selbst ist rechts an der Stadtmauer ebenfalls ein großer Steinbruch, der der fürstliche benennet wird, wo immer viele Hände beschäftigt sind. Links ist das Soldaten-Arrestanten-Haus, welches im Jahre 1786 daher verlegt wurde, da man am St. Wilibaldsberge ein Zuchthaus zu erbauen anfieng. In diesen 3 Vorstädten wird in der That das Auge des Fremden beschäftiget und aufmerksam, wenn er manche Häuser, welche auf den hohen Bergen, und auf Felsen stehen, ansichtig wird; er erstaunet, wie es möglich ist, daß bey einem heftigen Orcan nicht die Häuser mit ihren Bewohnern in den Grund gestürzt werden.

Westenvorstadt.

Die Westenvorstadt hat mit den vorhergehenden 3 Vorstädten keine Verbindung, ein steiler, fürchterlicher Berg und der fürstliche Steinbruch trennet sie von dem Buchthal. Es läßt sich wohl von dem Buchthal über den Galgenberg, oder auf einem etwa einen Schuß breiten Wege zwischen dem fürstlichen Steinbruch, und dem jähen Abhange des Berges dahin kommen; allein nur Waghälse unternehmen solche Schritte.

Auf die Westenvorstadt führt der Weg vom tiefen Thal auf einer schönen mit Alleen besetzten Straße. Der erste Gegenstand, der für das Auge unterhaltend ist, ist der an der Straße links liegende Handelische Garten, der viel angenehmes in sich hat. Er hat 3 schöne Gebäude, welche in einem Dreyeck stehen, nebst einem Anbau, der allenthalben mit hohen Linden umsetzt ist, und einen dop-
pel-

pelten, mit eisernen Gittern, versehenen Eingang.

Auf eben dieser Bergseite verdienet die schweißvolle Arbeit mancher Bedürftigen bewundert zu werden, wo sie mit rastlosem Eifer an der Steile des Bergs Felder anlegen, dieselben auf Kosten ihres Rückens mit dem nöthigen Dünger versehen, statt des Pflugs mit Hacken umarbeiten, und besäen, um sich das tägliche Brod zu verschaffen. Auf der nämlichen Straße kommt man zwischen Feldern, Gärten und Gartenhäusern an das sogenannte Zollthor, welches aber nie geschlossen wird; endlich an das Westenthor, an dem links eine Kirche stehet, welche dem heil. Erzengel Michael gewidmet ist, und wobey ein Fraidhof liegt, auf dessen Anhöhe über dem großen Kreuze ist die Pestgrube, worin vermuthlich die unter Fürstbischof Friedrich von Oettingen an dieser Seuche dahin sterbenden Menschen verscharret wurden; jetzt aber werden die in der Walburgispfarr Verstorbenen auf dessen untern Theil beerdiget.

Die Stadt.

Mit diesen 4 Vorstädten ist die Stadt umgeben; unter jedem Thore haben regulirte Soldaten die Wache. Die schönste unter diesen ist unstreitig die Ostenvorstadt; die weitläuftigste aber die zum Spital, welches Thor schnurstraks auf die Domkirche,

kirche, und die daran stoßende fürstliche Residenz führt. Das prächtige steinerne Portal des Wilibaldsthors, welcher den hintern Theil der Kathedralkirche ausmachet, fällt unter dem Thore schon in die Augen. Auf diesem Portal stehen, wie in einer Gallerie, die Patronen des Hochstifts aus Stein gehauen, welche nebst dem Portal, der Fürstbischof Knebel von Katzenellenbogen im Anfange dieses Jahrhunderts verfertigen und aufstellen lassen;

Mehrere Staffeln führen durch eine schöne, hohe, doppelte Thüre in den Chor selbst, der hinten bey dem Eingang, und forn gegen die Kathedralkirche, mit künstlichgemachten eisernen Gittern geschlossen ist.

Alles, was man in diesem Chor in Festtagen ansieht, ist wahrhaft prachtvoll. Der Musikchor, wo alles weiß alabastrirt, und reich vergoldet ist; die von Wolle gewirkten, kostspieligen, und die Lebensgeschichte des heiligen Wilibalds vorstellenden Tapeten; die Familie des heiligen Wilibalds, welche der eichstädt. Hofmahler, Michael Franz, im Jahre 1786 gemalet hat, und die in der Höhe in herrlichen Einfassungen herumhängt; der Altar vom schönsten Fueßner Marmor, der statt des Altarblatts ein 10 Schuh hohes, Kupfer- und vergoldetes Kreuz, mit den von Silber gemachten 5 Wunden Christi hat, und den Fürstbischof Johann Anton von Freyberg im Jahre 1744, da er die Reliquien des heil.

Wi-

Wilibalds erfunden, hat setzen lassen; die kostbaren silbernen Lampen, alles zeichnet sich aus; vor allem aber die unschätzbare Monstranz, welche Fürstbischof Conrad von Gemmingen im Jahre 1611 in Augspurg hat verfertigen lassen.

Sie stellt einen Rebenstock vor, und wiegt 20 Pfunde an Gold, zählet 1400 auserlesene Perlen, 350 Diamanten, 250 Rubinen, ohne Saphiren, Hyacinthen, und andern guten Steinen; diese Monstranz ist im Jahre nur einmal, am 7. Julius ausgesetzt, und da stehen gewöhnlich 4 Grenadiers davor.

Dieser Schatz kam zu Ende des 16ten Jahrhunderts nach Eichstädt, da Conrad von Gemmingen daselbst Bischof wurde. Dieser Herr war in seinen Jugendjahren am königl. englischen Hofe bey der Königin Elisabeth Knabe, und wurde auch auf eben diesem Platz für das Hochstift Eichstädt präbendirt. Vor seiner Abreise meldete der junge Chevalier seiner Königin seinen Beruf, welche ihn mit den süssen Worten entließ: daß, wenn er Bischof werden würde, er Ihr seine Erhebung zu wissen machen sollte, damit Sie Ihm und seiner Kirche ein Andenken schicken könnte. Dies geschah, obwohl es vielleicht weder die Königin, noch Gemmingen vermuthete. Gemmingen wurde im Jahre 1595 Bischof in Eichstädt; er berichtete seine Wahl der berühmten Königin, und erhielt von ihr diese

wahr-

wahrhaft königliche Schenkung, von welcher nicht nur diese unschätzbare Monstranz, sondern auch noch ein Ornat, der statt der Borten ganz mit den kostbarsten Perlen besetzt war, verfertiget wurde.

Rechter Hand in der Höhe ist das fürstliche Oratorium, und die Hofkapelle; auf beyden Seiten sind verschiedene Epitaphien verschiedener Fürstbischöfe. Dermalen sind 8 Präbenden, welche an Einkünften ungleich sind, und so viele Kanoniker in diesem Chor. Im 13. Jahrhunderte wurde dieser Chor vom 34ten Fürstbischofe, Engelhard, zu bauen angefangen, und von seinem Nachfolger, Hildebrand, einem Edlen von Mörn, im Jahre 1276 zu Ende gebracht.

Von diesem Chor aus kommt man über einige Staffeln in die große Domkirche, wo auf den Treppen rechter Hand, an dem Rücken des Hauptaltars vom Wilibaldschor, der heil. Wilibald, in Marmor gehauen, mit Pontificalien in Lebensgröße, in einer Nische sitzend, sehenswürdig ist; Fürstbischof Gabriel von Eyb ließ im 16. Jahrhunderte diese kostbare Statue setzen.

Das Gewölbe der Kirche ruhet auf 14 von Quadersteinen erbauten Pfeilern; das ganze Gebäude hat gothischen Geschmack, an welchem verschiedene Bischöfe Hand angelegt haben. Der große, prachtvolle, vordere Chor, auf den einige Staffeln führen, sen, stehet zwischen zween, oben zugespitzten, mit Kupfer bedeckten Thürmen, welche im 11ten Jahrhunderte Fürstbischof, Gebhard von Kalm, nachher römischer Pabst, zu bauen angefangen, und sein Nachfolger, Gunzo der zweyte, zu Ende gebracht hat. An beiden Seiten ist ein Musikchor in der Höhe angebracht, und ein ganz niederes eisernes Gitter, welches die Einsicht in den Chor verschaffet, schließet denselben. Der Hochaltar ist ausnehmend schön, kostbar, wahrhaft prachtvoll von Marmor errichtet, den Fürstbischof Johann Anton von Freyberg, dessen Wappen auch in der Höhe zu sehen ist, in den 1740. Jahren zu seiner zweyten Primiz verfertigen ließ. Die Mutter Gottes mit dem Jesuskind auf einem Arm, sitzt in der Mitte desselben, die Familie des heil. Wilibalds stehet zwischen 6 marmornen Säulen überaus schön, 8 bis 9 Schuh hoch, von weißem Marmor verfertiget. Nahe an diesem Altar sind 2 herrliche Monumente, rechts und links, welche 2 Ruhestädte, und 2 in Lebensgröße darauf liegende, ganz in Bronze gegossene Bischöfe, Conraden von Gemmingen, und Marquarden den Zweyten, einen Schenk von Kastell, vorstellen. Nach diesen, über zwo Staffeln herunter, stehen die prächtigen Chorstühle der Domherren, welche im Jahre 1788 von Bildhauerarbeit auf das feinste geschnitten, weiß alabastrirt, und — fast gar verschwenderisch vergoldet — gesetzt worden sind; in der Mitte des Chors hängt hinter einer Lampe ein kostspieliger silberberner Leuchter mit 12 Armen, der im Jahre 1787 in Augspurg verfertigt worden, und ausser den Festtagen mit rothem Taffet überhängt ist. Abermal über 2 Staffeln unter den Musikchören stehen die Chorstühle der Vikarien, welche im Jahre 1789, ebenfalls weiß alabastrirt, und vergoldet, aufgestellt wurden.

Vor dem Eingang in den Chor zur Evangelienseite, stehet ein in Stein gehauener Altar, zu den 14 Nothhelfern genannt, der ein vortrefliches Stück einer Meisterhand ist. Er stellet die Kreuzigung Christi vor, hat 8 bis 9 Schuhe in der Höhe, ohne dem alten gothischen Aufsatz, und etwa 4 in der Breite. Der Heiland zwischen zween Mördern am Kreuze, das im Hintergrunde liegende Jerusalem, die unter dem Kreuze beschäftigten Juden, ihre verschiedenen theils Hohn lächelnde, theils Wuth funkelnde Angesichter, ihre bey manchem gepanzerte Kleidung, die in stummer Traurigkeit unter dem Kreuze stehende, und vor Schwere des Schmerzens dahin sinkende Mutter Jesu, der ihr zu Hülfe eilende Johannes, sind so fein, alles so edel, so künstlich gearbeitet, daß solche der geschickteste Bildhauer in Holz mit größerer Feine nicht ausarbeiten würde, als dieser es in Stein gehauen hat. Des Künstlers Name ist unten mit diesen Buchstaben angebracht: V V W.

Es ist da ein Epitaphium einiger Domherren aus der Familie von Pappenheim, laut der in Stein ge-

hau=

der Stadt Eichstädt.

hauenen Schrift: Venerabiles ac nobiles dni Sacrique Romani Imperii In Pappenheiem Marſcalci Iohannes Eyſtn. anno ſalutis 1 ℞ -- 8 ſeptimo februarij Georgius, auguſten. nec non Eyſtetten. nouique Collegij ibidem Praepoſit. anno eodem die viceſima quinta Iulij. Caſpar Eyſtetten. eccleſiarum Canonicus anno — die — Iohannes vero ſpec. altaris Scti Leonardi Eyſtetten. Eccleſie vicarius anno domini MCCCCLVI in domino quieuerunt Quo miſe. anae pace fruantur aeterna. quisque hec legens cunctis fidelibus dic oro requiem.

Es befinden ſich zwar, nebſt dieſem, noch einige in Stein gehauene Altäre, als der Martin Schaumbergiſche und der Sekendorfiſche, der gewiß Aufmerkſamkeit verdienet. Allein es kommt in der Kunſt keiner dem obigen gleich. Unter den Seitenkapellen, welche verſchiedenen Familien zugehören, und welche alle, zum Theil auch mit koſtbaren und künſtlichen eiſernen Gittern mit den daran hangenden Geſchlechts-Wappen geſchloſſen ſind, hat mancher ein ſchönes Altarblatt aufzuweiſen. So iſt z. B. auf der Evangelienſeite in der Eybiſchen Kapelle die heil. Dreyfaltigkeit ſehr gut; in der Rinkiſchen Kapelle der heil. Joſeph in der Glorie von Johann Heinrich Schönfeld außerordentlich ſchön: auf der Epiſtelſeite, der heil. Rudolph im biſchöflichen Anzuge in der Freybergiſchen Kapelle von dem berühmten Bergmüller; die heil. Magdalena in der Buße von Kaſpar Sing

in

in der Spethischen Kapelle; der heil. Andreas unter der Marter von Balth. Augustin Albrecht in der Schenkkastellischen Kapelle, verdienen von jedem Kenner gesehen zu werden. Das Fürstbisch. Strasolbische, welches Wachter von Ellingen, das Graf Schönbornische, so Breitenauer von Eichstädt, und das geschmackvolle Graf Oettinglsche Epitaphium, welches Breitenauers Sohn verfertiget hat, gehören unter merkwürdigere Sachen der Kathedralkirche, worunter auch ganz gewiß die schöne Kanzel zu zählen ist, welche aus dem schönsten schwarzen und weißen Marmor gehauen ist, welche der Dombekan von Eichstädt Rudolph Theodorik Freyberg in Thanau im Jahre 1720 auf seine Kosten errichten lassen; sein unten angehängtes Wappen ist noch Bürge dafür.

Aus der Kirche kommt man an der untern Sakristen, worin der seel. Bischof Gunzo II. vermuthlich ein Graf von Nassau, der im Jahre 1075 gestorben ist, in einem steinernen erhabenen Sarge ruht, in das Mortuarium, welches angepfropft von Monumenten ist, und worin sich noch gemalte Fenster, unter benen das letzte Gericht das vorzüglichste ist, auszeichnen. Am Ende des Mortuariums ist die Domschule, welche von einem Domvikarier versehen wird. Ueber dem Mortuarium ist das kapitlische Archiv, die Registratur, Bibliothek, Kapitelzimmer und dgl. wohin eine Thür aus dem Kreuzgange führt.

Die

Die jetzige Residenz.

An der Domkirche steht die Fürstbischöfliche Residenz, in deren inneren Hofe eine große doppelte Thür vom Dom aus führt. Auf diesem Platz stand vormals der sogenannte alte Hof, wo vermuthlich vor Erbauung der St. Wilibaldsburg, die Fürstbischöfe wohnten, und nachher die geistlichen und weltlichen Räthe ihre gewöhnlichen Sitzungen hielten. Da aber dieser alte Hof im vorigen Jahrhundert durch die Schweden in die Asche gelegt wurde: so ließ Fürstbischof Marquard II. im Jahre 1684 solchen wieder aufbauen, und für ein Absteigquartier der Fürstbischöfe, wenn sie in die Stadt kamen, zurichten. Fürstbischof Johann Anton von Knebel ließ dieß Gebäude gleich nach dem Anfang seiner Regierung, die er im Jahre 1705 antrat, verschönern und erweitern, und auch die gewöhnlichen Rathssitzungen bis zu seinem Lebensende daselbst forthalten. Als aber im Jahre 1725 Fürst Knebel mit Tode abgieng, und ihm der Fürstbischof Franz Ludewig, ein Schenk von Kastel, in der Regierung folgte: so waren dieses würdigen Regenten erste Gedanken, seinen bischöflichen Sitz von dem St. Wilibaldsberge in die Stadt Eichstädt zu verlegen. Er ließ zu diesem Ende den alten Hof, oder sogenannten Neubau fürstlich meubliren, gegen die sogenannte Pfaffengasse, beim Mortuarium zu, noch ein Stück aufbauen, und in den Stab versetzen, in welchem es wirklich von außen

außen anzusehen ist, und verlegte also den Fürstbischöflichen Sitz von der St. Wilibaldsburg in die Stadt, welche die Fürstbischöfe seit der Hälfte des 14ten Jahrhunderts bewohnt hatten.

Die Fortsetzung folgt.

Von dem Chausseebau im Fürstenthum Eichstädt.

Das Fürstenthum Eichstädt hat den Zug seiner Commercialstraßen vorzüglich dem glücklichen Umstande zu danken, daß dasselbe eben zwischen den beiden Reichs- und Handelsstädten Nürnberg und Augsburg, wie im Mittelpunkte, da liegt, wiewohl auch die Straßen von Nürnberg nach München, nach Salzburg, nach Nördlingen und andern Orten dieses Stift allenthalben durchkreuzen.

Die Absicht, diesen Umstand nach allen möglichen Vortheilen zu benützen, machte schon von jeher die Erhaltung der Straßen in einem immer fahrbaren Stande, zu einem wichtigen Gegenstande der öffentlichen Sorgfalt, und zog die Aufmerksamkeit der Fürsten auf sich. Dieses verbürget sowohl die Menge der über die Besichtigung der Straßen geführten Protokolle, als auch die Summe, der auf derselben Unterhaltung verwendeten großen Kosten.

Um sich von diesen Kosten der Unterhaltung einen bessern Begriff zu machen, und in die mit derselben verbundenen Beschwerlichkeiten tiefer hineindenken zu können, muß man sich in die Zeiten vor Einführung der Chaussirung zurück versetzen und an die Beschaffenheit der vorigen Straßen erinnern. Der Edle von Sartori zählt zwar den Straßenbau „eigentlich nicht unter die Mängel, sondern vielmehr unter die Bedrückungen der geistlichen Wahlstaaten, welche vieles zu einer Entkräftung beytragen;" *) allein man muß die Nachtheile der vorigen Straßen den Vortheilen der Chausseen entgegen stellen, dann wird der auffallende Kontrast das Urtheil erleichtern, ob der Straßenbau unter die Bedrückungen oder unter die Wohlthaten dieser Staaten zu rechnen sey. Freylich kosten die Chausseen im Anfange auf einmal mehr, als die Unterhaltung der alten Straßen in etlichen Jahren; allein man erspart dafür in der Folge der Zeit die steten Unterhaltungskosten; erhält doch Güte, Schönheit und Dauer der Straßen, und kauft sich gleichsam auf ewig hin loß, indessen die vorigen, grundlosen Straßen, eine ununterbrochene Unterhaltung und einen im Ganzen sehr beträchtlichen Kostenaufwand forderten, und man doch mit allem dem keine gute Wege zu Stande brachte.

*) In der statistischen Abhandlung über die Mängel in der Regierungsverfassung der geistlichen Wahlstaaten und von den Mitteln, solchen abzuhelfen. (Augsb. 1787. 8.) 2. Abschn. §. 16. S. 61.

brachte. Man hatte immer genug zu thun, um nur die Schlaglöcher auszufüllen und die tiefsten Gleisen auszuebenen — aber aus Mangel der Verbindung war dieses Ausbessern von einer kurzen Dauer; bey übler Witterung wurde alles wieder los, und, wenn man glaubte am Ende zu seyn, durfte man vornen wieder anfangen. Die Chaussirung bot die Gelegenheit an, gleichsam ein großes Kapital auf einmal heim zu zahlen, um sich der lästigen Bürde starker Zinsen auf immer zu entledigen.

Die vorigen Straßen zogen sich in mannichfaltigen Krümmungen ganz schlangenförmig herum, und die vielen Wendungen verursachten eine so beträchtliche als unnöthige Verlängerung. Nach Verhältniß der Länge vermehrten sich also auch, durch eine ganz natürliche Folge, die Kosten der Unterhaltung, so wie dieselbe durch die Chausseen, welche, so viel es nur immer möglich ist, nach der geraden und eben deswegen kürzesten Linie angeleget werden, im Gegentheile sich vermindern.

So viel nun, als diese Abkürzung beträgt, gewinnt noch überdies die Masse der Feldgründe. — Ein neuer Vortheil der Chaussirung, und zwar nicht der einzige, welchen die Landesökonomie aus derselben ziehet: noch weit beträchtlicher ist folgender. Die alten Straßen waren aus Mangel eines festen Grundes bald ausgefahren, jeder suchte oder machte sich also, besonders bey üblem Wetter, einen neuen Weg,

Weg. Diesen traf in kurzer Zeit das nämliche Loos, er wurde unfahrbar, verlassen und neben ihm wieder ein dritter Weg befahren. Auf solche Art entstanden 10 und 12 Wege neben einander, und doch war selten nur einer darunter fahrbar, daß noch häufig auf die angrenzenden Felder oder Wiesen ausgefahren und eine lange Strecke derselben verdorben wurde. Durch die Chaussirung machte man diese Menge der Wege überflüssig, gab solche dem Unterthan zu einem Ersatze der zur Geradeführung der Straßen abgetretenen Plätze, oder um einen geringen Werth zu kaufen, und sicherte dadurch die anstoßenden Grundstücke. Wenn man das im Fürstenthum Eichstädt durch die Chausseen gewonnene Erdreich genau berechnen, und diese Ersparniß getreu anschlagen würde: so könnte gewiß keine unbedeutende Zahl herauskommen.

In den sandigen und steinleeren Gegenden des obern Stiftes mußten viele tausend Klaftern Holz in die Straßen geworfen werden, um einen elenden Brügelweg herzustellen, dessen Unbequemlichkeiten ohnehin jeder kennt, der nur einmal einen solchen torturfähigen Weg befahren hat. Diese Art der Straßenunterhaltung wurde in den vorigen Zeiten, als das Holz immer an Menge ab- und im Preiße zunahm, eine moralische und physikalische Unmöglichkeit, und nur allein der Werth der bey der Chaussirung aus den alten Straßen ausgehobenen Hölzer bezahlte beynahe schon halb die Zufuhr der Steine;

aus

aus entferntern Gegenden, um eine dauerhafte Chaussee damit zu bauen, ohne den Werth desjenigen Holzes mit zu rechnen, welches bey Unterlassung der Chaussirung zur Ausbesserung der alten Wege noch erst hätte eingeworfen werden müssen.

Wie konnten wohl alle diese Betrachtungen dem Edlen von Sartori so ganz entgehen, daß er den Straßenbau unter die Bedrückungen der gröstentheils erschöpften, geistlichen Staaten, und unter die Beyträge zu ihrer Entkräftung setzte, da derselbe doch vielmehr einen vorzüglichen Platz unter den Wohlthaten und Beyträgen zu der Erholung dieser Staaten verdiente; wenn man auch nur Vergleichungen dieser Art anstellet, und nicht einmal noch die ohnehin allgemein bekannten Vortheile der Chausseen in Erwägung ziehet.

Freilich verdarb der Straßenbau hier und da einen einzelnen Unterthan, weil bey schlechten Wegen der unentbehrliche Vorspann ein guter Verdienst, und eine längere Verweilung im Lande, so wie eine öftere Einkehr eine Nothwendigkeit war; allein ein Verdienst, welcher ohne Unehre der Polizey und mit dem allgemeinen Wohl nicht bestehen kann, ist im Grunde Verlust; und dieser scheinbare Nachtheil wird durch viele Vortheile der Chausseen aufgewogen, denn der kleine Verdienst kommt dafür öfter und die Fuhrleute, welche wegen schlechten Straßen ein Land

H 4   ver-

vermeiden, werden durch gute Chausseen wieder dahin gezogen.

Diese Gegeneinanderhaltung aller Vortheile und Nachtheile und das Resultat, welches man im Fürstenthum Eichstädt schon lange aus dieser Vergleichung zog, erregte den Wunsch einer allgemeinen Chaussirung durch den ganzen fränkischen Kreis, und das Uebergewicht der Gründe für dieselbe war zu entscheidend, als daß man nicht von Seiten dieses Fürstenthums der baldigen Mitwürkung der benachbarten Stände sehnlich hätte entgegen sehen sollen. Sehr erwünscht für Eichstädt war also das Schreiben vom 4. Aug. 1764, durch welches der Kaiser, die ihm von dem Churfürsten-Kollegium empfohlene Verbesserung der Landstraßen den kreisausschreibenden Fürsten zu einer allgemeinen Kreisangelegenheit machte. Noch in dem nämlichen Jahre, und schon vor dem deshalben zu Nürnberg gehaltenen Kreiskonvent, fieng der vorige Fürst Raymund Anton, ein Graf von Strasoldo, den Chausseebau an, setzte denselben bis zu seinem Tode 17 Jahre ohnunterbrochen fort, und wandte auf solchen jährlich, ein Jahr in das andere gerechnet, über 10600 Gulden. Denn nach einem getreuen Auszuge, welchen der sel. Hofkammerrath und Zollkassier Barth zu Anfang dieser Regierung in das Kabinet übergab, bauete dieser Fürst in dem obern Stifte um 44458 Fl. 42 Kr. 2⅔ Pf. in dem untern und mittlern Stifte aber um 135933 Fl. 13 Kr

13 Kr. 2⅐ Pf., das ist im Ganzen um 180391 Fl. 56 Kr. 1 Pf. über 30000 Ruthen, jede zu 12 gemeinen Schuhen gerechnet. *)

Der jetzt regierende Fürstbischof, ein Freyherr von Zehmen, folgte demselben nicht allein in der Regierung, sondern auch in dem Eifer für den Chausseenbau nach, setzte denselben nun schon volle 9 Jahre weiter fort, verwandte auf die Unterhaltung der Straßen 17393 Fl. 34 Kr. 1⅔ Pf. und auf Anlegung neuer Chausseen aber von fast 6000 Ruth. auch schon wieder 35468 Fl. 29 Kr. 2 Pf. und würde über die schon chausseenmäßig gebaute 36313 Ruthen auch die noch übrigen 6724 Ruthen schon haben chaussiren lassen, wenn es nicht an Mitwürkung und Anschließung einiger benachbarten Stände fehlte.

Schon im Jahre 1784 wurde ein Conspect über die Straßen des Fürstenthums Eichstädt auf dem Kreistage zu Nürnberg vorgeleget, von allen Kreisgesandten gut aufgenommen und in demselben getreu bemerkt:

A)

---

*) Oder 10 Dezimalschuhen, nach dem von dem Professor der Mathematik, Hrn. Ignaz Pickl zu Eichstädt bestimmten Längenmaas. Denn derselbe nahm eine Nürnberger 12 schuhige Ruthe, theilte die Nürnberger 12 Schuhe in 10 Theile, und nannte diese Theile Dezimalschuhe.

A) Wie viele Ruthen schon wirklich gebauet.

B) Wie viele noch zu bauen seyen.

C) Wie es mit Beywürkung der benachbarten Stände aussähe.

D) Wie viele steinerne Brücken und Joche, die kleinen Wasserfänge und Dohlen von Steinen *) nicht dazu gerechnet, auf jeder Straße angebracht wurden?

E) Nach wie viel Stunden, **) auf eine Stunde in 1000 Decimalruthen, nach dem fränkischen Kreisabschluß vom 28. Aug. 1783 gerechnet, das Weggeld eingehoben werde; und endlich

F) Wo die Wegzolleinnahmen aufgerichtet seyen?

Hier

---

*) Ein Kanal oder Graben zur Ableitung des Wassers und anderer Feuchtigkeiten.

**) Es wird nämlich auf eine Stunde von jedem Pferde 1 Kr. von einem mit mehr als 4 Pferden bespannten Wagen aber, so wie an einer Gabelfuhr 2 Kr., von zwey Ochsen an einem beladenen Wagen 1 Kr. und mit einem leeren Wagen ½ Kr. von einem leer durchgehenden Pferde, jährigen Fohlen und Esel, so wie auch von Mähn- Weid- oder Schlachtvieh, welches außer Land gehet oder durchgeführet wird, von einem Ochsen, Stier, einer Kuh ꝛc. so wie von einem Maßschwein und von 10 Stück Kälbern, Schaafen, Hammeln, mageren Triebschweinen oder Frischlingen 2 Pf., von einem jungen Fohlen aber 1 Pf. Weggeld genommen. Nachdem mit Bezug auf den fränkischen Kreisabschluß vom 3. Hornung, 1769 den 26. Heumonats darauf erlassenen eichstädtischen Weggeld-Patent.

I. Von der Stadt Eichstädt bis zu der pfälzischen Gränze gegen Reuthenburg.	2¼ Stunde, gehen ¼ Stunden und darein.	Eichstädt und Raffenfels.
II. Von der Stadt Eichstädt bis zu der bairischen Gränze gegen Ingolstadt.	½ Stunde, also um 1 Stunde und ¼ then.	Eichstädt und Eitensheim.
III. Von der Stadt Eichstädt bis zu dem eichstädtischen Munizipalstädtchen Beilngries.	6 Stunden, ge- 5 Stunden und ¼ then darein.	Eichstädt, Pfinz, Kipfenberg, Kinding, Hirschberg.
IV. Von der Stadt Eichstädt gegen die Reichsstadt Weißenburg und das Frankenland bis zu der gräflich pappenheimischen Gränze.	2¼ Stunde, wo um ¼ Stunde Ruthen.	Eichstädt und Ruppertsbuch
V. An der Straße von Nürnberg üb. Berching einem eichstädtischen Munizipalstädtchen, nach München von der altpfälzischen Gränze bis zu der Höhe bei Paulushofen, einem Dorfe im Amte Beilngries.	o Stunden nur, o 3 Stunden und Ruthen darein.	Berching und Beilngries.
VI. Die Straße von Ingolstadt auf Neuburg ist im eichstädtischen Territorium über das Dorf Irgertsheim ganz gebauet.	¼ Stunde, also um ¼ Stunde und ¼ then.	Irgertsheim.
	17 Stunden.	

	zu D.	zu E.	zu F.
spachischen och alles bis enhoferbuck bauet, doch im Sande		Auf 1½ Stunde, fehlen also 191 Ruthen.	Pleinfeld
be Chaussiraße beruing der theuungen von hs; indese weder an user, noch nungenauer indeste ge-	4 Ausser den Wasserfängen und Dolcern	Auf 1 Stunde, gehet also ¼ Stunde weniger 40 Ruthen darein.	Obererlbach.
nzen Strasn Anstand.		Auf 1½ Stunde, weniger also um ¼ Stunden.	Neunstetten und Weinberg
rung beruobererlbach, Anspach zu digen Anegen Burk, enbach.	1	—	—
urpfalzbaie üb.Landseichstädti Egloffstorf zebauet.	5	Zur Zeit noch nichts, weil der Bau erst am Schluße ist.	
	90	21 Stunden	

Hier folget diese Uebersicht, in welcher nur
dasjenige abgeändert wurde, was sich seitdem würklich verändert hat.

Nun ist noch übrig, den Kostenbetrag auf
die Ruthen auszuschlagen, und die Administrationsart des Straßenbaues im Fürstenthum Eichstädt
vorzulegen.

Der Edle von Sartori rechnet in der oben
angeführten Abhandlung und Stelle, auf jede
Ruthe, und zwar nur im geringen Anschlage 6 Gulden zu Anlage, und eben soviel für Fuhrlohn, im
Ganzen also 12 Gulden; für die jährliche Unterhaltung aber im Durchschnitt ein Sechstel des Ganzen, oder auf jede Ruthe jährlich 2 Gulden. Nach
diesem Ueberschlage also hätten die eichstädtischen
Chausseen von 36313 Ruthen nicht weniger, als
435756 Gulden gekostet, und die jährliche Unterhaltung betrüge 72626 Gulden. Dies wäre nun
freilich eine drückende Bürde für einen Staat, wie
Eichstädt ist: allein es muß der Edle von Sartori
sich auch da wieder, wie er öfters das Unglück hat,
überrechnet haben, oder der Vorwurf, den er den
meisten geistlichen Wahlstaaten über die mangelhafte
Administrationsart des Straßenbaues macht, *)
wenig=

---

*) In der oft gemeldten Abhandlung und Stelle S. 62.
„man übergeht hiebey, daß in den mehresten geistlichen
„Wahl-

wenigstens auf dieses Fürstenthum nicht ausschlagen. Denn der geheime Rath Ulrich und der sel. Hofkammerrath Barth baueten in einem einzigen Sommer die herrliche Straße in dem Weissenburger Wald — eine Strecke von 1500 Ruthen — die Ruthe, alles mit eingerechnet, um 5 Gulden, und die jährliche Unterhaltung sämtlicher Chausseen kommt im Durchschnitt nicht einmal auf 2000 Gulden, wenn man auch das Taglohn der Wegwarte, das Fuhrlohn, den Arbeitszeug und die Kosten der Auf- und Nachsicht, kurz, alle Ausgaben ansetzet. Welch ein erstaunender Abfall von 72626 Gulden? — — Daß aber die Unterhaltung einer Ruthe jährlich statt 2 Gulden, nicht einmal 4 Kreuzer koste, ist aktenmäßig, und erhellet auch schon aus dem Rechnungsauszug, nach welchem unter der jetzigen Regierung in 9 Jahren nur 17393 Fl. 24 Kr. 1$\frac{2}{7}$ Pf. zur Unterhaltung aller Chausseen hinreichten; und es sind doch von Strecke zu Strecke eigene Wegwarte aufgestellet, welche von 100 Ruthen 1 Fl. 30 Kr. oder 2 Fl. alle Jahre genießen. Die Straßen werden von Zeit

---

„Wahlstaaten dieses Geschäfte weder in der erforderlichen „Ordnung noch weniger mit der gehörigen Vorsicht und „Unkostenmenage, und selten durch geschäftskundige Perso„nen behandelt wird." Und in der Fortsetzung im 2. Abſch. S. 223. „Wenn ein Fremder in einigen Stiftern die „Straßenbau-Manipulation nur im Vorbeygehen ansieht: „so steht ihm die Vernunft stille, wie es der Regierung „möglich sey, ein so wichtiges Werk mit so großer Nach„läßigkeit zu behandeln ꝛc.

im Fürstenthum Eichstädt.

Zeit zu Zeit beritten, und jährlich eine allgemeine Besichtigung vorgenommen.

Was nun aber jede Ruthe ganz neu und chausseenmäßig zu bauen gekostet habe, läßt sich ziemlich zuverläßig bestimmen. Alle Chausseebau und Unterhaltungskosten machen in den 27 Jahren, vom Anfange her, 236254 Fl. — Kr. ⅞ Pf. aus, beynahe schon um 200000 Gulden weniger, gegen den Sartorischen Ueberschlag. Wenn man nun auch für den Chausseebau die volle Summe von 200000 Gulden, wegen der geraden Zahl annimmt, und für die Unterhaltung diese lange Zeit über, nur die übrigen 36254 Fl. ⅞ Pf. abrechnet, so kommen doch auf eine Ruthe statt 12 Gulden, noch nicht einmal 6 Gulden. Und sollte man erst noch die beträchtlichen Kosten so vieler Brücken davon abziehen, so würden für die Ruthe lange nicht 5 Gulden bleiben.

Freilich erleichterte in einigen Gegenden des mittlern und untern hohen Stiftes die Nähe der Steine die Kosten, aber der Mangel der Steine im Oberlande und die Entfernung derselben in manchen Orten des Unterlandes vermehrten die Kosten der dortigen Chausseen dagegen wieder um eben soviel. Auch sieht man den Chausseen diese Wohlfeilheit nicht an, denn es sind alle vom Steinlager an mit puren Steinen gebauet, und überkieset, oder zur Nothdurft im obern Stifte eingesan-

det

det, ohne nur einen Stecken Holz dazu verwendet zu haben.

Mit der Güte und Dauer der Chausseen nicht allein zufrieden, suchte man auch das Angenehme mit dem Nützlichen zu verbinden und die Straßen zu verschönern. Zu diesem Ende sowohl, als um die Reisenden von der Billigkeit des Weggeldes zu überzeugen, und die Abtheilungen der Straßen pünktlicher zu bestimmen, sind sämtliche Chausseen mit numerirten Distanzsteinen von halben zu halben Stunden, theils schon versehen, theils wird daran gearbeitet. Es werden sämtliche Straßen mit Alleen besetzt, womit bey den von der Residenz auslaufenden Chausseen bereits der Anfang gemacht, ist; auch durch die Entfernung, weitere Auseinandersetzung und Stützung der Bäume aller Gefahr für die Austrocknung der Straßen vorgebeugt ist.

Das Fürstenthum Eichstädt kann also von der Bekanntmachung seines geführten Chausseebaues nichts als allgemeines Lob und Beyfall erwarten, weil wenige andere dergleichen geistliche Staaten so viele Stunden Wegs gebauet, oder so beträchtliche Summen auf den Straßenbau verwendet haben werden, weil in noch wenigern geistlichen Staaten die Chausseen von solcher Güte, Dauer und Schönheit, und doch mit solcher Ersparniß der Kosten, werden erbauet worden seyn, und weil

end-

endlich die allerwenigsten so ein gemäßigtes Weggeld fordern werden, wie in diesem Fürstenthum genommen wird. — Alle Unterthanen des ganzen Fürstenthums sind von allem Weggeld ganz befreiet, ob sie gleich zu dem ganzen Chausseebau eben nichts, als nur eine gemäßigte Fuhranlage, beytragen durften.

———

Volks=

Volksmenge des Fürstenthums Eichstädt.

Nach der einzig vorhandenen Seelen-Beschreibung vom Jahre 1785.

Das fränkische Fürstenthum*) Eichstädt theilet sich in das obere, mittlere und untere Stift. Letztere zween Theile hängen zusammen, und gränzen gegen Osten an Bayern, gegen Süden an die alte, gegen Norden an die neue Pfalz, und gegen Westen an die Reichsgrafschaft Pappenheim, auch an die Reichsstadt Weissenburg, und an das teutschordische Haus Ellingen, welche drey das untere und mittlere von dem obern Stifte trennen. Diese Seite allein ausgenommen ist das Oberland fast ringsumher von brandenburg-onolzbachischen Aemtern nicht nur allein ganz umgeben, sondern auch allenthalben so durchkreuzet und durchschnitten, daß beinahe jedes Amt von dem andern getrennet ist.

Jedes

---

*) *Hier wird bloß das Fürstenthum betrachtet, denn das Bisthum hat weiter ausgedehnte Gränzen, und die Population der Diözese ist viel stärker.* A. d. E.

Jedes dieser drey Stifter wird in gewisse Ober- und Pflegämter getheilet, welchen wieder ein oder mehrere Probst-Richter-Kasten-Vogt und andere dergleichen Unterämter untergeordnet sind. Der Bevölkerungs-Zustand eines jeden derselben war im Jahre 1785 folgender:

In dem obern hohen Stifte.

		Volksmenge
1. Abenberg, Kastenamt		1903
2. Aurach, Vogtamt		2742
3. Herrieden, Kollegiate		1137
4. Herrieden, Kastenamt		319
5. Herrieden, Stadtvogteyamt		2087
6. Kronheim, Vogtamt		704
7. Lehrberg, Vogtamt		572
8. Ohrnbau, Kastenamt		2644
9. Pleinfeld, Kastenamt		2818
10. Pleinfeld, Vogtamt		163
11. Spalt, Kollegiate		373
12. Spalt, Kastenamt		2746
	Summa	18208

In dem mittlern.

1. Domkapitlisches Richteramt	2788
2. Dollnstein, Kastenamt	1412
3. Landvogteyamt	4075
4. Mernsheim, Kastenamt	1679
5. Nassenfels, Kastenamt	2000
6. Raitenbuch, Vogtamt	3082

7. Rebdorf, Klosterrichteramt = 537
8. St. Walburg, Klosterrichteramt - 761
9. Vizedomamt - - 686
10. Welchheim, Pflegsverwesamt - 523
11. In der Stadt Eichstädt selbst *) 6815
       Summa 24358

In dem untern Hochstifte.

1. Berching, Probstamt - 2098
2. Beylngries, Kastenamt - 5110
3. Grebing, Richteramt - 1979
4. Jettenhofen, Kastenamt - 484
5. Kipfenberg, Kastenamt - - 2777
6. Obermässing, Kastenamt - 966
7. Plankstetten, Klosterrichteramt - 741
8. Töging, Richteramt - 462
       Summa 14617

Beträgt also die Volksmenge im Ganzen 57183 Köpfe.

  Nimmt man nun den Flächeninhalt des Fürstenthums auf 20 Quadratmeilen an: so treffen immer auf eine derselben im Durchschnitte über 2700 Seelen; und vielleicht würde von 2800 nicht viel fehlen, wenn auch auf dem Lande, so wie es in der Residenzstadt geschah, die Kloster- und andere Geistlichkeit mit gezählt worden wäre. Immer eine schöne Be-

---

*) Nur allein in der Residenzstadt Eichstädt wurde auch die Geistlichkeit mit aufgeschrieben.   A. d. E.

Bevölkerung, und die stärkste unter allen deutschen Stiftern, selbst die zu Straßburg und Basel nicht ausgenommen, wenn solche anders nicht eben so unrichtig, als die eichstädtische ausgesetzet worden sind. Denn der Verfasser der eben im Jahre 1785 zu Leipzig herausgekommenen statistischen Tabellen, und Herr von Sartori in der bekannten Preisschrift: über die geistlichen Wahlstaaten mit demselben setzen die ganze eichstädtsche Volksmenge nur auf 36000, und auf jede Quadratmeile nur 1800, folglich im ganzen um 21000 wenigstens, und auf jede Quadratmeile um 1090 Seelen gleich zu wenig an. Norrmann in seinem bekannten Handbuch der Länder- Völker- und Staatenkunde übergeht die Volksmenge ganz.

Wenn man aber das obere, von dem mittlern und untern Stifte trennet, und das erste so beinahe auf 5, die zwey letztern aber auf 15 geographische Quadratmeilen ansetzet: so ist der Unterschied der Bevölkerung zwischen denselben sehr auffallend, denn der Flächeninhalt verhält sich gegen einander, wie 1 zu 3, die Volksmenge aber nicht gar wie 1 zu 2; einzeln genommen treffen also auf eine Quadratmeile in dem obern Stifte 3641$\frac{1}{7}$, in dem mittlern und untern aber nur 2598$\frac{1}{7}$ Menschen, folglich auf eine jede derselben 1043$\frac{3}{7}$ Menschen weniger.

Diese starke Abweichung ist um so mehr gegen alle Erwartung, als man vielmehr vermuthen sollte, daß jener Theil des Fürstenthums volkreicher wäre, in welchem die Residenzstadt, und die beträchtlichern Munizipalstädtchen, wie Berching, und Beilngries sind, fallen. Allein es lassen sich mehrere Versuche angeben, aus welchen das Gegentheil erfolgen muß, und dieser Unterschied läßt sich leicht erklären, wenn man bedenket, daß eben in diesen Theilen die Zahl der Geistlichkeit stärker ist — daß Klöster und Stiftungen mehrere Besitzungen haben, von welchen viele Leute leben könnten — daß die eigne Verwaltung der Kammergüter für die Bevölkerung nicht so günstig ist, als die Zerschlagung derselben in Bauerngüter — daß die Vertheilung der zu großen Güter wegen der Bürde der Scharwerke, welche in der Nähe der Hauptstadt immer stärker, als in der Entfernung sind, noch immer sehr schwer hält — daß die Größe und Zahl der unterstiftischen Waldungen jene des oberen Landes weit übertrift — und daß endlich in dem obern Stifte auch viele eichstädtische Unterthanen in vermischten Ortschaften herum zerstreuet sind, welche Orte zu dem eigentlichen Flächeninhalt des Fürstenthums nicht gerechnet werden können.

H V S.

Von der Insel Cythera, heut zu Tage Cerigo genannt, den Venezianern gehörig, aus dem italienischen des Hrn. Abt Lazaro Spallanzani.

Vermuthlich erwarten Sie bey dem Gedanken, daß Sie Nachrichten von Cythera haben sollen, angenehme und fröliche Neuigkeiten von einem Lande zu hören, das sich nach dem Urtheil des Alterthums die schönste Göttin zu ihrem liebsten Aufenthalt erkohren hatte? Ich will eben nicht Virgils zierliche Erzählung von dem arglistigen Kunstgriffe der Göttin bestätigen, die den Askanius eingeschläfert hieher bringen wollte, gerade als ihn Amor nach Carthago schickte, um die unglückliche Dido verliebt zu machen. Eben so wenig kann ich bestimmen, ob jenes Vorgeben Grund habe, daß Venus in Cytheral geboren, oder ob sie als Mädchen dahin gekommen sey, und hier ihren Aufenthalt genommen habe. Doch kann es, wie mich dünkt, nicht wohl in Zweifel gezogen werden, da Pausanias bey Berührung der Venus Urania erzählt, daß zu seiner Zeit ein ihr geheiligter Tempel zu Cythera stand, der

für

für den ältesten und berühmtesten unter allen in Griechenland gehalten wurde, und worinnen das Bild der Göttin bewaffnet gestanden habe. Angenommen, daß diese Nachricht gegründet ist, so konnte es nicht fehlen, daß damals diese Insel um der Gottheit willen, die hier ihren Sitz hatte, von Fremden häufig besucht, und von jedermann in großen Ehren gehalten wurde. Es ist daher auch nicht zu verwundern, daß der Name Cythera noch jetzt angenehme und zärtliche, für die Göttinn vortheilhafte Empfindungen in uns rege macht. Soll man aber glauben, daß sie ehemals auf einen so hohen Grad des Ansehens gestiegen sey; so muß ich dagegen mit aller Aufrichtigkeit versichern, daß sie gegenwärtig nichts als das Andenken davon behalten hat. Von dem so berühmten Tempel sieht man keine Spur mehr. Man weiß den Ort nicht einmal, wo er gestanden hat. Blos die Fischer zeigen am Strande St. Niccolo, nicht weit von dem Ort, wo wir vor Anker lagen, die Bäder der Venus. Allein, was sind das für Bäder? Eine plumpe, enge, durch Kunst in einem Felsen gearbeitete Höhlung, mit einer Art von steinerner Decke, die mehr einem Obdache, das kleinere Vieh vor dem Regen zu schützen, als irgend etwas anderem ähnlich siehet, und nicht den geringsten Vorrath von stehendem oder quellendem Wasser hat.

Die Insel selbst kann nichts weniger als reizend, auch nicht einmal nur erträglich wild genannt

wer-

werden. Allein das Clima ist, die Wahrheit zu sagen, angenehm und lieblich, Schnee und Eis sind hier unbekannte Wörter. In den Monaten August und September zeigt sich hier ein starker Durchzug von Wachteln; ich kam noch zeitig genug an, um von denen zu kosten, die am spätesten kamen, und die ich sehr schmackhaft fand. Wahrscheinlicher Weise setzen sie von dieser Insel, gerade auf die afrikanische Küste über. Im Frühling aber, wenn sie nach Europa zurück kehren, nehmen sie einen andern Weg. Die Turteltauben aber zeigen sich des Jahres zweimal auf dieser Insel, obgleich in weit geringerer Anzahl, als die Wachteln. Alle diese Zugvögel halten sich nur etliche Tage hier auf, mehr aus einer Art von Nothwendigkeit, um einen Ruhepunct zu finden, wo sie sich von ihrer Müdigkeit erholen, und zum fernern weitern Flug über das Meer Kräfte sammlen können, als um eine ihnen angemessene Speise zu finden, die ihnen diese über alle Beschreibung unfruchtbare Insel nicht zu geben vermag.*) Drei Viertel derselben sind so zu sagen, ein nackter Felsen, und der übrige sehr eingeschränkte Theil, der von den Landleuten gebauet wird, bringt nichts als ein wenig Korn und Trauben, beides jedoch von vortreflicher Eigenschaft hervor. Daher sich die Einwohner, der Weitläuftigkeit dieser Insel ohngeachtet, die sich auf 60 Meilen im Umfange

---

*) An sich scheint die Insel nicht unfruchtbar zu seyn. Es fehlt nur an Anbau.

erstreckt, mit den Producten, die sie einsammlen, kaum durchzubringen vermögen. Es ist daher nicht zu verwundern, daß man Cerigo in vorigen Zeiten das Siberien der Venetianer zu nennen pflegte, wohin nämlich die Hefe der Nation verwiesen ward.

Der größte Theil der Insel bestehet, wie bereits gesagt, aus nakten Felsen. Dieses wird man gewahr, wenn man sich die Mühe nimmt, sie an mehrern Orten durchzulaufen. Man sieht diese Felsen, sowohl in ihrem größern Umfange, als in einer angemessenern Lage, ihre innere Theile zu erforschen, an keinem Orte besser, als wenn man das nahe Meer zu seinem Standpunct nimmt. Sie erscheinen hier wie Mauren von außerordentlicher Höhe, meistens auf dem Horizont senkrecht, mit hängenden Theilen des Felsen, die in die Insel hineinlaufen, zusammen, und machen mit ihnen ein ungeheures Geburge aus.

Bey den Bergen und Felsen von Cerigo entdeckt man nicht die mindeste Spur von Schichten. Sie scheinen alle von einem Stücke gebildet zu seyn, ohne in ihren Fugen auch nur die mindeste merkliche Verschiedenheit zu haben. Nur scheinen ihre Theile gewaltsamer Weise durch ein ganz unregelmäßig wirkendes Principium mit einander verbunden zu seyn. Es ist aber nicht zu beschreiben, wie ungestaltet und gräßlich diese unermeßlichen Gruppen von Bergen aussehen. Das völlig abgerechnet, daß sie

keine

keine Art von Pflanze aufkommen lassen, und nirgends eine Ebene oder Abhang anbieten, sondern sich beynahe durchgehends in Winkeln und scharfen Spitzen erheben, und in dieser Gestalt gewissermassen, aber in unendlicher Vergrößerung einem Tannenzapfen gleichen, der sich, wenn er die Wirkung der Sonne empfindet, durch die Oeffnung seiner kleinen Zellen ganz mit Spitzen bewaffnet. Die Hauptfarbe ist roth, mehr oder weniger stark, und sticht mehr oder weniger ins hellblaue. Daher mag der Misverstand des Aristoteles kommen, der vielleicht in der Absicht, diese der Venus geheiligte Insel noch mehr zu veredlen, ihren Bergen einen großen Porphyr-Reichthum zuschrieb.*) Ein fabelhafteres Mährchen giebt es gewiß nicht. Denn, was die edleren Steinarten anbelangt, so fand ich auf der ganzen Insel nur einige kleine Stücke Jaspis. Unfehlbar muß die rothe Farbe, die den größten Theil der Porphyrarten eben so, wie der felsigten und bergigten Gegenden gemein ist, zu diesem Irrthum Anlaß gegeben haben.

Diese so berühmte Insel ist ganz vulkanisch; vermuthlich ist Cerigo durch einen oder mehrere Vulkane aus dem Meere empor gehoben worden. —

Ich

---

*) Diesen Irrthum findet man bey allen Geographen; und Hr. Cantzler Le Bret hat ihn auch in seinen statistischen Vorlesungen 1 Th. S. 180. beybehalten.

Ich komme nun auf zwey Phänomene, welche vorzüglich betrachtungswürdige Gegenstände dieser Insel sind. Das erste sind die Knochenfossilien. Man findet solche in einem steilen, kegelförmigen, im Gipfel abgebrochenen Berge, der auf der Mittagsseite der Insel nahe am Meere, und etwas über eine halbe Meile weit von der Stadt, oder vielmehr dem elenden Dorfe, das den Namen der Insel trägt, ablieget. Dieser Berg hat da, wo die Fossilien ihren Anfang nehmen, eine Meile im Umkreis, und von da bis auf seinen Gipfel ist kein Ort, so wohl auf der Oberfläche, als in dem Eingeweide, so weit man wenigstens hineingraben kann, der von diesen thierischen Ueberbleibseln nicht einen Ueberfluß hätte. *) Die Einwohner selbst nennen diesen Ort den Knochenberg. Ich ließ mit Pikken und andern Werkzeugen an mehrern Orten eingraben, um, wo möglich, diese Fossilien mit der steinigten Grundmaterie, in welche sie eingeschlossen sind, verbunden zu bekommen, und war begierig zu wissen, welcher Thierart sie zu gehörten, und wie sie und der Stein, an den sie befestiget sind, beschaffen wäre. Es kostete nicht viele Mühe, sie größtentheils für menschliche Knochen zu erkennen, und ich glaube es aus einigen Fingerknöcheln, Stücken von Schienbein u. d. g. sicher schließen zu dürfen. Die genaue Uebereinstimmung dieser Knochen

mit

*) Es hat also dieser Berg die größte Aehnlichkeit mit der berühmten Gailenreuther Zoolithen Höhle bey Streitberg im Fürstenthum Baireuth.

mit natürlichen, die in der Oberfläche, Größe, Bildung, Substanz und Einrichtung der Theile wahrgenommen wird, lässet meinem Bedünken nach keinen Zweifel übrig. Ueberdies versicherte mich der nach Cerigo gebrachte Arzt, der als ein Mann von sehr einfacher Lebensart und gutem Verstande, allen Glauben zu verdienen scheint, er habe auf diesem Berge eine obere mit ihren Zähnen ausgerüstete Kinnlade, und ein Stück von einem menschlichen Hirnschädel mit seinen deutlichen Fugen ausgraben sehen. Allein nicht alle, sondern nur der größte Theil dieser Knochen ist von Menschen, die übrigen gehören wilden Thieren zu. Ich kann zwar nicht erkennen, welcher Thierart sie eigentlich zugehören, aber doch mit ziemlicher Zuverlässigkeit schließen, daß sie eher von vierfüssigen als von andern Thieren sind. Von Farbe sind sie so wohl auswendig, als inwendig über die Maßen weiß, ausgenommen, daß die Oberfläche manchmal durch kleine innere Flecken verdunkelt wird, wie man es oft auf den Platten oder Schichten wahrnimmt, wovon das fossilische Elfenbein zusammen gesetzt ist. Sie sind eben nicht kalcinirt, aber inwendig versteinert, und haben daher auch die Härte und Schwere der Steine. Die schwammigte und poröse Beine behalten ihr natürliches schwammigtes Wesen, und die fistulöse ihre innere Höhlung. Diese Höhlung ist niemals mit einer Erdmaterie angefüllt. Welche physikalische Grundursache brachte jemals eine solche Menge von Knochen auf diesen Berg? und da sie größtentheils

mensch-

menschliche sind: wie und woher konnten so viele Individuen unserer Art an einem einzigen Ort zusammen kommen? — *)

Die zweite natürliche Seltenheit, welche nicht weniger als die erstere bemerkenswerth ist, ist hier eine unterirrdische, gegen Abend gelegene Höhle, die ohngefähr drey Meilen von dem Knochenberg, und eine viertel Meile vom Meere entlegen ist. Ihre äußere Oeffnung ist ein plumpes Oval, von innen aber bildet sie einen rechtwinklichten gleichschenklichten Triangel, dessen rechter Winkel in der Spitze der Oeffnung ist. Diese Oeffnung ist sehr weit, und dienet zum Eingang in ein geräumiges Gemach; auf dessen Boden man einen elenden mit einer unächten kleinen Mauer eingeschlossenen Altar erblickt, auf dem die Griechen zuweilen Messe halten, weil, wie sie vorgeben, das Bild der heil. Sophia daselbst gefunden worden sey.

Die Seitenwände und das Gewölbe dieses Gemachs sind von kalkartigen Steinen, ohne daß die Kunst irgend einen Theil daran hat. Auf diesen zeigen sich mehrere kleine Flecken, die man beim ersten Anblick für Leberkraut halten würde; bey einer genauern Prüfung aber nichts als Haufen von Tropf-

*) Die allgemeine Meinung der Einwohner ist: es sind Begräbnißplätze; allein es können Menschenknochen über tausend Jahre in der Erde liegen, und sind doch nicht versteinert. Und wie kommen hier die Knochen von wilden Thieren unter die Menschenknochen?

Tropfstein-Körnern sind, die den Steinen ankleben. Kehrt man das Auge von den Seitenwänden auf die der Oeffnung gegenüber stehende Wand, so zeigen sich die tropfsteinartigen Körper in Menge, so daß diese Wand eigentlich einig und allein aus Tropfsteinen bestehet. Der äußere Theil derselben ist also von einer unermeßlichen Menge derselben gebildet, die nicht kegelförmig, wie die gewöhnlichen, sondern in ihrer Bildung sehr unregelmäßig, voller Krümmungen, Auswüchsen und Beulen sind.

So wie man in der Grotte weiter fortgehet, kömmt man in ein zweites Gemach, das aber weniger geräumig ist, als das erste, welches 72 Schuh in die Weite, und 59 in die Länge hat; da die Weite des andern nur 38, und die Länge 46 Schuh beträgt. Das merkwürdigste hier ist eine viele Schuhe dicke Scheidewand von Tropfstein, die das zweite Gemach von einem dritten trennet, unregelmäßig durchlöchert ist, und an mehreren Orten wie von großen Klötzen, die sich in Aeste theilen, gebildet zu seyn scheint. Die Klötze erheben sich vom Fußboden, und die Aeste breiten sich in die Bögen der Höhle aus. Offenbar ist die Bildung jener Scheidewand eine Folge von dem oben herabgefallenen, und mit feinen Erdtheilchen zuerst Tropfsteine zeugenden Wasser, die mit dem Verlauf der Jahre, an Anzahl gewachsen und verdeckt, sich bis auf den Boden erstreckten, und diese Art von Scheidewand bildeten.

Es

Es bleiben mir nicht mehr als zwey Gemächer, nämlich ein drittes und viertes zu beobachten übrig, um sagen zu können, daß ich die ganze Höhle von innen gesehen habe; und bey diesen zweien Gemächern kann ich mit Dante sagen, daß sie vor Finsterniß stumm sind. Ich brauchte Fackeln, um sie recht zu untersuchen und beide ermangelten nicht, mir die sonderbarsten Gegenstände vor Augen zu stellen. Die durch das Wasser verursachten Arbeiten, Spiele und Sonderbarkeiten sind unzählig, so daß es mir an Ausdrücken fehlt, einige davon gleichsam nur im Schattenriß darzustellen. Außer einer großen Anzahl einiger von krummen Wendungen herabhängenden, und anderer nach Art stumpfer Kegel vom Boden emporstehender Tropfsteine, siehet man hie und da mehrere Säulen den finstern Raum einnehmen, einige gerade, wie von der Natur gedreht, andere gekrümmt, höckericht und voller Beulen, andere glatt und schlüpferig, andere auf der Oberfläche durch Cordone vorspringend, die der Länge nach fortlaufen; und diese ganze Säulenordnung scheint eine mächtige Stütze der drohenden und schmutzigen Bögen zu seyn. Man siehet hier Basreliefs, die auf eine plumpe Art Menschen und Thieren gleichen, oder eine identische Aehnlichkeit theils mit Bäumen sammt Stam, Aesten und Zweigen, theils mit Pavillons, ja sogar mit völlig ausgerüsteten Orgeln und ihren Pfeifen haben. Diese bezaubernde Scene endiget sich dann im innersten des Berges ohne eine weitere Oefnung oder Ausgang,

der

der dem gierigen Forscher das Vergnügen verlängerte, zu betrachten, wie die scharfsinnige Natur in dem tiefsten Schooße der Erde Wunder zu bewirken weiß, ohne dabey auf die Eitelkeit, gesehen zu werden, einige Rücksicht zu nehmen.

Eine kurze Betrachtung mag dieser Abhandlung ein Ende machen. Sollte man wohl denken, daß jenes Cythera, das man gegenwärtig im Vorübergehen als einen Auswurf der Natur betrachtet, weil es nichts als eine Zusammensetzung von vulkanischen Steinen, Felsen und öden Gebirgen ist, bey seinem ersten Ursprung auch so beschaffen war? Oder ist es wahrscheinlicher, daß sich die Natur des Bodens veränderte, und so fruchtbar und angenehm, als sie zuerst war, nach und nach ausartete, und sich endlich zu seinem gegenwärtigen elenden Zustand verwandelte? Ich läugne nicht, daß diese Ausartungen unter die Zufälligkeiten gehören, denen die Bestandtheile unsers Planeten so sehr unterworfen sind. Man denke sich ein Land, das inwendig voller Felsen, von außen aber mit einer dicken Erdrinde bekleidet ist. Dieses Land wird, weil es bergig ist, durch den Regen nach und nach angefressen, und von den Flüssen weggeflößt, so daß nach einem langen Zeitraum nichts als kahle und nakte Felsen mehr übrig sind; so muß ja ein solcher Ort, so angenehm und fruchtbar er auch zuvor war, zur äußersten Unfruchtbarkeit und Oedigkeit herabsinken. Ich glaube aber behaupten zu dürfen, daß in Cythera keine dergleichen

gleichen Veränderung vorgefallen ist. Denn da ihr Ursprung von Vulkanen herzuleiten ist, so ist es eine natürliche Folge, daß sie damals nicht angenehmer und lieblicher seyn konnte, als sie jetzt ist; vielmehr bin ich geneigt zu glauben, daß sie gerade damals noch um einen Grad wüster und unangenehmer war, da bekanntlich die Lava und andere vulkanische Producte sich erst nach einem langen Zeitraum in Erde verwandeln. Und von dieser Verwandlung kommen auch vermuthlich jene schmale Erdstriche her, die einige kleine Thäler und tiefe Gründe der Insel anfüllen, und den Wünschen des gierigen Landmannes übel entsprechen. Cythera muß also in den Zeiten, da Griechenland blühete, beynahe eben das gewesen seyn, was es jetzt noch ist; nur der, der Venus geheiligte Tempel, und die häufigen Opfer, die man der Göttin brachte, und der große Zulauf von Fremden, alle diese Umstände zusammen genommen haben ohne Zweifel vieles beygetragen, den Ort in einen großen Ruf zu bringen, wozu die alles vergrößernde Prahlerey der Griechen nicht wenig geholfen haben mag.

Von der Papiermühle bey Hof.

Die Erlaubniß eine Papiermühle in dem Fürstenthum Bayreuth erbauen zu dürfen, wurde, so viel aus den alten Kauf= und Lehenbriefen zu ersehen ist, Isaac Soldenern, damals Probirer auf den Goldcronacher Bergwerken, zuerst bewilliget, und mit einem Privilegium versehen, welches noch gegenwärtig von jedem Landesherrn den Besitzern ist erneuert worden. Es wurde dieselbe anfangs unter der Stadt bey dem Lazareth St. Erhard zu bauen angefangen, ein hinzugekommener Streit aber bewog den Soldener, seine Gerechtigkeit und Antheil nebst dem, was daran gebauet war, den 11. Dec. 1570, an Ambrosius Prükner zu verkaufen, welcher im darauf folgenden Jahre das Gebäude zu Stande brachte. Dieser verkaufte solches den 18. Dec. 1589 an Hans Müllern, einen Egerischen Bürger und Rathsmitglied, nach dessen Tode sein Sohn Erasmus Münder das Werk fortsetzte; seine Tochter Margarethe erbte die Papiermühle. Sie heurathete Johann Gipser, durch dessen Tochter,

Anna Utilia, sie durch Heurath an Albrecht Wunnerlich kam, und nach dessen Absterben durch seinen Sohn Johann Georg fortgesetzt wurde. Dieser ließ sowohl in Werkzeugen, als an Gebäuden schon vieles verbessern. Da dieser den 18. Dec. 1776, mit Tode abgieng, so übernahm Johann Albrecht Wunnerlich das Werk und trieb dabey eine baumwollene Tücher-Fabrik. Weil aber sein Großvater wegen hohen Alters, und weil sich keines von den Seinigen zur Uebernahme entschließen wollte, sehr wenig hatte bauen lassen, so überkam er solches so baufällig, daß er, seitdem er selbige besitzt, jährlich sehr vieles an Werken und Gebäuden bauen lassen mußte. Da er nun besonders die Verfeinerung der Papiere so weit zu treiben wünschte, als es in Deutschland nur möglich und die mechanischen Werke von Zeit zu Zeit Verbesserung litten, so ließ er die sämtlichen alten Werke wegreissen, legte durch verschriebene fremde Geschirrbauer und andere geschickte Meister einen ganz neuen metallenen, dann einen stählernen Holländer an, bauete einen Haberschneider, statt eines Hackers nach der neuesten Art, und verbesserte die alten Werke durchgängig. Er ließ die Grundwerke und Lagerbäume von Quadersteinen aushauen und bessern, zur Auspressung der Papiere eiserne geschnittene Pressen mit metallenen Muttern vor die Pötten, setzen: so daß er nunmehr im Stande ist, alle Sorten Papiere, von dem feinsten Post-Papier an, bis zu dem geringsten Maculatur nach beiliegendem Preis-Courrant verfertigen

zu

zu lassen. Erstere Sorten wurden ohnedem, weil wenige davon im Lande verbraucht wurden, nach Bremen, Lübeck, Berlin, Leipzig, Halle, Regensburg, Wien und Weimar versendet. Gegenwärtig aber, da das Verbot, keines außer Landes zu verkaufen, und das Bedürfniß der Fürstl. Kollegien und Amts-Stellen außerordentlich beträchtlich ist, ist es nicht mehr möglich, etwas außer Land zu verschicken. Zur ordentlichen Betreibung der Hofer Papiermühle können wöchentlich an Leim-Papiere, wenn kein Wassermangel noch andere Hindernisse dazwischen kommen, ohngefähr 85 Rieß fertig werden. Hierzu sind erforderlich:

Der **Meister**, da der Besitzer nicht selbst Meister ist; 8 bis 9 Gesellen; 2 Lehrjungen; 1 Laufjunge; 1 Lumpenauslefer; 2 Preßgänger, die wieder unterdessen Lumpen ausputzen; 1 der die Rieße aufhängt und abziehet, und 4 weibliche Dienstboten.

Die im Sommer zum Feldbau zu gebrauchenden Taglöhner und der Knecht, ingleichen die benöthigten Habersammler ungerechnet; so daß wenigstens täglich, ohne fremde Gesellen, 36 Personen gewöhnlich zum Tisch kommen.

Preis-Courrant.

Wie die Papiere	außer Landes verkauft werden; fränklich fl.	gr.	in die hohen Collegien verkauft werden müßen fl.	Kr.
ganz fein groß Regal das Rieß	18			
ord. blaues Regal — —	5	6		
dergleichen braunes —	3	8		
weiß Mittel Reg. von ord. Post-Zeug	12	—	10	—
starkes feines großes Post Papier, mit dem holländ. oder französ. Zeichen	6	—	5	—
dergleichen f. f. schwächeres	5	8	5	
dergleichen von geringerem Zeug	4	4		
Fortuna Post —	5	4	5	
Harpfen Post —	4	—	3	10⅔
Canzley	2	16		
dergleichen Noten Papier	5	8		
ord. Post — —	2	8	2	⅔
Bären und linirtes Correspondenz	2	16	2	15
ord. mit dem Schiff und wild. Mann	2	4	2	
Adler	2	—	1	12⅔
Noten-Pap. von Schreib Zeug	3	12		
ganz fein blau Papier	4			
ord. dergleichen —	1	12	1	6
Conzept — —	1	8	1	3⅓
Tectur Papier			3	
grau Regal —			3	4
doppelt Schrénz —			1	
ord. dergleichen —				9
Die Druckpapiere kommen, was Median ist, meistens an Berliner Buchhändler für 20 Gulden 4 Gr. und werden davon wöchentlich 10 bis 10½ Ballen fertig.	21	12		
Das vom ord. Format von Mittel-Weiße kommt zum Gesangbuch und wird in Hof bezahlt mit — es werden wöchentlich 13 bis 13½ Ballen fertig.	9	12		
Das übrige Ordinaire kommt zur Bayreuther politischen Zeitung und wird in Hof an Ort und Stelle bezahlt mit — davon werden wöchentlich 13 bis 13½ Ballen verfertiget.	8			

Von der Papiermühle bey Hof.

Es ist diese Papiermühle sicher eine der besten in Deutschland, nur wäre zu wünschen, daß sie nicht durch lästige Lieferungen gedrückt würde, sondern die Freiheit des Absatzes, wie alle andere Fabriken und Manufacturen, erhielte. Aller Zwang, alle Einschränkung nehmen den Muth und hemmen die Industrie; denn wer wird sich wohl mit jeder Verbesserung, Verfeinerung und Vervollkommnung eine neue Last aufbinden wollen?

Außer dieser hier beschriebenen Papiermühle zu Hof sind in dem Fürstenthum Bayreuth noch drey, nämlich eine zu Selb, ohnweit Wunsiedel, eine auf dem Dünkelhammer bey Wunsiedel, und eine zu Erlangen, am Rednizflusse. Diese 4 Papiermühlen verfertigen Papier von allerley Sorten. Damit wird nicht nur die Kanzley zu Bayreuth, sondern auch alle Schreib- und Amthierstuben versehen, überdieß auch einiger Verschluß außer Land, besonders ins Bambergische, Nürnbergische, ingleichen nach Leipzig und Hamburg, bis Lübeck gemacht.

Anzahl der Stühle in der Landeshauptmannschaft Hof im Vogtländischen, i. J. 1787.

Ort.	Tuchm.	Zeugm.	Strumpfwürker	Baumw.	Weber Leinen	Weber Baumw.
Stadt Hof	41	15	25	—	26	115
Land	—	—	—	—	93	130
Landzunft	—	—	—	—	48	99
Rhau	—	—	—	—	11	17
Naila	—	3	—	—	68	58
Selbiz	—	3	—	—	15	16
Schwarzenbach am Wild	2	4	7	—	18	39
Münchberg	—	10	3	—	28	50
Landzunft	—	—	—	—	36	30
Thornberg	—	1	—	—	12	50
Sparneck	—	—	—	—	10	21
Landzunft	—	—	—	—	22	50
Zell	—	—	—	—	8	11
Lichtenberg	3	6	1	—	35	55
Lauenstein	—	1	—	—	34	21
Summa	46	43	36	11	464	724

Summa aller Stühle 1324

Die Anzahl der Baumwollen-Strumpfwürker und Weberstühle hat sich in dem Jahre 1786 noch vermehret, hingegen wird die Leinenweberey immer mehr abnehmen, zumalen da die Vermehrung der Zünfte — die Gottlob in diesem kleinen District bis auf 14 hinan gestiegen ist — alles beyträgt, um die Ausbreitung dieses vortreflichen Nahrungszweiges zu verhindern. Aus dieser elenden Vermehrung der Zünfte, entstehet die Vermehrung der Handwerks-Zusammenkünfte und Jahrestäge — daraus neue Misbräuche — daher Saufen, Streitigkeiten, Schlägereien, die alle — Geld eintragen, und vielleicht nur des wegen geduldet werden.

152 Bevölkerung d. Landeshauptmannsch. Hof.

Bevölkerungsstand der Städte, Märkte und Dörfer in der Landeshauptmannschaft Hof im Vogtländischen, im Jahre 1783, (mit Ausschluß der Ritterschaft und der Hintersassen.)

Oerter:	Anzahl d. Haupt-Häus.	Anz. d. Nbhäus.	Personen: männl.	Personen: weibl.	Summa	weibl. mehr als männl.	Einwohner auf 1 Haus.
Stadt u. Altenst. Hof	602	1012	2317	2414	4731	97	beynah 8
Stadt Münchenberg	236	322	720	788	1508	68	6 bis 7
Markt Rehau	184	227	541	610	1151	69	über 6
Markt Naila	175	233	534	614	1148	80	über 6
Markt Selbiz	151	160	396	414	810	18	bis 6
Stadt Lichtenberg	104	153	353	371	724	18	bis 6
M. Ludwigstadt	107	142	288	323	611	35	fast 6
M. Schwarzenbach	105	138	276	332	608	56	fast 6
M. Sparneck	100	119	286	276	562	10 männl. mehr.	bis 6
M. Zell	88	122	250	277	527	27	6
Summa	1852	2628	5961	6419	12380	468	6 bis 7 im Durchschnitt

Wenn

Wenn man die ritterschaftlichen Hintersassen nicht gar auf 5000 Seelen anschlägt — dieses ist eher zu wenig als zu viel — die Landeshauptmannschaft Hof mit den dahin gehörigen Aemtern auf 13 Quadratmeilen berechnet, und dabey die runde Zahl von 32000 Einwohnern annimmt, so kommen gegen 2500 Menschen auf eine Quadratmeile; eine erstaunliche Menge in einem von Waldungen, rauhen Gebürgen, schroffen Felsen durchschnittenen, nicht sonderlich fruchtbaren und von allen schiffreichen Flüssen entferntem Lande.

In den Städten und Märkten sind unter 12380 Einwohnern 468 Weiber mehr als Männer, so daß gegen 12 Mannspersonen, 13 Frauen kommen. Auf dem Lande aber übersteigt bey 14849 Seelen die Anzahl der Weiber die der Männer um 107, sind also gegen 74 Männer, 75 Weiber; in der ganzen Landeshauptmannschaft aber nur 575 Weiber mehr als Männer. Rechnet man nun Knechte die auswärts dienen, reisende Handwerkspursche, Soldaten dazu, so werden sich das männliche und weibliche Geschlecht ziemlich die Waage halten.

Nach einer vor uns habenden Liste sind in dem Hofer Kirchspiel vom Jahre 1720 bis 1785 gebohren 6327 Knaben und 6414 Mädchen, folglich in 66 Jahren nur 87 Mädchen mehr, als Knaben.

In dem Markte Sparneck allein übersteigt die Anzahl der Männer die der Weiber um 10 Personen; in allen andern Orten sind mehr Weiber als Männer.

Der Hr. Landeshauptmann von Weitershausen ist bey dieser Bevölkerungsliste von der gemeinen Eintheilung abgegangen; er hat solche in Privat= Gewerbs= Bauern= und Taglöhner= Familien eingetheilet. Unter Privatfamilien verstehet er alles, was mechanisch müßig ist, als besoldete, weltliche und geistliche Diener, Leute, die von ihren Eltern leben, Gelehrte, Advokaten ꝛc. Es waren 197 Familien, und machten etwas über $\frac{1}{27}$ der Bevölkerung aus.

Gewerbs=Familien nennt er alles, was Kaufmannschaft, mechanische Künste und Handwerke treibt; es waren 2689 Familien und ohngefähr $\frac{1}{27}$ der ganzen Bevölkerung; doch sind auch viele darunter, die den Ackerbau treiben.

Bauer= oder Ackerleute=Familien waren 1679, die ohngefähr $\frac{1}{27}$ der Bevölkerung ausmachten.

Die Taglöhner machten eine Anzahl von 4633 und etwas über $\frac{1}{27}$ der Bevölkerung aus; man konnte sie nicht unter Familien bringen, weil der größte Theil aus einzelnen Männern, Wittwen und Mädchen bestehet. Er hat Handlungen, Spinner und Spinnerinnen, Näherinnen und überhaupt Leute dahin gerechnet, die keine bestimmte Handthierungen treiben.

Revolution in Frankreich.
Rückſicht auf die Urſachen.

Wenn man dieſe außerordentliche Begebenheit politiſch betrachtet, ſo kann man ſie blos der Unfähigkeit derer zuſchreiben, welche in dem Kabinet von Verſailles die Geſchäfte geführt haben, ſeit Ludwig XVI. den Thron beſtiegen.

Zuerſt bekam Hr. von Maurepas den lächerlichen Gedanken, aus ſeinem Herrn einen Patrioten in allem Ernſte zu machen, und rieth ihm, die Parlamenter zurück zu rufen. Nach der Vernichtung der unruhigen Barone, welche Ludwig XI. begann, und Ludwig XIII. vollbrachte, waren die Parlamenter der einzige noch übrige Dorn der königl. Autorität, bis zuletzt dieſes gefährliche Hinderniß durch die Unverzagtheit des Kanzler Maupou unter dem verſtorbenen Könige aus dem Wege geräumt wurde. *)

Der

*) Die Parlamenter wurden wegen beſtändiger Widerſetzlichkeit, die neuen Auflag- und Anleihen-Edicte zu regiſtriren, auf

Der Despotismus des französischen Monarchen hatte nun den höchsten Gipfel der Sicherheit erreicht und Voltaire sagte bey dieser Gelegenheit witzig, der Cardinal Heinrich habe einen Herzog von Lothringen — der Herzog von Choiseul einen König von Corsica und der Kanzler einen König von Frankreich gemacht.

Die Wiedereinsetzung der Parlamenter hob natürlich ihre Wichtigkeit im Staate, und gab ihnen den Muth die Maaßregeln der Krone freyer als vor ihrer Verweisung zu meistern. Und dieß kann man den ersten tödtlichen Stoß nennen, den die Macht des jetzigen Königs durch den Unverstand seiner Minister bekommen hat. Das zweite Versehen, welches den Weg zu dem traurigen Ruin des Monarchen bahnte, war die Verminderung und Vernachläsigung der Armee. Weder der König noch seine Brüder dachten je daran, sich an die Spitze der Truppen zu stellen, noch ihnen irgend ein

---

auf den Antrag des Kanzlers Maupou nicht nur verwiesen, sondern gänzlich cassirt, den Mitgliedern wurden die Summen, womit sie ihre Stellen erkauft, bezahlt, und Räthe mit Besoldungen gesetzt, deren Ernennung hinführo von der Willkühr des Königs abhangen sollte. Die Parlamenter blieben 4 Jahre in der Verweisung, und wurden bald nach der Throngelangung Ludwig XVI. auf den Rath des gutgesinnten Maurepas wieder eingesetzt, der Kanzler Maupou aber dagegen relegirt, und da die Kanzlerstelle in Frankreich inammobile ist, und folglich man dem Hrn. von Maupou solche nicht nehmen kann, so hat Frankreich, so lange er lebt, nur einen Siegelbewahrer.

ein auszeichnendes Merkmal von Zuneigung zu geben. Willkührliche Monarchen müssen die Armee als ihre Favorit=Maitresse ansehen, und alles anwenden, um einen militairischen Geist in der Nation zu erhalten.

Unter der jetzigen Regierung hat das Kabinet von Frankreich diese wesentliche Politik außer Acht gelassen, und die stehende Armee beläuft sich kaum auf 160000 Mann, welches in Betracht des ausgebreiteten französischen Gebiets, nicht die Hälfte der erforderlichen Anzahl ist. Die militairische Disciplin unter den französischen Truppen ist auch höchst mangelhaft. Das neidische Auge, womit die Franzosen stets Großbritaniens Größe und Wohlstand ansahen, verleitete ihre Minister sich einzubilden, daß durch zu Standebringung einer furchtbaren Seemacht Frankreich bald im Stande seyn würde, diese Nation zu demüthigen und die englischen Handlungsquellen zu erobern.

Dieses alberne Schema, das mit der Lage Frankreichs und den Grundsätzen seiner Regierung nicht besteht, hat ihre Finanzen bettelarm gemacht, und ist eine von den hauptsächlichsten Ursachen ihrer jetzigen Verwirrung. Durch alle ihre Anstrengung zur See ist es den Franzosen blos gelungen, Englands Schulden nachzuahmen, aber englischen Credit konnten sie nie erlangen.

Allgemein nimmt man an, daß Frankreich mannichfaltige Quellen von Reichthum in sich selbst habe; es verdient aber bemerkt zu werden, daß dessen politische Umstände seit kurzem eine wesentliche Veränderung erlitten haben. Seit der Theilung von Pohlen haben die Franzosen ihren Handlungseinfluß im Balthischen Meere verlohren. Genua und Amsterdam, welche ihre Häfen dem französischen Monarchen, wenn er es verlangte, öffneten, haben seines Schutzes nicht mehr bedürfend, ihren Beystand entzogen.

Und die französischen Manufacturen werden jetzt mit Erfolg fast in jedem Theile von Europa nachgemacht, und einige sind durch andere Nationen ansehnlich verbessert worden. Statt die Abnahme in der franz. Schatzkammer in der wahren Quelle zu suchen, hatten die Franzosen die Thorheit, solche einen Mangel an Oekonomie in der königl. Familie beyzumessen. Dieses Volksvorurtheil ist die Ursache, daß die Königin, welches vielleicht die liebenswürdigste und beste Prinzessin ist, so jemals in Frankreich regiert hat, mit unverdienten Nachreden beschmitzt worden.

Die Ungereimtheit gieng so weit, sich einzubilden, daß Ihro Majestät eine große Menge Millionen Ihrem Bruder dem Kaiser schicke. Die angebliche königl. Verschwendung ward ein Gegenstand des allgemeinen Tadels und das Ministerium selbst war so verrätherisch oder stupid, die rebellischen Schmähungen zu fördern, so daß der Kriegsminister,

ſter, Hr. von St. Germain, die Aufhebung der
königl. Haustruppen vorſchlug und dadurch die
Krone ihrer weſentlichen Stütze beraubte.

Unter den mannichfaltigen Miniſterialſchnitzern,
die den Verfall der franzöſiſchen Monarchie beför=
derten, dürfen wir nicht des Königs Verwendung
zum Beſten der holländiſchen Patrioten und den Bey=
ſtand, den er den Amerikanern leiſtete, vergeſſen.
Dr. Franklins lange Reſidirung an dem Hofe zu
Verſailles ward dem großen Monarchen ſchädlich,
und zuletzt kam Hr. Necker, ihm den letzten Stoß
zu geben, durch Zuſammenberufung der General=
Verſammlung der Stände.

Es muß ein Gegenſtand des Erſtaunens und
des Nachdenkens für alle Souverains ſeyn, das
mächtige Gebäude des Despotismus, welches
mit unglaublicher Kunſt und beſonderm Fleiß durch
die vollkommenſten Miniſter, in dem Zeitraume von
zwey Jahrhunderten aufgeführt worden, faſt in ei=
nem Augenblick niedergeriſſen und der Erde gleich
gemacht zu ſehen. Die Franzoſen haben ſicher eine
goldene Gelegenheit in ihren Händen, ſich frey zu
machen; aber es iſt große Urſache zu befürchten,
daß die allgemeine Unbeſtändigkeit der Nation und
die grauſame Stimmung und ſträfliche Ausge=
laſſenheit des Pöbels, ihre Freyheit im Keime
zerknicken werde.

Ueber das mineralische Waſſer zu Steben, im Fürſtenthum Bayreuth.

Dieſes faſt ganz vergeſſene, und doch ſehr wirkſame Stebener Mineralwaſſer verdiente allerdings wieder in Ruf und Anſehen zu kommen. Das Dorf Unterſteben liegt in der Landeshauptmannſchaft Hof, im Amte Lichtenberg, von dieſem eine kleine Stunde, 4 Stunden von Hof, und 3 Stunden von den Gräflich-Reußiſchen Reſidenzen Lobenſtein und Ebersdorf; im letztern Orte befindet ſich eine Herrnhuter Gemeine, deren Anſtalten ſehenswürdig ſind. Der Weg dahin iſt ſchlecht, aber leicht zu verbeſſern, und der Brunnen ohngefähr 300 Schritte vom Dorfe entfernt. Der mit Stein ausgefaßte und bedeckte Brunnen ſtrudelt aus einem hellgrünen kalkartigen Felſen, welcher mit einer lettigen Erde bedeckt iſt. Die Tiefe beträgt $3\frac{1}{2}$ Schuh, und die obere Oeffnung bis zum Grunde 3 Quadratſchuh. Das Waſſer iſt ein Säuerling. Es hat viel aufgelößtes Eiſen, Salz, Schwefel und Mineralgeiſt.

Im Jahre 1787 wurde dieser Sauerbrunnen, auf Verlangen des Hrn. geh. Raths von Weitershausen in Hof, vom Herrn D. Doppelmayer sorgfältiger untersucht, nebst Vergleichung des nahe liegenden Langenauer Brunnens. Nach dessen Versuchen enthält das Stebener Wasser ein natürliches Glauber- und daher erzeugtes Bittersalz, welches sich durch den Geschmack hinlänglich verräth, Vitriolsäure, Eisen- und Schwefeltheile, und viele elastische Luft, und dürfte seiner Meinung nach, als kaltes Bad, in Gicht und Podagra, innerlich in Krankheiten von zähen Säften, in Verstopfungen der Gefäße, vorzüglich gegen den Stein und die Bleichsucht, zur Stärkung ꝛc. nüzlich seyn. Das Langenauer ist mehr alkalisch, vielleicht Schwindsüchtigen, wegen der vielen fixen Luft, zuträglich.

Dieses Dorf Untersteben liegt in einer anmuthigen, im Vogtlande seltenen Ebene; es bestehet aus 78 Häusern, mit Einschluß der Kirche, Pfarr- und Schulhäuser, und hat gegen 440 Einwohner. Allein es hat das Unangenehme, daß außer etlichen einzelnen Bäumen, in einem Umkreis von einigen 100 Schritten, kein Gebüsch ist, das einigen Schatten gewähret, keine Hecke, keine Laube, keine Allee, kein Saal, der vor Sonne und Regen schützet. Das erste was bey Anlegung eines Gesundbades in Betracht kommen sollte, ist unstreitig, die Untersuchung der Eigenschaft des Wassers; ist dieses heilsam und wohlthätig befunden worden, so kommt es auf den Platz

Platz an, wo man das Waſſer am näheſten und bequemſten haben kann. Vereiniget ſich beides an einem bewohnten Orte, ſo iſt nichts leichter, als durch einige wenige koſtbare Gebäude einem Bade aufzuhelfen; das übrige werden die Einwohner und muß die Polizey thun. Wäre ein nur etwas geräumiger Saal vorhanden, und einige Alleen angelegt, ſo wäre für jetzt nichts mehr zu verlangen.

Die vortrefliche Wirkung und Güte des Stebner Bades iſt außer allem Zweifel geſetzt, da ſo viele Perſonen, die ſich deſſen bedient haben, Trotz allen ſchlechten Anſtalten und Unbequemlichkeiten, den Gebrauch deſſelben fortſetzen. — Die Gegend iſt angenehm, und die Einwohner ſind eine zwar träge und faule, aber gutmüthige Art Menſchen. Der Geiſtliche iſt ein guter Prediger und guter Geſellſchafter, der mit einem aufgeklärten Geiſte, einen exemplariſchen Lebenswandel verbindet. Die Quartiere ſind, wo nicht ganz bequem, doch nothdürftig gut mit Betten und Hausrath verſehen. Das Wirthshaus zum weiſſen Lamm iſt ſehr geräumig und man iſt gut bedienet, doch könnte es nach Verhältniß ſeiner Größe viel beſſer gebauet ſeyn.

Wenn die Anzahl der Badgäſte nur einigermaßen zunimmt, ſo iſt die Zufuhr an Obſt und Gemüße aus dem Bambergiſchen beträchtlich. Andern Zeitvertreib und Luſtbarkeiten, Bälle, Komödien, Spiele

Spiele, Musik u. d. gl. wird man schwerlich hier suchen, da kein Platz dazu da ist; gewiß aber auch weder Zwang noch Adels Hochmuth, noch Canzley-Steifheit finden. Diese die Gesellschaft störende, den Adel herabwürdigende, den Staats- und Geschäftsmann lächerlich machende Albernheiten, müssen hier gelten — was sie werth sind.

Nachricht von den Schiffarthen der Russen im Eismeere.

Die Russen haben in diesem Jahrhunderte die Umschiffung der Küsten und Vorgebirge am Eismeer, zu unterschiedenen malen versuchet, und sind darin nicht unglücklich gewesen. Murawiew gieng 1735 von Archanchel durch die Meerenge Waigatz und, so wie nach ihm, Malgin und Skunatorow aus dem Carischen Meerbusen und Meer aus, und kamen um das Vorgebirge Jalmal, auch 1738 bis in den Obischen Meerbusen, und langte 1738, nach Umsegelung des Vorgebirges Matzol, in der Mündung des Jenisei-Stroms an. Minin begab sich aus dieser Mündung bis in den Fluß Pjazida, und kam bis zum 73sten Grad nördlicher Breite. Diese Versuche wurden also von Westen gen Osten angestellt. Prontschischtschew schiffte 1735 aus der Mündung des Lena-Stroms gen Westen bis Olonek; im folgenden Jahre kam er bey der Mündung des Flusses Anabara vorbey, und gelangte bis Chatango und in den Meerbusen Taimur, hier aber hinderte ihn das Eis, bis zu dem vorher genannten Fluß

Pjazida

Pjasida zu kommen, er setzte aber seinen Lauf bis auf den 77sten Grad nördlicher Breite fort. Lassenius kam 1739 aus der Mündung des Lena Stroms gen Osten nach dem Fluß Charaulach; Laptew aber 1739 auch aus der Lena gen Osten viel weiter, nämlich um das heilige Vorgebirge in die Mündungen der Flüsse Indigirka und Kolyma, und von hier gieng er zu Lande bis an den Fluß Anadyr, ja bis an die Mündung desselben, die er zum Nord-Ost-Meere hat. Nicetas ist aus der Kolyma gen Osten bis an das Schalatskische Vorgebirge gekommen, bey welchem er aber zurückkehrte, und in den Meerbusen Tschaunskaja einlief.

Alles dieses giebt die noua tabula imperii russici. St. Petersb. 1787, an. Nun kommt es noch darauf an, daß man auch, um das weit in das Eismeer sich hineinstreckende Schalatskische Vorgebirge, und alsdenn in die Cooksche Meerenge zwischen Asia und Amerika, schiffe. Dieses aufs neue zu versuchen, fertigte die Kaiserin Catharina die zweite vor ein paar Jahren den Seehauptmann Billings mit seinem Gefolge ab. Er fand die Fahrzeuge, die aus der Mündung der Lena nach Osten zu schiffen sollten, nicht fertig, gab daher diesen neuen Versuch auf, und lief im Julius 1787 aus der Mündung der Kolyma aus. Nach dieser aus der Lena zu kommen, (welche Fahrt, wie oben stehet, glücklich versuchet worden,) würde ein ganzes Jahr nöthig gewesen seyn, welche Zeit nun ersparet worden.

Man

Man ist nun mit Recht begierig zu erfahren, ob es dem Seehauptmann Billings gelungen sey, um das Schalatskische Vorgebirge, und bis in die Cookssche Meerenge zu kommen. Es ist bekannt, daß Cook diese Fahrt von Osten gen Westen nicht hat thun können, weil das Meer zugefroren, und also undurchdringlich war.

Büsching.

Von dem Queckſilberbergwerk zu Idria.

Idria iſt eine kleine Stadt im öſterreichiſchen Friaul, zwiſchen Crain und Görz; ſie liegt in einem tiefen Thal, 5 Stunden von Laybach. Nahe dabey iſt das wichtige Queckſilberbergwerk, welches 1497 entdeckt wurde, und eine der ergiebigſten Revenüen des Erzhauſes Oeſterreich iſt. Die Berge bey Idria ſind kalkartig, die Gangart aber iſt ein ſchwarzer in der Grube öfters weicher Thonſchiefer, welcher mit etwas brennbarem Weſen oder mineraliſchen Harze durchdrungen iſt; Er brennet daher bisweilen mit ziemlicher Flamme im Feuer. Dieſer Gang iſt nach ſeiner ganzen Mächtigkeit entweder mehr oder weniger mit eingeſprengtem Queckſilber und Zinnober durchdrungen. Das Queckſilber iſt theils mit Schwefel vererzet, theils hat es ſich rein und frei eingelegt. Die Steinarten und Erze daſelbſt ſind: Kalkſtein, grau oder ſchwarz; kalkichte Tropfſteine; gefärbte Letten oder Thonerben; grauer Thonſchiefer; ſchwarzer weicher Thonſchiefer; harter ſchwarzer Schiefer; bituminöſer, ſteinkohlenartiger Schiefer; Kalkſpathdruſen; Gipsdruſen; Schwefelkies; grüner Eiſenvitriol; Haarvitriol;

Bergleder; Jungfernquecksilber; rothes Erz; Lebererz; Branderz; Korallenerz, welches in kleinen runden erbsenförmigen Stückchen bestehet; Schürlerz und Zinnober, worunter man zu Idria die reine hochrothe Vererzung des Quecksilbers mit Schwefel, ohne eingemischte Erdart, verstehet.

In dem daselbst befindlichen schwarzen Thonschiefer, und nicht in dem Kalkstein, brechen die reichen Quecksilbererze, in den zur Gewinnung derselben eingetriebenen Gruben. Die Mächtigkeit des Ganges erfordert diejenige Art des Baues, welche man Queerbau nennt, wovon man auch in Niederungarn Gebrauch macht, und wovon der verstorbene k. k. würkliche Hofkommissionsrath Delius in seiner Bergbaukunst Nachricht gegeben hat. Die Gewinnung geschieht, nach Beschaffenheit des Gesteins oder der Gangart, durch Schießen, Keilhauen, mit Brechstangen, oder mit Schlegel und Eisen. Die ganze Arbeit, das Quecksilber zu erhalten, ist eben die, welche in Almaden, einem Dorfe in der Provinz Andalusien in Spanien, getrieben wird, und sie kommt, bis auf einige neuere Verbesserungen, völlig mit der Beschreibung des Hrn. Jussieu überein. Das Brennen ist nichts anderes, als eine Destillation oder Sublimation, wobey man den Rauch allerley Umwege nehmen läßt, um ihm Zeit zu geben, sich abzukühlen.

Von den reifern Erzen giebt der Centner 40 bis 70, auch zuweilen 80 Pfd Queckſilber. Die Menge des Queckſilbers, welches theils gediegen oder als Jungfernqueckſilber, theils durchs Brennen aus den Erzen gewonnen wird, kann jetzt jährlich auf 300,000 Pfd. gerechnet werden; und man könnte jährlich auf 500,000 Pfd. gewinnen, wenn man nicht für rathſam hielte, den großen Ueberfluß zu hindern, damit der Preis nicht zu wohlfeil werde, oder vielleicht auch, wenn man die Brennart verbeſſern wollte. Im Jahre 1770 hat man in der breitenbergiſchen Grubenſtrecke, auf einem Platz, 103 Pfd. Junfernqueckſilber gewonnen.

Die ganze Mannſchaft zu Jdria, welche 504 Mann beträgt, iſt in 3 große und 12 kleine Kompagnien vertheilt, und dieſe wechſeln in der Arbeit unter und über der Erde alle 4 Monate ab. Sie bekommen für die Arbeit, welche ſie über der Erde verrichten, weiter nichts, als die ſogenannte Zulage, welche in 1½ Kreuzer von jedem Pfunde Queckſilber beſtehet.

Der Thonſchiefer iſt alſo dasjenige Geſtein, worin ſich das Queckſilber, entweder mit Schwefel vererzt, oder rein und frei eingelegt hat. An Oertern, wo das Jungfernqueckſilber bricht, iſt es für die Arbeiter ſehr ungeſund, ſo, daß ſie nur einige Tage, wegen des Speichelfluſſes und Zitterns, wovon ſie überfallen werden, aushalten können. Wenn ſich in den Kalkſteintheilen, die zuweilen in

dem

dem Schiefergange, wo er am mächtigsten ist, einschieben, Klüfte finden; so sintert der von andern Orten abgewaschene Zinnober zusammen und bildet Zinnobercristalle, z. B. blätterige und würflichte, Cinnabaris tessularis. Das Brennen des Quecksilbers ist nichts anders, als eine gewöhnliche Destillation, bey welcher 7 — 9 Procent Quecksilber verlohren gehen, welcher Verlust durch Verbesserung der Arbeit und der Einrichtung des Ofens verhütet werden könnte. Das Brennen verlangt viele Hände, weil alle Oefnungen verschmiert, und alle zersprungene Alubeln gleich mit neuen verwechselt werden müssen. Der Ofen steht drey bis vier Tage im Feuer, und wenn er ausgegangen ist, braucht er fünf bis sechs Tage zum Abkühlen. Man hat in der That keine hinreichende Ursache, diese Arbeit als ein Geheimniß zu verhelen, da sie gar zu einfach, gar zu ungekünstelt, und viel zu wenig unerwartetes hat.

Die Bergwerksausgaben zu Jdria sind gewöhnliche und zufällige; jene haben im Jahre 1768 betragen 89220 Fl. 5¼ Kr., diese 10407 Fl. 4¼ Kr. Im Jahre 1769 haben die ersten 89645 Fl. 34 Kr. und die lezten 13562 Fl. 18 Kr. ausgemacht. Im erst genannten Jahre soll die Menge des Quecksilbers 330000 Pfd. betragen haben. Die kaiserl. königl. Kupfer- Quecksilber- und Bergwerks-Administrations-Hauptkasse zu Wien, verlegt das Jdriaische Bergwerk mit Geld, daher auch der

Ver-

Verkauf des Quecksilbers für derselben Rechnung geschiehet. Der größte Theil ist an Verbrugge und Goll zu Amsterdam und derselben Mitinteressenten verpachtet, und wird ihnen über Trieste nach Holland zugeschickt. Es wird in Beutel von weißgaren Hammelfellen gethan, wovon jeder 150 Pfund hält. Diese Beutel werden wieder mit einem Leder umwickelt, und in Fässer gepackt. Jährlich braucht man dergleichen Hammel- und Ziegenfelle, die wie sämisch Leder mit Alaun bereitet sind, 2 bis 3000, welche alle von den Berg- und Landleuten in der ganzen Gegend umher bereitet werden. Man bereitet aus dem Idriaischen Quecksilber in Holland und in andern Ländern Zinnober, den fressenden Sublimat und andere Dinge, und führet dieselben wieder in die österreichischen Länder zurück. Billig muß man sich darüber wundern, daß man nicht schon längst diese Sachen zu Idria selbst bereitete, da man die geheimen Kunstgriffe, vermittelst deren die Holländer diese Sachen im Großen bereiten, leicht hätte erfahren können, so geheim sie auch gehalten werden.

Erst seit kurzem ist in der k. k. Bergstadt Idria eine Zinnoberfabrik errichtet worden, und nunmehr in so vollkommenem Zustande, daß sie in hinlänglicher Quantität, den Zinnober so wohl in Stücken, als auch gemahlen von der schönsten Qualität liefert. Es ist dieses Product sowohl im Fabrikorte zu Idria, als auch in der Hauptniederlage der k. k.

Berg=

Bergwerksverschleißdirection in Wien, und bey der Bergwerksfactorei in Trieste zu haben. Hundert Pfund Wiener Gewicht (oder 90½ Pfund nach dem nürnbergischen Centner) kosten zu Idria 175 Gulden, nämlich Zinnober in Stücken. Zinnober oder Vermillon aber der Centner 180 Gulden. —

Der berühmte Mineraloge, Hr. Oberbergrath Ferber zu Berlin hat eine, besonders dem Bergmanne und Physiker sehr schätzbare Beschreibung des Quecksilberbergwerks zu Idria 1774 herausgegeben.

Im Januar 1780 wurde vom Hofe aufs neue verordnet, die Erzeugung des Quecksilbers auf 2500 Centner zu erhöhen, weil man sonst nicht so viel herausgebracht hätte, um durch die Menge desselben im Handel den Preis nicht fallen zu machen. Aus dieser Ursache bleiben auch die Quecksilbergruben in andern österreichischen Ländern, deren es viele giebt, so lange der Reichthum dieses Werks anhält, verschlossen. Das Bergwerk selbst hat in Ansehung der Ordnung, Schönheit und Sicherheit der Gruben seines gleichen nicht. Der reine Vortheil des ganzen Bergwerks beträgt ohngefähr 100,000 Fl. für den kaiserlichen Hof. Das gediegene Quecksilber wird doch jetzt nicht mehr so häufig, wie ehemals, gefunden. Die Volksmenge dieses kleinen Thales beläuft sich auf 4000, und die Zahl der Bergleute auf 500 Personen. Im Jahre 1510 haben die

Vene=

Venetianer diesen Ort weggenommen, der ihnen aber bald wieder entrissen, und hierauf das dasige Schloß mit 4 Thürmen zur Vertheidigung erbauet worden, in welchem jetzt die Vorsteher wohnen. Im Jahre 1575 übernahm Erzherzog Karl das Bergwerk von der Gewerkschaft; unter Kaiser Maximilian I. fieng man an, es ordentlich zu bauen. Vorher gehörte der Grund und Boden größtentheils zu der Grafschaft (Herrschaft) Tolmein, (Tolmino); damals aber soll der Erzherzog denselben an sich gebracht haben; doch hat gedachte Grafschaft (oder vielmehr Hauptmannschaft, welche die Grafen Laromini besitzen,) noch jetzt das jus gladii im ganzen idrialschen Districte.

Statistische Fragmente von dem Herzogthum Sachsen-Weimar. *)

Das Herzogthum Sachsen-Weimar, mit Inbegriff der Jenaischen Landesportion, welche demselben seit 1734 inkorporirt ist, und desjenigen Antheils von Henneberg, welcher das Amt Ilmenau ausmacht, zählt 2 Hauptstädte, 15 Landstädte und 200 Dörfer. — Die Saale und die Ilm sind die Flüsse, welche, ersterer das Amt Jena und Dornburg und letzterer die Aemter Ilmenau, Berka, Weimar, Cronsdorf und Roßla durchfließen, da sie aber nicht schiffbar sind, zu nichts als zum Herbenschaffen der Holzbedürfnisse durch Flößen und zur Wässerung der Wiesen dienen. Da das Land etwas hoch liegt, und — das Amt Allstädt allein ausgenommen — keine sumpfige und moorigte Gegenden hat; so ist es sehr gesund, und selten sind die Einwohner epidemischen Krankheiten unterworfen. Es ist daher auch die Sterblichkeit nicht groß. In gewöhnlichen Jahren rechnet man, daß der funfzigste

---

*) Von der Größe und Volksmenge der Herzogthümer Sachsen-Weimar und Eisenach, s. Journal v. u. f. Deutschland vom J. 1788. St. 2. S. 149.

zigste Mensch stirbet. Der Ackerbau ist der wichtigste Gegenstand der Industrie, hingegen ist die Viehzucht wegen Mangel der Wiesen nur mittelmäßig. Die Schaafzucht ist hier, wegen der schönen Bergtriften gut, und man findet beynahe auf jedem Gut eine ansehnliche Schäferei. Aber eben dieses ist die Ursache, daß der künstliche Futterbau wegen der dadurch eingeschränkt werdenden Triften noch nicht gar weit gediehen ist.

Fabriken und Manufakturen sind nur wenige. Zu Ilmenau ist eine Porcellanfabrik *) angelegt worden, welche wohlfeiles, noch nicht ganz vollkommen schönes, aber doch in Verhältniß der Preise ganz gutes Porcellan liefert, und von der fürstlichen Kammer zu Weimar an den Hof-Commissarius Grimer und dessen Sohn verpachtet ist.

Die verfallene Silber- und Kupferbergwerke, **) werden seit 1784 von einer Gewerkschaft wiederum betrieben. Es hat dieselbe 20000 Rthlr. zusammengeschossen, welche in 1000 Kuxe jeder zu 4 Louisd'or vertheilet sind. Diese Bergwerke beschäftigen an sich schon eine Menge Menschen. Noch mehrere werden durch angelegte Eisenhämmer, auf welchen gegen 2700 Centner aller Sorten Eisen verfertiget werden, durch Rasch- Flanell- und Tuchfa-

---

*) S. Gothaische Handl. Zeit. vom J. 1787. S. 300.
**) S. Hrn. Prof. Fabri's neues Geogr. Mag. B. I. St. 2. S. 7. und das weimarische Mag. S. 562 f.

fabriken, und durch Pechsiedereien, Kienruß- und Glashütten beschäftiget. Wolle, das Hauptprodukt des Landes, wird fast im ganzen Lande — vorzüglich aber zu Apolda — *) verarbeitet, und macht wirklich den einzigen Handlungszweig der hiesigen Lande aus. Eine Spritzenfabrik, worinnen Schlauchspritzen und Zubringer gefertiget werden, hat der Hofmechanicus Neubert zu Weimar angelegt. Die Doctorin Buchholz, geb. Söllnerin, läßt hänfene Schläuche zu Schlauchspritzen, und Karoline Bertuch künstliche Blumen fabriziren. Auch geht jährlich viel gesponnen leinenGarn aus dem Lande.

Die Branntweinbrennerey wird stark getrieben, desgleichen bringt der Oelhandel im Amte Allstedt, wo der Rübsaamenbau überaus groß ist, vieles ein.

Zu Jena ist von einem gewissen Fabrikanten Roßtümpfel eine Hutfabrik angelegt worden, die nebst der Gerberey der Stadt viel fremdes Geld beyziehet. Hier wird die Branntweinbrennerey am stärksten getrieben, auch mehr Vieh gemästet, weil mehr Fütterung vorhanden ist, welches theils im Orte consumiret, theils nach Berlin verkaufet wird.

Im Amte Bürgel, besonders in der Stadt Bürgel werden viele Töpfe fabrizirt, die, da sie

weit

*) S. Hrn. Rath Preißers Nachrichten von der Strumpfmanufactur zu Apolda in Schlözers Staatsanzeigen H.

weit transportiret werden, viel Geld ins Land bringen.

Zu Allstedt ist eine Stutterei, und zu Buttstädt sind jährlich einige große Pferdemärkte.

Weizen, Roggen, Gerste und Hafer werden am meisten gebauet, und in der Sömmerung hat der Erdäpfelbau sehr zugenommen.

Das Militäretat bestehet aus vier Kompagnien Infanterie, wovon zwei dem Herzog zur Leibgarde, und zwei zur Besatzung der Stadt Jena dienen, und einer Husaren-Kompagnie, welche im Lande patrouilliret.

J. D. A. Höck.

Gräfl. Isenburg-Meerholzischer Regierungs Sekretär und Mitglied der Königl. Großbritanischen und Kurbraunschweig-Lüneburgischen Landwirthschafts Gesellschaft zu Zelle.

Ueber die Stadt **Blankenburg,** und das Kloster **Michaelstein.** *)

Die fürstliche Regierung zu Blankenburg ist 1731 und das Konsistorium 1704 errichtet worden. Die Schloßbibliothek ist vor 40 Jahren unter das Carolinum und die Wolfenbüttelsche Bibliothek vertheilt. Die 1752 zu Blankenburg errichteten Fabriken und viele Hüttenwerke für Queckſilber, Zinnober, Kupfer, Silber und andere Metalle, sind eingegangen. Außer den Marmormühlen und Nutzungen des Marmors, die nebst der Anlegung einer Pot=aſchenſiederen zu Blankenburg 1715 der Subconrector Joh. Otto Linden, ein Tschirnhausischer Schüler, zu Michaelstein, aber schon im 9ten Jahrhunderte der Eremit Volkmar veranlassete, giebt es einige Säge= Oel= Lohe= und Papiermühlen, und zu Neuwerk, Rübeland, Tenne, Altenbrake, Zorge und Wieda einige hohe Oefen, Eisenstein= und Schlackenpuchwerke und Frischhammer; ferner im Walkenriedischen Dorfe Zorge einen Zainhammer, einen Blechhammer und ein Drath=
hütten=

---

*) Ein Beytrag zu Norrmanns Handbuch der Länder= Völker= und Staatenkunde. 1. Bdes 4te Abth. S. 1750.

und das Kloster Michaelstein.

hüttenwerk, und in der Ludwigshütte einen Zainhammer, 2 Frischhammer und eine Gewehrfabrike. Vom Leonh. Chr. Sturm, der als Landbaumeister am 6. Jun. 1719 zu Blankenburg sein Leben endigte, ist noch ein alabasternes Epitaphium vorhanden.

Die Beschaffenheit des Wassers leidet keine Branteweinbrennereyen in der Stadt Blankenburg. Unter den Künstlern und Handwerkern in dieser Stadt, von welchen 148 Meister vorhanden sind, finden sich 2 Juwelirer, 1 Buchdrucker, 9 Fleischhauer, 12 Becker, 12 Schuster, 12 Schneider, 3 Zimmermeister und 21 Leineweber; unter den 60 Meistern der Stadt Hasselfelde, die in 210 Feuerstellen 1216 Seelen beherberget, 8 Fleischer, 7 Becker, 7 Schneider, 5 Schuster, 7 Leineweber und 4 Zimmermeister. Zu jenen 148 Meistern in Blankenburg kommen noch 26 Bürger, welche Kaufleute, Apotheker und Hoken sind. Das sogenannte Rudolph-Augusteum, oder die große Schule zu Blankenburg, ist 1676 gestiftet. Die Gemeine der Stadt Blankenburg litt 1584 geduldig, daß ihr Magistrat über die Thüre des Rathhauses die Bemerkung einhauen ließ, die noch vorhanden ist. „Die Bauherren haben davon (nämlich von Vergrößerung des Rathhauses) bekommen gar geringen Lohn, denn wer dient jungen Kindern und einer ganzen Gemein, desselben wird sein Dank und Lohn viel zu klein."

Im Flecken Braunlage sind 602 Einwohner, die, nachdem das Silber- Kupfer- und Eisenwerk eingegangen ist, sich vom Ackerbau, einer Blankschmiede und 2 Sägemühlen nähren.

Das 1525 nebst Walkenried eingeäscherte Kloster Michaelstein entstand 1146 aus einer Kirche, zu der sich viele Eremiten oder Volkmarsbrüder hielten, und die vom Kaiser Otto I. im Jahre 950 dem Reichsstifte Quedlinburg geschenkt war. Diese Schenkung und die Natur des vom Stifter oder dem Grafen Bernhard von Blankenburg dem Kloster zugewandten Guts, welches insgesammt Quedlinburgisches Stiftsgut war, verschafte der fürstl. Aebtissin die Lehnshoheit über das Kloster, deren Folge die Erhaltung desselbigen bis auf die jetzige Zeit ist. Im Jahre 1655 wurde der alte Convent geändert, allein die 1544 gestiftete und von selbigem besorgte Schule blieb bis zu dem Jahre 1721. Seine jetzige Gestalt erhielt das Kloster 1717, da es in ein Predigerseminarium verwandelt ward. Seit dem berühmten Mosheim ist stets ein Professor der Universität Helmstädt, Abt. Dieser wird zu Quedlinburg bestätigt und beliehen, und verspricht die Abteyrechte und Güter sorgfältig zu bewahren und nicht erblich zu machen, erhält dann eine Dispensation wegen seiner Verehelichung, hat aber die Aufsicht und Leitung der Seminaristen. Den Haushalt und die Rechte besorgt seit 1735 die herzogliche Klosterrathsstube durch einen Beamten. Seit 1720 hat das Klo-

Kloster wieder eine Kirche und Bibliothek. Der Prior ist zugleich Klosterprediger, und hält den 5 Kollegiaten, die der Abt ernennt, monatlich zwey Vorlesungen. Der Subprior und öfters auch die Kollegiaten, haben Bedienungen außerhalb des Klosters; und der älteste der Kollegiaten ist ordinirt und heißt Senior. Die Kollegiaten halten täglich eine Betstunde und vier Horas im Kloster, helfen benachbarten Predigern und besorgen die Schloßbetstunden zu Blankenburg. Der Abt und die Conventualen stehen unter der fürstl. blankenburgischen Landesregierung.

Beschreibung der Gold=Cronacher Gold= und Silberbergwerke im Fürstenthum Bayreuth, insbesondere von der sogenannten alten Fürsten=Zeche und dem neuerlich dazu verliehenen vereinten Felde.

Der Fichtelberg, welcher größtentheils in dem Fürstenthum Brandenburg=Culmbach gelegen ist, und sich auf der einen Seite in Böhmen, und auf der andern gegen Thüringen ziehet, ist von Alters her für reichhaltig, an allerley Erzen, gehalten worden. Ohne hier der geringen Metalle, Mineralien und Fossilien zu erwähnen, die noch jetzt im Ueberfluß gewonnen und zu gut gemacht werden, hat derselbe in vorigen Zeiten auch Gold und Silber in großer Quantität geschüttet. Dieses bezeugen nicht etwa bloß jene alten in vielen Händen befindlichen sogenannten Wahlenbücher, mit den Abentheuern, die man von ihren Verfassern erzählt, sondern weit besser und sicherer verschiedene glaubwürdige Schriftsteller, vorhandene Urkunden, und zuverlässige mündliche Ueberlieferungen, ja sogar

noch

noch einige würklich vor Augen liegende Denkmale, alte Halden, Pingen und verbrochene Wasserseigen. Dazu kommt noch das Geschicke des Gebirges selbst, welches keinen Bauverständigen und Mineralogen an dem innern Gehalte zweifeln läßt. Es würde also ganz überflüßig seyn, hievon noch mehr anzuführen, da auch so gar in auswärtigen Provinzen und Staaten unter denjenigen, welche in der Erdbeschreibung von Deutschland nicht ganz fremde sind, schwerlich jemand anzutreffen seyn wird, der nicht wissen sollte, daß der Fichtelberg edle Metalle in sich enthalte.

Das Gebirge oberhalb Gold-Cronach ist der Breite nach eigentlich das Mittelgebirge vom Fichtelberg, indem dieser sein Hauptstreichen nicht sowohl, wie einige vorgeben, aus der Gegend Weydenberg bis Eger, sondern aus der obern Pfalz nach Thüringen hat. Hieben waltet der besondere Umstand ob, daß dieses Gold-Cronacher-Gebirge auf der Abendseite breiter und mit edlen Metallen, auch Kupfererzen sich viel besser beweiset, als auf der Morgenseite, wo das Gebirge weniger sichtbar ist; und es scheinet, als ob das Lagergebirge, gleich auf das hohe Gebirge setze, wiewohl es sich im Grunde nicht also verhält, sondern es lassen sich die schmalen Spuren nur nicht so leicht entdecken. Das Ober- und das Mittelgebirge können jedoch hier, in ihrer Art, immer für vorzüglich geachtet werden.

Aus Mangel hinlänglicher Nachrichten, welche in den Archiven nicht so weit hinaufreichen, kann man nicht eigentlich bestimmen, um welche Zeit der Bergbau in dieser Gegend seinen Anfang genommen habe. Wenn man freilich, nach der gemeinen Meinung, annehmen wollte, daß die Harzbergwerke zuerst durch fränkische Kolonien rege gemacht worden seyen, wie dieses noch heutiges Tages aus den Sitten und aus der Sprache in den dortigen Bergstädten, die so sehr von der übrigen Landesart unterschieden sind, und nebst verschiedenen Benennungen dortiger Berggebäude durchgängig einen fränkischen Ursprung zu verrathen scheinen, nicht ohne Grund zu schließen seyn möchte: so müßte, da diese angeblichen Väter des Harzer Bergwesens nirgend anders, als aus den Gold-Cronacher Revier hergekommen seyn könnten, der Bergbau in dieser sich weit über sieben hundert Jahre hinaus erstrecken. Allein da dieses gar hohe Alter, welches sich noch dazu nur auf Muthmaßungen gründet, demselben keinen größern Vorzug geben kann: so mag genug seyn, wenn aus dem ältesten Document, das vom Bergwesen in den brandenburg-bayreuthischen Landen handelt, dargethan wird, daß solches bey Gold-Cronach schon im vierzehnten Jahrhundert, im Gange gewesen sey.

Vermuthlich wird es manchem nicht unangenehm seyn, erwehntes Document, wodurch denen zu Gold-Cronach die erste Bergfreyheit, nebst
der

Gold- und Silberbergwerke.

der Stadtgerechtigkeit, im Jahre 1365 ertheilet worden, nach seinem ganzen Inhalt zu lesen. Hier ist es:

„Wir Friedrich von Gottes gnaden, Burg-
„grave zu Nürnberg, bekennen und thun kund offen-
„lichen mit diesem brieve, daß wir mit gut vernunff-
„tiger Erachtunge stettetlichen mit gutem fleiß gedacht
„haben, wie Wir nutz, frummen ere, zunehmung
„und aufwachßung machen, und für sich bringen
„Unser Goldwerk zu Cronach daß auferstanden und
„funden ist, und auch gemacht schutz, schirm, friede
„v. Genade gemeinlichen allen Bergkmeistern, Berg-
„leuten, allen Gewerken, die da bauen, wo sie
„gesessen sind, und den Burgern gemeinlichen zu
„Cronach die da sinnd, und fürbaß allen denen die
„hernach kommen ewiglich, und gemeinliche allen
„leuten die da arbeiten oder wonunge do haben,
„und hernach gewinnen, und daß die leut bester flei-
„siger, williger und freylicher da arbeuten, bauen,
„durch nutz und frummen Unser Herrschafft, Berg-
„menstern, Bergleuten, den Burgern gemeinli-
„chen und daß den armen gleich recht wiederfahre,
„alß den reichen, den reichen alß den armen, alß
„das von Gotte gesetzt ist, davon alle gute Werk
„aufnehmen und davon kommen,

„Darumb haben Wir für Unß und alle Unser
„Erben mit guter Vorbetrachtunge, mit vereintem
„mute, und guten rathe unsers ganzen Rathes recht

„und redlichen verliehen und verlenhen auch mit krafft
„dieses Briefs den Ersamen Vnsern lieben Getreuen
„den Bergmeistern allen Bergleuten und allen Vn-
„sern Bürgern gemeinlichen armen und reichen Vn-
„ser Stab zu Cronach und ihren Nachkommen, ob
„das Goldwerk für sich geet, und bestehet, alle die
„geschrieben Rechte, Geseze, freyung und Gewohn-
„heyt die da sind zu der Jgela, die sie haben von
„allen künigen von Behenm, wie die Recht und Ge-
„wohnheyt an sie kommen sind von genaden oder von
„Rechte, wie sie die geschrieben von wortte zu worte
„jedliches besonder und auch besamt wie die genand
„sind, Also wollen Wir daß sie die gänzlichen stete
„und festetlichen von Vnnß allen Vnsern Erben und
„Nachkummen vnd von den Vnsern bleiben an alles
„überfahren und verrucken unschedelichen Vnß Vn-
„sern Erben und Nachkummen an Vnßern rechten
„und gewohnheiten, die behalten wir Vns, Vnsern
„Erben und Nachkommen, alß Bergwerks recht
„ist, angeverde, Wer aber das daß genannte Gold-
„werk abgieng und nicht fürgangß hätt, daß Gott
„nicht gebe, so sullen die ehegenannten, Vnser liebe
„getreuen, die Burger und mainiglich zu Kronach,
„und alle ihr nachkommen, alle die Recht, genade,
„freyunge und Geseze haben und gebrauchen ewig-
„lichen alß die unser Burger unser Stat zu Culm-
„bach haben, von rechte, genaden und von Ge-
„wohnheit, die sie bey Vnß, unsern Fordern her-
„bracht haben oder nach hernach gewinnen, Ohnge-
„verde, Bey den Genaden und Theydingen sind
ge-

„gewesen, Unser liebe getreuen, Herrmann von
„Weydenberg, Conrad Schüze von Croneck Unser
„Hoffmeister, Heinrich von Kindsperg, Irmifride
„von Seckendorff Ritter, Herr Johans von Die-
„tersheim Pfarrer zu Culmbach, Conrad Klaffener
„Chorherr zu Eystett unser schreiber, und daß alle
„vorgeschriebene genade und freyunge ewigliche stete
„und feste also gehalten werde unverbrechenlichen
„deß geben Wir sie zur Uhrkunde und ewiger sicher-
„heit diesen Brief versiegelt mit unsern großen an-
„hangenden Insiegel, der geben ist zu Culmbach
„nach Gottes Geburt dreyzehnhundert Jahr im
„Fünff und Sechzigsten Jahr am S. Michelstag."

So wie durch gegenwärtige Urkunde außer
allen Widerspruch gesetzt wird, daß es vor und um
das Jahr 1365 Bergmeister und Bergleute
zu Gold-Cronach gegeben habe, und daß von diesen der Bergbau in dortiger Gegend getrieben, auch
dabey besonders ein Goldbergwerk bereits erschürfet
und beleget worden: eben so läßt sich mit vieler
Wahrscheinlichkeit schließen, daß dieses sogenannte,
vom Herrn Burggraf Friedrich V. verliehene
Goldwerk, die nachher vor andern berühmt gewor-
dene Gold- und Fürsten-Zeche gewesen, oder
doch letztere daraus entstanden sey. Doch da man
von keinem ältern Berggebäude in dem dortigen Revier, als von jenem Goldwerke eine zuverläßige
Nachricht aufzuweisen hat, die Gold- und Fürsten-Zeche aber unter allen alleine das Beywort,
alt,

alt, erhalten hat: so kann man schon allein um dieser Benennung willen beide füglich für eins halten; welches auch noch andere Umstände bewähren, die man jedoch hier anzuführen um deswillen Bedenken nimmt, weil man alle unnöthige Weitläuftigkeiten vermeiden will.

Aus erst angeführter Ursache wird man denn die Erzählung von dem ehmaligen Bau dieses alten Goldbergwerkes auf das kürzeste zu fassen suchen. Freilich muß es um die Zeit, da Burggraf Friedrich V. das angeführte Privilegium darauf ertheilt hat, damit noch mißlich ausgesehen haben, weil darinn noch gezweifelt werden konnte, ob derselbe seinen Fortgang haben werde? Es muß aber solcher doch bald hernach eine andere Gestalt gewonnen haben und ergiebig worden seyn, weil Georg Agricola in seinem schon 1544 Churfürst Moriz von Sachsen zugeeignetem Werke de veteribus et novis metallis Libr. I. Cap. X. meldet: Nec Brandenburgenses, qui Francis imperant, caruerunt fortunis metallicis, nam Goldcronachum auri metallum septimo quoque die dedit ipsis mille et quinqentos aureos Rhenanos.

Wenn es also nach dieser Stelle schon im Jahre 1544 heißen konnte, daß die Herren Markgrafen von Brandenburg in Franken keinen Mangel an Ausbeuten aus den Bergwerken gehabt, und daß ihnen Gold-Cronach jedesmal am siebenden Tag
1500

1500 Rheinische Goldgulden gegeben habe: so wird die eigentliche Epoche des dortigen glücklichen Bergbaues wohl bereits in das vorhergegangene funfzehende Jahrhundert zu setzen seyn, womit auch andere vorhandene Nachrichten übereinstimmen. Daß aber Agricola hierunter nicht zu viel angegeben, solches bestärket ein altes Manuscript, welches die Aufschrift führet:

> Bericht der uhralten Bergwerk zu Goldcronach von Herrn Grafen von Lynar überantwortet den 22 Junii 1608.

und worinnen es ausdrücklich heißt, daß die Herrschaft von den zu dieser Zeche gehörigen Gruben alle Wochen zu ihrem Theil 1400 oder 1600, auf das allerwenigste 1200 Gulden gehabt habe.

Um die Zeit dieses glücklichen Bergbaues ist vermuthlich das Denkmal errichtet worden, welches noch heutiges Tages in der Kirche zu Gold-Cronach zu sehen ist, nämlich: unter einer der Säulen beym Altar liegt ein Löwe, der ein Laiblein in der Größe und Gestalt eines starken Kreuzerbrods im Rachen hat, welches nach der alten Tradition das Maaß des damals wöchentlich ausgebrachten Goldes anzeiget.

Wem hieran noch nicht genüget, dem kann man auch aus dem Befahrungsberichte des Bergmeisters Marcell Hessens vom Jahre 1607 eine Stelle vorlegen, welche deutlich sagt, daß in einem Theile dieses Bergwerks in der zehenden Lachter Teufe vom Tage nieder das Gold gediegen, und Schliche, welche zu 3 — 6 und mehr Loth Goldes im Centner gehabt, ausgebracht worden. Und so meldet auch der Bergmeister Johann Abel, in einem den 24 Jun. 1731 erstatteten umständlichen Bericht, daß vom Quartal Crucis 1604 bis Schluß Reminiscere 1612, 10581 Fl. an Gold und Silber gemacht, und in etlichen Jahren nachher vor 18000 Fl. solcher edlen Metalle, wiewohl mit grossen Kosten, gefördert worden seyen. Ingleichen hat man auch, noch gegen den Ausgang des vorigen Jahrhunderts, Gold aus dieser Zeche erhalten, welches der im Jahre 1695 daraus geprägte Doppelducaten bewähret, der noch im Original vorhanden, und auf dem Titulblatt des Consistorialraths und Pfarrers zu Markt-Erlenbach, Hrn. Oetter's Progr. I. de secturis aerariis Burggraviatus Norici superioris, in Kupfer gestochen, zu sehen ist. Auf dessen Avers zeigen sich die Brustbilder des Herrn Marggrafen Christian Ernst und seiner zweiten Gemahlin, mit der Umschrift: V. G, G. Christ. Ernst M. Z. B. Sophia Louisa verm. M. Z. B. Herz. Z. WURTENB. und innerhalb des äußern Kreises: Bayreuth 1695. Auf dem Revers aber: Eine gebirgigte Gegend, und darauf ein Berghauer

und

Gold- und Silberbergwerke.

und ein anderer Bergknapp, der einen Laufkarren mit Erz in die Schmelzhütte führet, in der Luft hingegen Phöbus (Sol) auf einem von zween Löwen gezogenem Wagen, wie er Gold auf den Berg streuet, mit der Umschrift:

Parturiunt montes perfectum nascitur aurum.

Dann wieder unten:

Aurifodina Goldcronacens.

Von diesem Doppelducaten befindet sich auch der Abdruck unter dem Titel zu dem Aufstand über die Goldcronacher Gold- und Silberbergwerke ꝛc. der im Jahre 1775 erschien.

Uebrigens sind sogar noch in unsern Tagen, nämlich in den Jahren 1772, 1773 und 1774 aus dem in dem Ritter St. Georgen Gang, der nach seinem Hauptstreichen ein übersetzendes Trumm von dem Fürsten-Zechner-Zuge ist, von einer besondern Gewerkschaft, Erze gewonnen worden, aus denen jedesmal verschiedene Mark Silber, und in jeder Mark 6 Ducaten des feinsten Goldes auf der Röhrenhofner Schmelzhütte geschmolzen und in die herrschaftliche Münze nach Schwobach geliefert worden.

Ueberhaupt aber ist wohl kein Zweifel, daß von diesem Bergseegen gleich anfangs sowohl das

Städtlein Goldcronach, als auch der ohnweit von diesem gelegene Goldberg, mit der an demselben befindlichen, nunmehr zu einem ganzen Dorf angewachsenen, Goldmühle, den Namen bekommen haben.

Bey jener großen Quantität des edelsten Metalles, welche von den Goldcronacher=Bergwerken und darunter besonders von der hier genannten Fürsten=Zeche bereits geschüttet worden, möchte mancher auf die Gedanken gerathen, daß solche wohl gar ausgebauet und wenig mehr darinnen zu finden seyn möchte. Allein wenn man bedenket, daß hier nicht von einzelnen Zechen und Zügen, die allenfalls, wiewohl gemeiniglich erst in etlichen Jahrhunderten, ausgebauet werden können, sondern von einem ganzen Gebirge, das ungleich mehr sagen will, die Rede sey; wenn man ferner einen Blick auf den Bergbau der Alten zurück thut, dem es so sehr an den nöthigen Künsten, als an Aufmunterung fehlte, und der daher niemals weitaussehende Unternehmungen ausführen konnte, da man vielmehr bey demselben sich schon mit den Erstlingen der entdeckten Gänge und Stockwerke, in den Tagegehängen und wenige Lachter unter dem Rasen begnügen mußte; wenn man weiter sich aus der Geschichte unsers Bergwerks selbsten belehren läßt, wie die Arbeiter hier nicht nur zu den Zeiten des Faustrechts durch Befehdungen, sondern auch nachher durch das Unwesen der Hussiten, dann während des dreyßigjäh-

Gold- und Silberbergwerke.

jährigen Krieges und sonst durch verschiedene streifende Partheien öfters abgetrieben worden, wie sie so gar einigemal durch epidemische Krankheiten, die in der Gegend heftig gewüthet, sich verhindert sehen müssen, und wie alle diese widrige Schicksale so geschwind auf einander gefolget sind, daß sie kaum dasjenige, was bey dem einem Unfall zu Bruch gegangen, wieder empor bringen können, als sie schon wegen eines neuen Unheils den Bau wieder aufgeben, und was sie nur erst mit außerordentlicher Mühe vorgerichtet hatten, von neuem einstürzen lassen mußten; wenn man ferner erwäget, wie sie unter diesen Umständen gemeiniglich nur auf den Raub gebauet, und so zu sagen nur die Erze, die ihnen von selbst aufgestoßen, ausgebracht haben, ohne den Bedacht zu nehmen, ob sie durch weit fortgetriebene Feldorte, Queerschläge, Abteufen und Uebersichbrechen nicht noch ein mehreres gewinnen könnten? wenn man dabey in Ueberlegung zieht, wie oft sie wassernöthig worden, ohne sich bey dem Mangel der nöthigen Maschinen durch bloße Händearbeit und die mittelst der sogenannten Scheiben *) sehr mühsam und mit wenig Würkung betriebenen Heinzenkünste dafür genugsam schützen zu können, und wenn man endlich sich durch den Augenschein selbst überzeugen lassen will, wie noch hin und wieder

---

*) Dieß sind schräg liegende Räder, die von Menschen durch Treten bewegt werden.

der unverriztes Feld vorhanden ist: so wird leicht der Schluß zu machen seyn, daß man bey so vielen gegründeten bergmännischen Anweisungen, durch Vorrichtung eines neuen Bergbaues, wodurch nicht nur die alten Gruben und Stollengebäude wieder aufgesaubert, sondern auch weiter getrieben werden, bald wieder gefunden werden könne.

In diesem Betrachte kann man von dem Unternehmen des Berggeschwornen in dem Gold-Cronacher Revier, des Berg-Commissarius Georg Wilh. Schönauer, die beste Hoffnung schöpfen. Dieser eifrige und scharfsichtige Bergmann, der sich im Bergbau beständig geschickt und unverdrossen bewiesen, und durch den schon eines der größten Werke im Bayreuther Lande mit Glück und Seegen zur schönsten Ausbeute gekommen ist, hat, nachdem ihm ein alter Markscheiderriß vom Jahre 1614 anvertrauet worden, diesen mit den vorhandenen schriftlichen Nachrichten zusammen gehalten, und darauf einen Entwurf, wie hier von neuem zu bauen seyn möchte, übergeben, welcher auf erfolgte genaue Prüfung von dem hochfürstl. Ober-Bergdepartement vollkommen genehmiget, und sodann von dem genannten Hrn. Schönauer im Jahre 1775, nach vorhergegangener Muthung, wirklich mit Aufgewältigung eines Theils der alten Gebäude der Anfang gemacht worden. Hierauf wurde Hrn. Berg-Commissarius Schönauer in Lehen gereicht: die Fürsten-Zeche an 2 Fundgruben und 4 Maasen, samt

samt dem tiefen Christians- und Schmidten-Stollen, welchen letztern mit dem dazu verliehenen Felde, an einer Fundgrube und 2 Maasen, die seit 1764 im Feld gewesene Gewerkschaft gänzlich abgetreten hat.

Eine Beschreibung derer in dem bayreutischen Gold-Cronacher Bergrevier 1759 gängbaren Zechen und Hütten, dann denen daselbst brechenden Erzen nebst andern sich findenden Mineralien und Bergarten, von dem Bergmeister Ullmann, findet man in den fränkischen Sammlungen, 7. B. S. 437 u. f. Die Zeit wird lehren, wie weit Hr. Schönauer die reichhaltigen Bergwerke bey Gold-Cronach, besonders die seit den ältesten Zeiten berühmte Fürsten-Zeche, wieder in Aufnahme bringen wird. — Der berühmte Hr. Oberbergrath Ferber zu Berlin besichtigte, auf Ersuchen des Hrn. Markgrafen von Anspach, im Jahre 1788 die beiden Fürstenthümer, wegen der darinn befindlichen Berg- und Salzwerke.

Nachricht von Altona und dem dasigen Handel.

Ursprünglich war Altona ein Fischerdorf. Die ältesten Nachrichten davon sind vom Jahre 1547. Im Jahre 1634 ließen sich einige Kaufleute zu Speditionsgeschäften dort nieder, und 1664 erhielt dieser Ort mit dem Stadtrechte viele Freyheiten, und wuchs seit dieser Zeit sichtbar. Nach der 1713 erfolgten Eindscherung von den Schweden, die ihr wenig schadete, wurde Altona einer der wichtigsten Speditionsplätze, wozu ihr die Lage vortheilhafte Gelegenheit gab. Hamburg behauptet gewiß immer in Ansehung seiner Handelsgeschäfte, das Gleichgewicht, wo nicht den Vorrang vor Altona. Das, was das Speditionswesen vorzügliches besitzt, hat es größtentheils durch Nachlässigkeit der Hamburger erworben. Seitdem Friedrich der Große von Preußen Handlung und Manufacturen zum Gegenstand seiner Aufmerksamkeit machte, und die deutschen Fürsten ihm folgten, minderte sich die Beträchtlichkeit des hamburger Zwischenhandels. Vorzüglich hörten auch die Deutschen, insbesondere die schlesi-

schen

schen Leinwandhändler, auf die Vorschläge der Altonaer Spediteurs, die billigere Bedingungen machten, minder hohe Provisionen forderten, durch keinen Zoll, wie die Hamburger, gehindert waren, und alles thaten, was ihre Handelsfreunde erleichtern konnte. Von Schlesien verbreitete sich dieses auf andere, und so zogen die Altonaer den Speditionshandel, den sie jetzt haben, an sich, wogegen die Hamburger zu späte Vorkehrungen machten. Aus der Spedition floß das Gewerbe der Rhedereyen. Die Schiffahrt erstreckt sich nach der mitteländischen See und auf Cabix, vorzüglich durch den starken Zug der schlesischen Leinwand dahin begünstigt. Durch die Zwistigkeit mit Algier im Jahre 1769 trat großer Verlust ein und andere benutzten die Gelegenheit, die Schiffahrt zu schmälern. Durch den letztern Seekrieg, und die Erlaubniß des Königs nach St. Thomas frei zu handeln, wurde sie wieder vergrößert.

Zwischen 60 und 70 Schiffe waren 1781 in der Fahrt, und 20 directionsführende Rheder vorhanden. Der Gewinnst der Rhederey, der damals jährlich eine Million betrug, ist zwar durch den Frieden gefallen, da die Frachten sich erniedrigt haben, und die Holländer dieses Geschäfte beeinträchtigen: allein doch bleibt er noch immer beträchtlich.

Die Fahrt nach Grönland hat seit 1769, wo 38 Schiffe dahinfuhren, abgenommen, wegen Concurrenz der Hamburger, welche diese Fahrt unermüdet betreiben. Ueber dieses fordert dieser Handel die Ausgleichung mehrerer Jahre, um vortheilhaft zu seyn. Die im Jahre 1767 unter königl. Octroy errichtete Gesellschaft zur Heringsfischerey, brachte wegen der Bemühungen der Engländer und Holländer beträchtlichen Schaden. Der König hat sie nachher übernommen.

Im Jahre 1777 legte die Copenhagner Assecuranz-Kompagnie ein Komtoir zu Altona an, das sowohl daselbst, als auch zu Hamburg zeichnet, und sich nach der Hamburger Verordnung richtet. Die Concurrenz von Holland und Hamburg wird sie schwerlich aufkommen lassen. Wechselgeschäfte begleiteten gleichfalls das Speditionswesen, und gaben Anlaß zur Errichtung der hiesigen Species-Giro- und Leihbank im Jahre 1770. Sie sind jedoch auch mäßig, und die Altonaer Girobank muß wegen Beschränktheit des Altonaer Handels nothwendig in ihrer Mittelmäßigkeit bleiben. Eigner Handel von Altona ist unbeträchtlich; der letztere Krieg gab zwar zu einigen Speculationen Anlaß, die aber der Friede wieder vereitelt hat.

———

Bischöf=

Bischöflich-eichstädtische Leichen- und Trauer-Ordnung, wie solche seit dem 1. May 1789 daselbst gehalten wird.

Von Gottes Gnaden Wir Johann Anton III. Bischof und des Heil. Römischen Reichs Fürst zu Eichstädt ꝛc. fügen hiemit zu Jedermanns gehorsamster Befolgung gnädigst an. Wir haben während unserer Regierung in unserer Residenzstadt bey Sterbefällen gar oft einen übertriebenen Aufwand und sonst noch verschiedene Mißbräuche, dann Unordnungen wahrgenommen. Da jedermann durch die Folgen bekannt, was für Schaden und Nachtheil hiedurch allen Ständen zugeflossen; so finden wir uns vermöge unserer aufhabenden Pflichten, durch welche wir in Anbetracht unsers Hochstifts verbunden sind, unsere stets aufmerksame Sorgfalt für die allgemeine Wohlfarth, insonderheit unserer Residenzstadt, zu verwenden, bewogen, von derselben eine jede drückende Beschwerniß zu entfernen, und überhaupt das Beste mit allem Nachdruck zu befördern. Zu diesem Ende haben wir uns nun entschlossen,

schlossen, gegenwärtige Verordnung ergehen zu lassen, und für die sich ergebenden Sterb- und Trauerfälle nachstehende Punkte festzusetzen, nach welchen sich unsere hohe und niedere, als auch unsers löblichen Domkapituls Dienerschaft geistlich- und weltlichen Standes, dann sämtl. Bürgerschaft künftighin, und zwar vom ersten May laufenden Jahres gehorsamst zu fügen haben.

I. Werden sämtl. mit Ausnahme unseres löblichen Domkapituls in zwey Classen eingetheilt.

Erste Classe.

Die Herren Ministri, Cavaliers, geistliche und weltliche Räthe, ohne Unterschied, Officiers, Canonici und Professores. In die

Zweite Classe

kommen alle diejenigen, welche in erstgedachter Classe nicht specifice bemerket sind.

II. Alle Wittwen und erwachsene Kinder sind nach der Classe ihrer Männer und Väter zu behandeln.

III. Wird in der ersten Classe mehr nicht, als fünf Geistliche; in der zweiten aber nur drei, oder auch nur ein Geistlicher bey dem Leichenconduct beyzuziehen erlaubt.

IV.

IV. Denen von der ersten Classe soll es frey stehen, in die zweite Classe einzutreten, hingegen von der zweiten Classe in die erste vorzurücken, wird anmit durchgehends verboten, wobey jedem frey stehen soll, wie bisher gewöhnlich gewesen, unbestimmte Gottesdienste in der Pfarr halten zu lassen.

V. Die Stolgebühren anbetrefend, wird hierüber von unserem Ordinariat eine ordentliche Stolordnung demnächstens entworfen, und zu allgemeiner Wissenschaft und Nachachtung kund gemacht werden.

VI. Da die Trauer nicht in Farben, sondern in Rührung des Herzens bestehen soll, so wird die sonst übliche Trauer vollkommen aufgehoben, und dahin eingeschränket:

> Wird denen von der ersten Classe vom männlichen Geschlecht ohne Ausnahme nur mit einem gefärbten Kleid, Degen, dann Flor um den linken Arm, und auf dem Hut; dem Frauenzimmer aber von gedachter Classe nur mit einem schwarzen Band auf der Haube, zu trauern erlaubt. Denen von der zweiten Classe hingegen, männlichen Geschlechts, wird ebenfalls der Flor um den Arm und Hut; den Weibspersonen aber mit einer schwarzen Haube zu trauern

trauern dann Leichenbegängnissen und Gottesdiensten beyzuwohnen, zugestanden.

VII. Wird denen von der ersten Classe nur alleinig die Begräbniß bey der Nacht erlaubt.

VIII. Wird hiermit fürs künftige die Beerdigung in den Kirchen jedem, von was immer für einem Stande und Würde, ganz und gar verboten.

IX. Wird das Wappenanhängen, so wohl bey der Leiche auf die Bahr, als auch bey Exequien Niemanden erlaubet, als denen von Adel, wie bisher gewöhnlich gewesen.

X. Werden alle übrige Schleppträgerinnen und Ductores hiermit abgeschaft; anbey auch befohlen, daß keine Trauerliverèen gegeben, noch Flöhre, wie bisher, ausgetheilet werden sollen. Bey Beerdigungen zu Nachts können 2 und auch 4 Fackelträger genommen werden. Bey den Exequiis aber sind solche hierdurch für allezeit abgeschaft. Im übrigen stehet es frey den Silberboten beyzuziehen, und sind selben für seine Bemühung 9 Gulden passiren zu lassen.

XI. Soll kein Todter unter 48 Stunden begraben werden; diejenigen aber, so an epidemischen Krankheiten verstorben, sollen niemals über 3 Stunden außer dem Grabe gelassen werden.

XII. Bey Krankheiten, welche von den Medicis nicht genugsam haben eingesehen werden können, und daher der status morbi verborgen geblieben ist, befehlen wir, daß die Section an dem Abgelebten vorzunehmen keinesweges erschweret, sondern solche mit Zuziehung der Bader und Gesellen, ohngeachtet sich die Anverwandte hierzu nicht verstehen wollten, von den Medicis zeitlich und ohnentgeldlich vollführet werde.

XIII. Den Ehegatten wird für die Ehegattinnen, so, wie den nächsten Anverwandten jeder auf- und absteigenden Linie bis auf den ersten Grad einschlüssig 4 Monat, der Seitenlinie hingegen und der verschwägerten bis auf den zweiten Grad 2 Monat, zur Trauer bestimmt.

XIV. Sind alle und jede Almosen, so der Abgelebte, oder seine Freunde und Erben für die Armen angeordnet haben, nicht mehr vor den Sterbhäusern, oder Kirchen auszutheilen, sondern zu unserer gnädigst aufgestellten Policey-Commission hinführo zu beliefern, damit diese den wahrhaft dürftigen Haus- und andern bey dem Armeninstitut beschriebenen Armen nach Befinden können verabreichet werden; es wäre denn Sache, daß der Erblasser selbst solche Vertheilung einem Testaments-Executori, oder wem immer andern zu seiner Willkühr anheim gestellet, oder auch die Armen selbst vor seinem Hinscheiden, namentlich angezeiget hätte.

XV.

XV. Wegen den bisher gewöhnlichen Opfern bey Exequien wird es eines jeden Willkühr überlassen und hierinfalls gar nichts vorgeschrieben.

XVI. Bey Kindern, welche das 7te Jahr noch nicht überschritten, soll keine Trauer, nach ordentliche Begräbniß, fürohin statt haben; sondern solche sind von dem Seelmann oder Seelweib unter dem Mantel, ohne weitere Begleitung auf den Kirchhof ganz in der Stille zu überbringen, wo ein Geistlicher diese bey der großen Thüre jedesmahl empfangen wird. Denen vom Adel, so, wie jedem von der ersten Classe überhaupt, bleibet ohnbenommen, diese ihre Kinder mittelst einer Chaise dahin überführen zu lassen.

XVII. Wenn arme Sodales, als Bürger, Insassen und gemeine Soldaten begraben werden; so soll künftighin kein Sacristan, von was immer für einer Bruderschaft, wegen solcher Begräbniß für sich etwas in Ansatz zu bringen, befugt seyn.

XVIII. Der Anfang dieser Trauer-Ordnung wird auf den künftigen ersten May, wie schon im Eingange gemeldet worden, festgesetzt, und sollen alle bis gegenwärtig übliche Trauerkleidungen von diesem Tage an aufgehoben und verboten seyn; wo sich sodann auch alle, welche vorhin in eine Trauer versetzet worden, von diesem bestimmten Tage an nach gegenwärtig neuregulirtem Trauer-

patent

patent zu richten, und ohnfehlbar zu achten haben werden.

XIX. Wir haben übrigens, um alles, was nur bey Sterbfällen vorkommen könnte, einer gewissen Vorschrift zu unterwerfen, eine Taxordnung für jede Classe beyfügen wollen, über welche nicht das geringste, bey Vermeidung unserer höchsten Ungnade, und schärfester Bestrafung, gefordert, noch erhoben werden soll.

XX. Schlußlich zweifeln wir nicht, daß diese väterliche Vorsorge von allen Ständen mit aufrichtig und schuldigstem Dank werde anerkennet werden und ermahnen daher unsere nachgeordnete geistliche und weltliche Regierung und Polizey-Obrigkeit unserer Residenzstadt ernstgemessenst, den pflichtmäßigsten Bedacht dahin zu nehmen, daß gegenwärtige Trauer-Ordnung jedermann bekannt gemacht, in allen Punkten auf das genaueste befolget, und jeder Uebertretungsfall von der gehörigen Gerichtsstelle mit unnachläsiger Strafe, und ohne einiger Rücksicht der Personen, angesehen werde. Urkundig unserer eigenhändigen Unterschrift — und fürstl. Insiegels, gegeben in unserer Haupt- und Residenz-Stadt Eichstädt, den 8. April 1789.

Nomen Celsissimi (L. S.)

Bischöflich-eichstädtische Leichen-Tax-Ordnung

nach welcher die Gebühren bey Sterbefällen und Begräbnissen bezahlt werden sollen.

Bey Begräbnissen in der ersten Classe passiren

	Fl.	Kr.
Dem Seelmann mit 5 Geistlichen	4	30
3 — —	3	—
1 — —	2	—
Dem Todtengräber		
5 — —	4	—
3 — —	2	30
1 — —	1	12
Jedem Leichnamträger	—	15
Den Rathsherren, wenn solche tragen, das gewöhnliche mit	9	—
Für Aufschraubung der Muttergottes	—	12
Dem Knaben, der das Kreuz trägt	—	10
Dem Sacristan der Corp. Christi Bruderschaft	1	—
Dem Sacristan der großen Bruderschaft, samt Träger, Fahnen und Laternen	2	—
Wenn ein Genius und 2 Leichterträger verlangt werden	—	27
Dem Sacristan der Rosenkranz Bruderschaft	1	—
Dem Labrum-Träger	—	6

Bey

und Trauer-Ordnung.

Bey Begräbnissen in der zweiten Classe.

	Fl.	Kr.
Wenn 3 Geistliche zum Leichenconduft genommen werden, passiren dem Seelmann und Todtengräber aus seinen erheblichen Ursachen, jedem	1	30
Wenn aber nur 1 Geistlicher genommen wird	1	—
Bey armen Leuten und Soldaten jedem nur	—	40
Dem Sacristan der Rosenkranz Bruderschaft	—	40
— — Corp. Christi	—	40
— — großen Congregation, samt Träger	1	30
Für Aufschraubung der Muttergottes	—	6
Einem Leichnamträger	—	10
Dem Knaben der das Kreuz trägt	—	3

Für Kinder unter 7 Jahren in der ersten Classe passiren dem Seelmann und Todtengräber

Jedem	1	—
Für die Krone	—	30
Dem Mann oder Weib, so solches trägt	—	30

Für Kinder von 7 bis 16 Jahren in der ersten Classe passiren dem Seelmann und Todtengräber

Jedem	1	30
Jeden Leichnamträger	—	15
Dem Knaben der das Kreuz trägt	—	10

Bey

Bey Kindern unter 7 Jahren in der zweiten
    Classe passiren dem Seelmann und
    Todtengräber jedem . . . — 30
Für die Krone . . — 8
Dem Mann oder Weib so solches trägt — 15

Bey Kindern von 7 bis 16 Jahren in der
    zweiten Classe
Dem Seelmann und Todtengräber . — 40
Jedem Träger . . . — 40
Dem Knaben der das Kreuz trägt . — 3

Den Schreinern passirt für eine große braun
    angestrichene gewölbte Truhe, mit
    Stollen und Kreuz, mehr nicht, als 4 30
Für eine glattangestrichene, ohne Stollen
    und Kreuz . . 2 24
Für eine ordinaire Truhe oder Sarg nur 1 12
Für eine Kindstruhe unter 7 Jahren in der
    ersten Classe . . 1 —
    über 7 Jahre . . 1 30
In der zweiten Classe unter 7 Jahren — 24
    über 7 Jahre . . — 40

Eichstädt den 8. April 1789.

    Nomen Celsissimi   (L. S.)

Hochfürstliche Brandenburg-Bayreuthische Verordnungen.

Von Gottes Gnaden Christian Friedrich Carl Alexander, Markgraf zu Brandenburg, in Preußen ꝛc. ꝛc. ꝛ. G. Es ist zu Unserm nicht geringen Mißfallen wahrzunehmen gewesen, daß der unterm 16. Januar 1739 und 10. May 1774 ergangenen allgemeinen Verordnungen ohngeachtet, das Aufstecken und Einstellen der Birken, Mayen, Linden und anderer Bäume zu Pfingst- und Weihnachtzeit sowohl in der Stadt Bayreuth, als auch auf dem Lande wieder überhand genommen habe. Nachdem nun durch diese zum größten Nachtheil des Holzanwachsens gereichende Abhauung dergleichen im schönsten Wuchs stehender Bäume den herrschaftlichen und Privatwaldungen ein unersetzlicher Schaden zugefügt wird, und Wir dahero zu dessen Abwendung solchen Unfug ein vor allemal abgestellt wissen wollen; daher auch diese Unsere gnädigste Willensmeinung durch ein allgemeines Ausschreiben zu Jedermanns Wissenschaft zu bringen resolviret haben: Als geschiehet solches hiemit, und befehlen Wir

Wir euch andurch gnädigst, hiervon den euch untergeordneten Beamten und Officialibus mit dem Anfügen Eröffnung zu thun, jedermann in Städten, Märkten und Dörfern, vornämlich aber denen, welche gemein oder eigene Hölzer besitzen, alles Abhauen, Verkaufen und Einstellen der Birken, Mayen, Linden und anderer Bäume zu Weihnachts- und Pfingstzeiten mit dem Anfügen zu untersagen, daß jeder Uebertreter, falls er bemittelt, mit 10 Reichsthalern, falls er aber unbemittelt, mit 4 wöchentlicher Zuchthausstrafe angesehen werden soll. Wie denn auch, wenn, wie zeither zur höchsten Ungebühr geschehen, in den Städten und Märkten so gar ganze Ladungen dergleichen Mayen zu Verkauf eingeführt werden sollten, solche ohne Rücksicht, ob sie aus den hiesigen oder benachbarten Landen gebracht worden, anzuhalten und unnachsichtlich zu confisciren sind. Hieran geschiehet Unser gnädigster Befehl. *) Bayreuth, den 9. Jul. 1789.

Hiermit ist auch folgendes fürstliche Ausschreiben zu verbinden.

Schon unter 7. Julii 1783 ist gesammten diesseitigen Aemtern mittelst eines der bayreuthischen Intelligenz Zeitung Num. 31. inserirten Ausschreibens, ernstgemessenst anbefohlen worden, die dem gemeinen

---

*) Diese Verordnung gieng als Ausschreiben an die Lands- und Amtshauptmannschaften, dann Oberämter des Fürstenthums Bayreuth.

Bayreuthische Verordnungen.

nen Wesen schädliche, und sowohl bey als außer den Jahrmärkten in der häufigsten Menge in dem brandenburg-bayreuthischen Fürstenthum sich einfindende Personen, als Cameel- Bären- und Affentreiber, Murmelthierträger und dergleichen, ferner Pfriemenstecher, Würfel- Marionetten- ingleichen Glückshäfenspieler, Gauckler, Seiltänzer und Marktschreier, wie auch Operateurs und Bruchschneider, dann Leyer- und andere übelklingende Instrumentenspieler, ingleichen herumziehende Familien die sich nur mit Singen abgeben, falls solche mit keinem Paß von hochfürstl. Regierung versehen, sogleich mit der Verwarnung von den Landesgrenzen ab- und zurückzuweisen, daß wofern sie sich, ohne einen gedachten Paß zu haben, dennoch in hochfürstl. bayreuthische Lande einschleichen würden, an ihnen die Strafe der Land- und Leutebetrüger, als wofür sie billig zu achten, ganz ohnfehlbar vollzogen werden solle. — Gleichwie aber die Erfahrung lehret, daß vorstehender Verordnung allenthalben das schuldige Genüge nicht geleistet werde: als wird jene Kraft dieß erneuert und bekräftiget, und die strecklichste Befolgung derselben, anduch wiederholt gnädigst empfohlen.

Bayreuth, den 2. Sept. 1789.

Aus Hochfürstlicher Regierung.

Kurzgefaßter Unterricht, gegen die Darstellung der unrechtmäßigen Ausschließung augsburgischer Patrizier- und Burgerssöhne von dem dortigen hohen Domstifte.

Es ist bekannt, daß der Edle von Sartori im vorigen Jahre eine Schrift in den Druck gab, unter dem Titel: Darstellung der unrechtmäßigen Ausschließung augsburgischer Patrizier und Burgerssöhne von dem dortigen hohen Domstifte. Diese Schrift erregte bey dem Publikum überhaupt, besonders aber bey dem Kurfürsten von Trier, als Bischof von Augsburg, starke Sensation, welcher deswegen mit dem Domprobsten und Dombschant sprach. Das Kapitel hielt Konferenz darüber, und berathschlug sich, was zu thun sey. Die jüngern Herren stimmten auf eine dagegen in den Druck zu gebende förmliche Widerlegung; die ältern Herren aber, welche auch die mehresten Stimmen erhielten, achteten es unter ihrer Würde, sich mit diesem Manne einzulassen, und begnügten sich, durch den Syndicus einen kurzgefaßten

faßten Unterricht dagegen aufzusetzen, und denselben nur allein dem Herrn Kurfürsten von Trier, als ihrem Bischofe, zu seiner Privataufklärung und Beruhigung, zustellen zu lassen; jedoch so, daß dieser Unterricht, noch auch der Syndicus, als der Verfasser, niemals öffentlich bekannt werden sollten.

Mit vieler Mühe gelang es mir, diesen Unterricht auf etliche Stunden zu bekommen, wie er gerade unter den Domkapitularen von Augsburg circulirte. Aber die Beylagen circulirten nicht mit, welche auch um so leichter entbehrt werden können, als im Unterricht Auszugsweise die betreffenden Stellen vorkommen. Wie wichtig, dergleichen Aktenstücke sind, dies halte ich für überflüßig, hier erst darzuthun; sondern theile lieber diesen interessanten Beytrag gleich selbst mit.

Kurz gefaßter Unterricht.

§. 1.

Vor wenigem Zeitverlauf verließ eine Schrift die Presse, unter dem Titelblatt:

Darstellung der unrechtmäßigen Ausschließung augsburgischer Patrizier- und Burgerssöhne von dem dortigen hohen Domstifte.

Diese machte bey dem Publikum viel Aufsehen, und ist noch oben darein mit sehr gehäßigen Ausdrücken angefüllet, welche man aber dermal nur mit Verachtung übergehen will.

Weil jedoch der Leser dadurch in Irrwege geführet, und demselben zu widrigen Vorurtheilen der Anlaß gegeben werden möchte: so sahe man sich allerdings in die Nothwendigkeit gesetzet, blos durch eine ächte Geschichtserzählung das Verhältniß der Sache und hierunter die Gerechtigkeit des hohen Domstiftes zu Augsburg, darzustellen.

§. 2.

Nicht erst im Jahre 1322, sondern ehevor schon war bey dem hiesigen hohen Domstifte durch eine Verordnung hergebracht, daß keine Burgerssöhne der Stadt Augsburg zu einer Dompräbende oder Kanonikate gelangen können, wie solches das im gesagten Jahre nachgefolgte, und mit einem Eide bekräftigte Statut ganz klar in dem Munde führet.

Diese Verordnung wurde den 25. Hornung 1474 erneuert, und dadurch nicht nur die Bürger und ihre Söhne, sondern auch die Söhne bürgerlicher Frauen ausgeschlossen, und zu gleicher Zeit von dem Bischof Johannes II. einem gebohrnen Grafen von Werdenberg bestätiget.

So erhielt selbige auch nachmals von mehreren Päbsten, nämlich 1475 und 1482 vom Sixto IV. 1491 vom Innozentio VIII., 1512 vom Julio II. und endlich 1555 vom Paulo IV. ihre Bestätigung. *) Im Jahre 1482 erschlich Bernhard Arz, ein Bürgerssohn von Augsburg zu Rom eine Kollationsbulle auf ein Kanonikat des Domstiftes. Diese Bulle wurde aber eben von dem Pabst Sixto IV. gleich darauf feierlichst widerrufen, und das Statut das zweitemal von ihm bestätiget.

Darüber entstunden zwischen dem hochwürdigen Domkapitel und dem Arz bey der römischen Datarie Prozesse.

Die Streitsache kam im Jahre 1485 an das Ende, und das hochwürdige Domkapitel erhielt in drei Instanzen, mithin durch eben so viele einstimmige Urtheile den Sieg Rechtens. **)

Bald nach diesem Vorgang trat der Magistrat bey der Rota romana gegen das Domkapitel als Kläger auf, und wandte alle Kräfte an, die Aufhebung des Statuts und die hierüber ertheilte päbstliche Bestätigungen unter dem Vorwande, als ob solche sub-

---

*) So viele päbstliche Bestätigungen sind hoffentlich für die Gerechtigkeit des Statuts und ihrer Beweggründe schon unverwerfliche Bürgen.

**) Der Verfasser hält in seiner Darstellung von diesem Vorgange ein tiefes Stillschweigen, S. 15. tres conformes sententiae taugten freilich nicht daher.

sub- et obreptitie erschlichen worden wären, zu bewirken.

Derselbige wurde aber eben so, wie der Bernhard Artz, nach Rechtsgenüglicher Anhörung eines wie des andern Theiles, in drei Instanzen in den Jahren 1488, 1489 und 1491 abgewiesen, und mit Auflegung eines ewigen Stillschweigens in alle Kosten verfället. Pabst Innozentius VIII. confirmirte auch die drei Urtheile gegen die Stadt, und eben so gab derselbe neuerdings dem Statut die volleste Kraft.

Ueber alle bisher vorgetragene Begebenheiten, finden sich bey dem hohen Domstifte Original= — mithin unverwerfliche Zeugnisse, die nöthigenfalls die bisherige kurze Anführung über alle Erwartung noch mehr bescheinigen werden.

Einstweilen wird hinlänglich seyn, die Confirmationsbulle vom Pabst Innozenz Num. 1. beyzulegen.

Nachhin geschahe es, daß Matthäus Lang, ein gebohrner Augsburger, im Jahre 1500 von dem Pabst die Domprobsteywürde zu Augsburg bewirkte.

Derselbige wurde zwar, jedoch ohne Einwilligung, und mit ausdrücklicher Verwahrung des Kapitels, in den Besitz dieser Würde gesetzt. *)

*) Der Verfasser giebt diesem ehrwürdigen und verdienstvollen Manne schon selbst das gebührende Lob, man hat also nicht

In dem gesagten Jahre 1500 wurde zu Augsburg ein Reichstag gehalten, der gab dem Matthäus Lange die schicklichste Gelegenheit, sich mit dem Domkapitel zu vergleichen.

Dieser (Vergleich) wurde auch unter Vermittelung weiland des römischen Königs, und anderer großen Kurfürsten des römischen Reichs bewerkstelliget, von dem römischen König und dem Reich bestätiget und zugleich folgende Versicherung ertheilet.

„Wir Maximilian von Gottes Gnaden rö-
„mischer König ic.

„Wir Kurfürsten, Fürsten, auch Kurfür-
„sten, Fürsten und andere Stände des heiligen
„Reichs Bothschafter auf dem königl. Reichs-
„tag allhier zu Augsburg versammlet, beken-
„nen öffentlich mit diesem Brief und thun kund
„allermänniglich ic. Daß wir in solchem den
„ehegenannten Dechant und Kapitel Ver-
„tröstung gethan und zugesagt haben, vertrö-
„sten und zusagen ihnen auch wissentlich in Kraft
„dieses Briefs, daß Wir sie, ihre Nachkom-
„men und Kapitel hinfür wieder das ehegenannt
„ihr Statut und Ordnung, daß Bürger noch
„Bür-

Ursache, auch dieses Orts davon eine Berührung zu machen, außerdem aber würde solches nicht unterlassen worden seyn. Aber was thut dieses zur Hauptsache? —

"Bürgerin zu Augsburg Söhne zu Domher-
"ren und Kapitelherren des Stifts aufzuneh-
"men ausschließt, noch die Urtheile und Recht,
"so sie derhalben an dem Stuhl zu Rom er-
"langt haben, nit anbringen, noch be-
"kümmern, sondern sie bey demselben
"Statut, Freiheiten, Herkommen,
"so nit wider denselben Vertrag *) noch einig
"seine Innhaltung, sein gnädiglichen und
"günstlichen Beleiben lassen, und handhaben,
"und wo über kurz oder lang dieselben Dechant
"und Kapitel, oder ihre Nachkommen von
"Jemand, wer der, oder die wären, an dem
"berührten Statut der Burger- und Burgerin
"in Augsburg Kinder halben innhaltend, oder
"andern ihren Statuten, Freiheiten, Her-
"kommen und Gerechtigkeit, die, wie vor-
"stehet, nit wider den gemeldten Vertrag,
"oder einig sein Innhaltung seynd, zu bringen,
"und anzufechten unterstehen wurden, daß wir,
"unsere Erben und Nachkommen, sammnent-
"lich und sonderlich denselben Dechant und Ka-
"pitel, und ihre Nachkommen auf ihr An-
"suchen wider solche Anfechtung gnädiglich und
"günstiglich fürdern, berathen, und beholfen
"seyn, damit sie bey den oft berührten ihren
"und ihres Stifts und Kapitel Statuten, Frei-
"heiten, und Gerechtigkeiten bleiben, und
            "darin

*) Nämlich gegen den mit dem Lange errichteten Vertrag.

u. Bürgerssöhne v. d. dortigen hohen Domst. 219

„darin unßer keiner auf den andern weigern,
„ober Ausflucht suchen sollen, noch wollen ꝛc."

Von dieser Bekräftigungs- und Versicherungs-
urkunde wird wegen ihrer Merkwürdigkeit eine Ab-
schrift Num. 2. beygeleget.

Das Statut ward nachher auch vom Kaiser
Karl V. 1521, Ferdinand I. 1559, Maximilian II. 1566 und Rudolph II. 1579, und so
weiters von den übrigen römischen Kaisern, nach
Maaß der über die gesammte hochstiftische und domkapitlische Freiheiten, Rechte und hergebrachte Gewohnheiten von Zeit zu Zeit erhaltenen Confirmations-
briefen, allergnädigst bestätiget.

Nun liefert zwar das vorige Jahrhundert noch
wichtige Beyträge zur gegenwärtigen Geschichtserzählung.

Eine Berührung davon zu machen, würde
aber dermal eben so überflüßig seyn, als wie eine
weitläufige Berührung sicherer Familien, welche bey
dem päbstlichen Stuhle Präbenden auch noch in dem
laufenden Jahrhundert zu erschleichen gewußt, nie-
mal aber den Besitz erhalten haben. *)

Pabst

---

*) Weil doch der Verfasser den Andreas Rhem S. 51. den
Domprobst auf dem Stifte, als einen Geschlechter- und Bürgerssohn angab, so will ihm nur in das Ohr gesagt werden,
daß eine vorliegende Originalurkunde solches schlechthin wi-
derspreche.

Pabst Clemens XII. verordnete im Jahre 1734, daß hinfüran den Bürgern und Bürgerssöhnen zu Augsburg der Zutritt zu zehen Dompräbenden oder Kanonikaten gestattet werden solle, welche jedoch alsdenn aus der Kapitularversammlung sich zu entfernen gehalten wären, wenn eine Streitsache zwischen dem Hoch- und Domstift, und zwischen der Stadt vorfallen würde.

Das Domstift, welches schon über 500 Jahre in einem unverrückten Besitzstande des Statuts, und seines dadurch hergebrachten Rechtes war, konnte die Einschränkung einer von den Päbsten, vom Kaiser und Reich bestätigten Gerechtsame mit gleichgültigen Augen nicht ansehen.

Selbiges wurde daher in die Nothwendigkeit gesetzet, dagegen Vorstellungen und Beschwerungen bey den Pabst und Kaiser anzubringen.

Der Magistrat säumte zu gleicher Zeit nicht, an den päbstlich- und kaiserlichen Höfen, gegen das Statut neue Bewegungen zu machen, und brang nach allen Kräften darauf, daß die Bulle Clementis in ihre Wirksamkeit und Erfüllung gebracht werden solle.

Was für eine kaiserliche allerhöchste Entschliessung unterm 2. Christmonats 1734 erfolget, solches giebt das Decretum Num. 3. zu erkennen.

Man

Man müßte ohnehin daraus das Wesentliche anführen, daher es nicht mißfällig seyn wird, den Inhalt desselben, so weit es nothwendig ist, wegen seiner Wichtigkeit ausdrücklich zu berühren:

„Von der römisch-kaiserlichen Majestät „Caroli VI. unsers allergnädigsten Herrn wegen „dem katholischen Magistrat zu Augsburg hie„mit anzuzeigen: Es hätten allerhöchst die„selbe aus dessen verschiedenen wider „das Domkapitel zu Augsburg in „puncto Statuti capitularis de non recipiendis „in Canonicos civibus augustanis eorumque filiis „eingereichten Exhibitis mit größten Miß„fallen und mit Ungnaden ersehen, wie sich „derselbe das den 8ten Decembris 1731 „von Allerhöchstdenenselben an den „Herrn Kardinal Cienfuegos erlassene Re„script, theils durch unzulässige Ver„schweigung der Wahrheit, theils „durch offenbaren Ungrund zu er„schleichen, unterfangen habe, zu„mal ihme Magistrat wohl bekannt gewesen, „daß obberührtes über 400 Jahre in beständi„ger Observanz gebliebene statutum capitulare „nicht nur von vier Päbsten, und vom Kai„ser Maximiliano I. nebst Versicherung „des römischen Reichs, und so fort von „denen Nachfolgern im Reich glorwürdigsten „Andenkens confirmiret worden sey, sondern
„auch

„auch, daß von dem päbstlichen Stuhl schon
„vor 200 Jahren oberwähntes Domkapitel wi-
„der die Stadt *tres conformes sententias*, so zu
„Rechtskräften erwachsen sind, für sich erhal-
„ten habe, und von selber Zeit an über gedach-
„tes *statutum capitulare* daselbst kein Prozeß
„mehr rechtshängig gewesen sey. Wann nun
„gedachter Magistrat nicht unbillig mit
„schwehrer Ahndung und Straf anzu-
„sehen, daß allerhöchstgedachter kaiserlicher
„Majestät selber hiedurch und mit solchem Vor-
„geben, ob hänge der Prozeß durch so viele 100
„Jahre, und würde der Spruch darüber forthin
„verzögeret, vorbilden dörfen, als befehlen
„allerhöchstdieselben, ihme Magistrat katholi-
„schen Theils hiemit ganz ernstlich und gemessen,
„nicht nur bey dem päbstlichen Stuhl zu Rom
„gegen obenangeregtes *statutum* künftig nichts
„mehr bey Strafe 60 Mark löthigen Goldes
„zu moviren, noch besagtes Domstift darüber
„auf eine oder andere Weis anzuhalten, als
„widrigenfalls allerhöchsternannte kaiserliche
„Majestät dies berührtes Domkapitel bey dem-
„selben handhaben, und auf weiters Anrufen
„mit noch schärfern kaiserlichen Verordnungen
„auch *cum excitatione* des kaiserlichen Reichs-
„hoffiskalis gegen besagten Stadtmagistrat zu
„verfahren nicht entstehen könnten ꝛc. *)

Das

---

*) Das kaiserliche Dekret, und die vorherigen Handlungen
hätten doch den Verfasser allerdings überzeugen sollen, daß
von

u. Bürgerssöhne v. d. dortigen hohen Domst. 223

Das hochwürdige Domkapitel ließ dem Magistrat das Dekret den 14. Christmonats 1734 durch einen kaiserlichen Notar und Zeugen insinuiren.

Der Magistrat kam bey dem allerhöchsten Reichsoberhaupt dagegen mit einer neuen Vorstellung und Einwendung in den Vorschein. Derselbige wurde aber vermöge Reichshofraths conclusi Veneris 4. Febr. 1735. Num. 4. folgender Gestalt abgewiesen:

2do. „mit nochmaliger Verwerfung
„der von dem katholischen Stadtma=
„gistrat zu Augsburg gethanen un=
„statthaften Einwendungen lasset man
„es nochmals bey denen den 2. Decemb. anni
„praeteriti ergangenen kaiserlichen Verordnun=
„gen, und insonderheit bey dem pönal Fall
„Verboth des Rekurses an den päbstlichen Hof
„zu Rom gegen das kapitularische statutum ledig=
„lich bewenden, mit nochmaliger Verwahrung,
„daß

von den Kaisern und Reich auch zu Rom der Magistrat hinlänglich angehöret, und das Statut nicht so obenhin bestätiget worden sey.

Der Verfasser legt der Darstellung das Schreiben von kaiserlicher Majestät Carolo VI. an den Herrn Kardinal Cienfuegos vom 8. Decembr. 1731 sub Num. 4. bey. In dem kaiserlichen Dekret wird des gesagten Schreibens ebenfalls gedacht, aber wie? — Daß nämlich solches theils durch unzuläßige Verschweigung der Wahrheit, theils durch offenbaren Ungrund erschlichen worden sey. Wohl ein fürtreflicher Beweis!

„daß sonsten kaiserliche schärfere Verordnungen
„ergehen, und der kaiserliche Reichshoffiskal
„gegen den Stadtmagistrat katholischen Theils
„unausbleiblich excitirt werden solle. ꝛc.

Auch diese kaiserliche Erkenntniß wurde dem Magistrat den 12. Hornung 1735 per Notarium et Testes zugestellt.

Pabst Clemenz ertheilte zwar zu Gunsten des Magistrats, wie kurz zuvor berühret worden ist, gegen das Domkapitlische Statut eine Aufhebungs- oder Milderungsbulle im Jahre 1734.

Eben dieser Pabst ward aber nach allen wohl untersuchten Umständen und besonders nach der Aufklärung, daß die Bulle mit ungegründeten Vorträgen und Verschweigung der Wahrheit erschlichen worden sey, bewogen, solche, so wie Kaiser Karl VI. sein Rescript vom 8. Decbr. 1731 an den Kardinal Cienfuegos, durch eine nachhin unterm 6. Octobr. 1735 erlassene anderweitige Bulle, wovon itzt nur ein Auszug sub Num. 5. beygehet, mit aller Feyerlichkeit zu widerrufen und zu vernichten, sofort das Statut nach seinem vollen Inhalt zu bekräftigen.

§. 3.

Darinn bestehet nun der wahre Hergang der Sache und das Verhältniß des Statuts, welche

Origi-

Originalurkunden verbürgen, die zumal mit noch viel andern bewährten und unverwerflichen Papieren und Handlungen begleitet werden, so daß, wenn man mit solchen ebenfalls auszurücken vermüßiget seyn sollte, die Welt noch mehr staunen würde, wie doch ein so gehäßiges, ungegründetes und in allem Betracht der Reichsstadt Augsburg selbst schädliches Werk, wie die Darstellung ist, an das Tageslicht habe kommen können.

Wenn aber in einem kurzen Zusammenhang in die Erwegung genommen wird, daß dieses Statut nach hinlänglicher Prüfung nicht nur von den Bischöfen, sondern auch von den Päbsten und Kaisern bestätiget, auch von dem römischen Reich selbst garantirt worden, und sogar per tres conformes sententias in seine Rechtskraft erwachsen sey, sofort erst in den Jahren 1734 und 35 durch Reichsoberrichterliche Erkenntnisse seine volle Rechtfertigung erhalten habe, und über das, die in der Darstellung von dem Verfasser zum Grund gelegte sub- et obreptitie erschlichene Bulle Clementis XII. im Jahre 1735 von eben diesem Pabst wiederum aufgehoben und in ihre gänzliche Nichtigkeit versetzt worden sey: so liegt ja daraus schon die Rechtmäßigkeit des Statuts, beyneben ganz sonnenklar an dem Tage, daß die Darstellung und Vorschläge des Verfassers, weder bey dem Pabst, Kaiser und Reich, auch überhaupt bey keinem Richterstuhle ein Gehör mehr finden, am Ende aber von dem Publikum nichts, als Verachtung verdienen werden.

Beschreibung der Charfreytagsprocession zu Herzogenaurach, im Bisthum Bamberg, am 10. April 1789.

Unsere Reisenden beeifern sich seit einiger Zeit um die Wette, uns von den Gebräuchen entfernter Nationen, im Stande der Natur lebender Wilden, und kleiner unbedeutender, bald verloschener Horden, oft die weitläuftigsten Erzählungen mitzutheilen, welche denn auch nach dem jetzt herrschenden Modegeschmack, sie seyen wahr oder erdichtet, nutzbar oder schief vorgetragen, mit der größten Begierde von allerley Ständen, von Gelehrten und zeitvertreibenden Alltagslesern, zum Theil gelesen, hingelegt und vergessen, zum Theil aber auch genutzet werden. Ich konnte schon oft meinen Unwillen bey dem Lesen dergleichen Schriften nicht verbergen, wenn ich die Sitten und Gebräuche solcher roher, noch uncivilisirter oder ganz wilder Völker mit deutschen Gewohnheiten, zum Nachtheil der Ausländer verglichen sahe, da doch unser liebes protestantisches, vorzüglich aber das katholische Deutschland hie und da noch einen Schwall von Un-

Unsinn und Thorheiten hegt, die einen weit größern und kräftigern Stoff zum allgemeinen Aufklärungswesen einem jeden darbieten, als die natürlichen, simpeln und fast durchaus unschuldigen Gebräuche der Wilden und Hottentotten. Und doch haben diese oft so etwas Characteristisches und Interessantes, sowohl für den Historiker zur Erklärung der ältern Geschichte, der mancherley Sitten und Gebräuche, als auch für den Gesetzgeber, u. a. m.

Die Charfreytagsprocession zu Herzogenaurach, einem alten Städtchen am Flusse Aurach, ist schon längst für einen großen Theil des dasigen Publikums ein reizender Gegenstand, und für die niedere, das Sinnliche liebende Volksklasse, eine Quelle der reichsten Unterhaltung. Der Fanatismus, welcher in dieser Stadt noch vor wenig Jahren herrschte, war außerordentlich groß, ohngeachtet sie ringsherum mit protestantischen Orten umgeben ist, und nur 3 kleine Stunden von Erlangen entfernt liegt. In der Charwoche lockte einen wohl zwanzigmal das Geklirre der Ketten an das Fenster. Ein trauriger Anblick! — Bald war es ein Büßender in verhüllter Tracht, Rock und Leib von schiefergrauer Leinwand; seine Arme waren ausgestreckt, und in einer horinzontalen Richtung befestiget. Bald ein Kreuzschlepper unter der schweren Bürde des Kreuzes niedergedrückt und ächzend, und in diesem Aufzuge durchwanderte der Büßende mit langsamen Schritten die ganze Stadt.

Alles dieses übertrift aber an Thorheit die Charfreytagsprocession,*) welche an diesem Tage Nachmittags um 1 Uhr ihren Anfang nimmt. Ehemals waren freilich dergleichen feierliche Umgänge gar nichts seltenes, da Andächtelen, Aberglaube und Finsterniß noch zu sehr unser Deutschland in Fesseln hielten; da aber doch jetzt in mehreren Gegenden des katholischen Deutschlandes ein wenig der Tag anzubrechen beginnt: so werden dergleichen geistliche Possen auch glücklich des Landes verwiesen. Herzogenaurach würde sich auch schon zur Abschaffung dieser feierlichen Possen im J. 1789 bequemt haben, wenn nicht dem Städtchen wegen der vielen Fremden, welche am Charfreytage dieses geistlichen Lustspiels wegen, von allen herumliegenden Ortschaften dahin kommen, zuviel von seiner Nahrung entgienge.

Vielleicht verschwindet in der Folge das Andenken an dergleichen geistliche Schaustücke, welche noch traurige Ueberbleibsel von der Gewalt des Clerus und seiner Macht in Verbreitung allerley Arten von Thorheiten und geistlichen Zwanges sind! Vielleicht zweifelt man dereinst an der wirklichen Existenz alles dessen, worüber seit einiger Zeit so viel im Publikum gesprochen wird. Ich theile Ihnen also hier, mein Freund! eine getreue Schilderung alles dessen mit,

was

---

*) Eine authentische Beschreibung der Procession am Fronleichnamsfeste in München findet man in Schlözers Briefwechsel Heft 36. S. 327 u. f. Sie hat vieles mit dieser Charfreytagsprocession gemein.

was ich am 10. April 1789 in Horzogenaurach selbst
sahe. Die ganze Charfreytagsprocession ist in 10
Ordnungen abgetheilt; jede derselben stellt ein Paar
abgerissene Geschichten, bald aus dem alten, bald
aus dem neuen Testamente, vor. Geschmack in
dem Zuge selbst, noch Costum in der Kleidung dürfen Sie hier gar nicht erwarten. Es ist ein flitter-
hafter Spaziergang von mehr als 600 Personen,
beiderley Geschlechts, groß und klein, schön und ungestaltet, die dreimal größere Anzahl der neugierigen Zuschauer ungerechnet. Diejenigen Personen, welche dabey die geistlichen Hauptrollen spielen,
sind alle äußerst buntscheckigt, mit grellen widrigen
Farben beladen, und augenscheinlich dazu eingerichtet, den stumpfen Sinnen der niedern Volksklasse
in wenigen Stunden einige Reizbarkeit zu ertheilen.
Und eben diese sonderbaren — ich möchte fast sagen — lächerlichen und flitterhaften Auftritte sind
es, welche Personen aus allen Ständen an diesem Tage hieher ziehen, und auch selbst die in Erlangen residirende Frau Markgräfin von Bayreuth öfters dahin zauberten.

Daß sich mancher unschuldige Jüngling, auch
mancher unter seinem Vieh aufgewachsene bigotte
Bauer, mancher Knecht, schon ein ganzes Jahr
zum voraus recht herzlich freuet, wenn er an dem
nächst zu erscheinenden Charfreytage, zur Ehre
und andächtigen Erinnerung des Leidens und
Sterbens unsers lieben Heilandes, in seiner Geburts-

stadt,

entweder den hohen Priester Melchisebech, oder
den König Herodes, oder gar Christum selbst,
zur vollkommenen Zufriedenheit aller ehrsamen Zuschauer, vorstellen kann, das können Sie sich ja
leicht einbilden! Und warum sollte man auch bey
einer solchen Ehre gleichgültig seyn? — Ich eile
nun, die Procession persönlich darzustellen.

Erste Ordnung. 1) Ein Führer in
einen eselsgrauen Mantel gehüllet, mit herabhan-
gendem Flor, führt mit seinem Trauerstabe die ganze
Procession, welche sich bey der Stadtkirche versammelt hat, an. 2) Auf diesen folgt mit langsamen ehrwürdigen Schritten ein Chor Musican-
ten mit Posaunen, welche (vermuthlich) ein Sterbe-
lied blasen. Dann folgen 3) der unschuldige
Adam, nämlich ein Kind in weiße Leinwand gekleidet und 4) dessen Schutzengel, der hinter
ihm geht. (Ein kleiner Knabe nämlich, mit frisir-
tem Kopf und einem kleinen blauen Mäntelchen.)
5) Der Neid mit dem Baum. (Ein kleiner
Knabe trägt wohl angezogen ein kleines Tannen-
bäumchen, in einem viereckigten Stück Holz steckend,
auf welchem einige Aepfel an Fäden hängen.) 6) Der
sündige Adam mit Schaufel und Todtenkopf.
7) Der den Adam verfolgende Cherub.
8) Das mühsame menschliche Geschlecht.
9) Die Gerechtigkeit mit der Waage. (Ein
Knabe in bunter Kleidung, mit blosem frisirten Kopf,
einem Abbé Mäntelchen von blauem Taffet, hält
eine

eine ganz neue Kaufmannswaage von Messing frey in der Hand.) 10) Der zwölfjährige Jesus. 11) Zwey Engel. 12) Etliche kleine Kreuzschleifer. (Eine Anzahl Kinder, größtentheils in weißen leinenen Kittelchen, mit rothen Banden, und blosem frisirten Kopf, welche kleine hölzerne Kreuze schleppen.)

Zweite Ordnung. 1) Ein Edelknabe mit Brod und Wein. (Ein kleiner Knabe mit gelben Schuhen, rothen Strümpfen, weißen Hosen und Kittelchen, um seinen Kopf einen Kranz gewunden, in welchem sich große Wachsperlen befinden. In der Hand hält er einen großen zinnernen Teller, worauf ein halbweißes Groschenlaiblein liegt.) 2) Melchisedech, der hohe Priester. Ein Vorbild des höchsten Priesters. Zu Pferd. 3) Josua und Chaleb, mit der Weintraube. (Ein Paar starke Kerls tragen nämlich an einem Stabe auf der Achsel eine anderthalb Ellen lange Weintraube, von Holz geschnizt, um jene erbauliche Geschichte christglaubigen Seelen ins schwache Gedächtniß zu rufen.) 4) Die Arche des Bundes von zwei Leviten getragen. 5) Der Mohrenkönig mit etlichen Mohren. (Alle haben das Gesicht und die Hände mit Ruß geschwärzt; der König hat eine Art von Krone auf dem Kopf von Perlen; die übrigen Mohren aber Federhüte mit goldenen Papierdressen. An Costum darf man sich hier nicht erinnern.) 6) Johannes der Täufer mit dem Stabe,

worauf die Worte: **Siehe das Lamm Gottes.**
7) Das Osterlämmlein, ein Vorbild des Lamms Gottes, welches hinwegnimmt die Sünden der Welt. (Ganz vortreflich! Nämlich ein Knabe höchstens 6 Jahre alt, in gelben Schuhen, rothen wollenen Strümpfen, weißen Kittelchen, blosem Kopf, frisirt und einem Kränzchen herum, hält in seinen Armen ein von Holz geschniztes Lamm.)

Dritte Ordnung. 1) Die weiße Fahne. 2) Auf diese folgt der Prophet Gad mit Geissel und Todtenkopf. 3) Der beängstigte König David auf der Harfe Trauerlieder spielend. Ein Vorbild des bis in den Tod betrübten Heilandes. Dieß ist eine der abentheuerlichsten und elendesten Vorstellungen, die ich noch jemalen erblickte. Ein kleiner dickstockigter Kerl von ohngefähr 15 Jahren, mit stierem bigotten Blick, einer Stumpfnase und breitem verzogenen Munde, hatte einen langen Talar von schillerblauem Taffet an, weiße baumwollene Strümpfe und gelbe Pantoffeln; auf seinem Schwedenkopf ein Kränzchen und über seinen Schultern einen breiten Riemen, an welchem eine alte Harfe hieng. Anstatt daß dieser beängstigte König David einen Psalm oder irgend ein Trauerlied hätte spielen sollen, hörte man von ihm nichts als bald einige Accorde disharmonisch anstimmen, bald aber eine Art von Menuet. Und diese armseelige Figur soll ein Vorbild unseres Heilandes seyn? Und dazu schweigen die dasigen beiden Geistliche stille? — Nun erschien 4) das zu Herzogenaurach.

Bildniß des betenden Heilandes am Oelberge. (Das Bildniß hat beynahe Mannsgröße, ist von Holz geschnitzt, mit einem schillerblauem taffetnen Schlafrock umgeben, und wird von 4 Bauern in grauen Röcken auf einer Tragbahre getragen; neben herum stecken Tannenzweige, vermuthlich in Ermangelung der Zweige eines Oelbaums.) 5) Die Betenden mit ausgespannten Händen. Zehen Personen, zum Theil baarfuß, in grobes Segeltuch verhüllt, durch beide Arme einen hölzernen Stab befestigt, giengen als gekreuzigte Vorbilder, nach Art der Gänse, eines hinter dem andern. Anfangs hielt ich diese einher wandelnde Puppen für ausgestopfte Feldmänner, weil man nichts menschliches an ihnen wahrnahm, und glaubte, sie würden zur Verjagung der Vögel und der Herzogenauracher Hasen dienen, und bey dieser Feierlichkeit benedicirt. Nachher aber erfuhr ich, daß dieses büßende Katholiken sind. Und solche abscheuliche, der Gesundheit höchst nachtheilige Handlungen abergläubischer Leute, welchen die wahren Grundsätze ächter Christus Religion ganz mangeln, kann noch der für die Aufrechthaltung guter Sitten und wahrer Religion Jesu stets wachende Fürst Bischof zu Bamberg dulden? — Mag dergleichen religiösen Unsinn in seinen Landen noch Schutz ertheilen? —*)

*) Zuverlässig weiß dieser rechtschaffene Regent nichts von diesem Unfug.

Vierte Ordnung. 1) Erscheinen zwey Ismaeliten; auf diese folgen 2) der unschuldige Joseph von seinen zwölf Brüdern gebunden. Ein (unglücklich gewähltes) Vorbild des gebundenen Heilandes. Den unschuldigen Joseph und seine Brüder stellen nämlich kleine Knaben von 6 — 8 Jahren vor. Joseph, ein Knabe in gelben Schuhen, rothen Strümpfen und weißem Kittelchen gehet in der Mitte; von der Hüfte seines Körpers gehen auf allen Seiten 4 Ellen lange Bänder von allerley Farben heraus, jeder der Knaben hält ein solches Band, so daß also der kleine Joseph von seinen noch kleinern Brüdern ringsherum in Banden geführt wird. Auf diese lieben Kleinen folgt ein Possenreißer, nämlich 3) Malchus in einer sonderbaren Kleidung mit der brennenden Laterne an einer langen Stange bey hellem Sonnenschein. Eine wahre Charfreytagserbauung! 4) Judas mit einer Rotte Soldaten. (Judas ist nämlich in eine Fratzenmaske mit einem langen Bart gehüllet, hat große Steifstiefeln und einen blaßgelben Schlafrock an, der mit einem breiten Gürtel zusammengebunden ist, und auf dem Kopfe eine uralte zerzauste Peruque. Nach geendigter Procession gehen Malchus mit der Laterne und Judas von Haus zu Haus, letzterer mit einem großen ledernen Beutel in der Hand, worin sich kleine Stückchen Blech befinden und — wollen Geld einwechseln, das ist, sie betteln.) 5) Christus mit gebundenen Händen. (Ein hübscher schlanker Mensch, mit rückwärts gebundenen Hän-

Händen, in einem blauschillernden Schlafrock, baarfuß, mit traurig herabgesenkten Kopf, wird von 4 großen starken Kriegsknechten an langen Stricken geführt. Daß es Kriegsknechte seyn sollten, versicherten mich in allem Ernste nicht nur der Schulmeister, sondern mehrere aus dem Volke, weil ich diese 4 Kerls für ganz etwas anderes hielt.)

Fünfte Ordnung. 1) Der verblendete Samson von einem Kinde geführet, und von den Philistern verhönet. Dieses Spectakel sollte nämlich ein Vorbild des verspotteten Heilandes seyn. 2) Christus im weißen Kleide mit verbundenen Augen von Herodes verspottet. 3) Der König Herodes mit seinen Trabanten. (Herodes sitzt nämlich wie ein Sterbender in letzten Zügen auf einer alten Mähre in spanischer Grandezza. Auf seinem Haupte prangt eine Krone von großen Perlen geflochten; sein Kleid besteht in einem langen Schlafrock von gestreiften Cattun mit Barchent gefüttert, der hinten über das Pferd hinabhängt. Mit der linken Hand hält er zitternd den Zügel des Pferdes, den er ohne Zweifel das erstemal in seinem Leben bekam; die rechte aber stützt er an seine Seite, um seiner königlichen Würde ein Ansehen zu geben. Etwas elenderes läßt sich kaum gedenken.)

Sechste Ordnung. Es kömmt 1) die rothe Fahne, dergleichen man bey feierlichen Umgängen in katholischen Orten gewöhnlich hat. Auf diese

folgt

folgt 2) Ruben mit dem blutgefärbten Rock des unschuldigen Josephs. Dieß soll nämlich ein Vorbild der blutigen Geißelung seyn. (Ein Knabe von 10 Jahren ist dieses Vorbild, in einem schillerblauen taffetnen Schlafrock und gelben Pantoffeln. Das Gesicht ist durchaus gepudert und mit rother Farbe durchkreuzt, die Wirkungen der Dornenkrone anzuzeigen. Die Gesichtsbildung dieses Rubens war sehr übel gewählt. 3) Der hart verwundete Weinbergssohn unter den Arbeitern; ein Vorbild des in der Geißelung hart verwundeten Jesu. (Ein Junge in brauner Kleidung, mit rother Farbe im Gesicht bespritzt, wird von drey andern Jungen geführt, wovon jeder einen kleinen Karst oder Hacke, dergleichen man in den Weinbergen gebraucht, in der Hand hält.) 4) Das Bildniß des gegeißelten Heilandes. Ein großes hölzernes Bild, welches auf einer Tragbahre ruht, und wegen seiner Last von 6 Männern, die alle in gleicher Kleidung erscheinen, mit heiliger Ehrerbietung auf den Achseln getragen wird. Um die Statue herum sind allerley erbauliche Zierrathen angebracht. Auf dieses Bild folgt einer der jammervollsten Auftritte, bey welchem die Menschheit zurückschaudert und die Vernunft über die grenzenlose, noch fortwirkende Gewalt des Fanatismus, und der eben so schädlichen als unmenschlichen Greuel, welcher sich aus den ältern Zeiten die katholische Kirche schuldig macht, zurückbebt. Man sieht eine Ordnung Geißeler — halbe Unmenschen, welche durch falsche Religionsbegriffe der allein seligmachenden Kirche

Kirche so weit in ihrem Religionseifer gerathen, daß sie selbst ihrer Gesundheit und ihres Körpers nicht mehr schonen. Der Geisselnde hat vom Scheitel bis an die Fußsohle eine von grobem leinenen Tuch gemachte Decke. In diese hüllt er sich, um unbekannt zu bleiben; an den Kiben Augen sind kleine Löcher zum Sehen ausgeschnitten, der Rücken aber ist entblößet. In der linken Hand hält er seinen Rosenkranz, in der rechten aber einen um seine Hand gewundenen langen härenen dicken Strick, mit welchem er von Morgens um 10 Uhr bis Nachmittags um 3 Uhr und noch länger beständig auf seinen blosen Rücken peitschet. Anfangs ist die Empfindung überaus schmerzhaft und krämpfend; da aber in der Folge dieser Schmerz durch die allmählige Betäubung sich in etwas verlieret, so peitschen manche religiöse Thoren — die in Herzogenaurach und mehrern katholischen Orten, wo gereinigtere Begriffe unseres Daseyns und unserer Pflichten sich noch nicht verbreitet haben, gar nicht selten sind — dergestalt auf ihren Rücken, daß öfters das rohe Fleisch herabhängt, und der bis auf die Knochen wund gepeitschte und zerfetzte Rücken dem Leben des Geisselnden gefährlich ist. Bey jungen Personen fließt das Blut vom Rücken herab, so daß der Ort, wo ein Geisselnder hintritt, durch das herabträufelnde Blut kenntlich wird; bey manchem aber stockt es, daher mehrere Geisselnde hinter sich einen Menschen mit einer Pechfackel gehen lassen; der beständig mit dieser Fackel den wund gepeitschten Rücken erwärmt,

da=

damit das Blut nicht zu sehr stockt. In diesem schaubervollen Aufzuge ziehen nun diese Leute die ganze Stadt hindurch, in der verkehrten Meinung, Gott damit einen Gefallen zu thun, und für ihre Sünden zu büßen. Mancher soll auch während den unerhörten Schmerzen zuweilen einen kräftigen Fluch hören lassen, allein dieß kann nach vollbrachter Geißelung dann nichts mehr schaden, weil das Kerbholz, worauf die Sünden nach den Begriffen dieser armen Leute verzeichnet sind, jetzt abgeschnitten ist. Daß schon mancher unsinnige Geiselnde an seinen Wunden gestorben ist, ist bekannt; eben so, daß schon mancher sich auf die übrigen Tage seines Lebens unglücklich machte. Stirbt auch ein Geisselnder, so hat es ja nichts zu sagen, denn er stirbt den Tod des Gerechten! Zu solchen unerhörten, dem Staate schädlichen Auftritten verleitet übel verstandener Katholicismus, Anhänglichkeit an alte irrige Lehren, welche der gemeine Mann um besto begieriger ergreift, je weniger er nach seinen geringen Einsichten Mittel vor sich sieht, des ewigen Lebens und der darin herrschenden, stets währenden Herrlichkeit und Freude, gewiß zu seyn. Man kann sich die fanatische Grausamkeit und den scheuslichen Anblick solcher Geisseler, so wie den dumpfen einfachen Ton der blutdürstigen Geissel, die nur immer heftiger den Rücken zu zerfleischen sucht, nicht rührend und abscheulich genug vorsteen. Ich eile daher zu der

Sie-

Siebenten Ordnung. Hier erschien zuerst ein Laufer. 2) Ein Edelknabe mit Scepter und Kron. 3) Der gekrönte König Salomo. Ein Vorbild des gekrönten Heilandes, ganz im lächerlichen Zuschnitte der vorigen Heilande. 4) Das Bildniß des gekrönten Heilandes, von Holz, aber angekleidet. 5) Etliche römische Gerichtsknechte. (Junge Bauern in weißen zwillernen Kitteln mit Stangen auf den Achseln.) 6) Zwey Edelknaben, wovon der eine einen Lavor mit der Gießkanne, der andere auf einem Teller ein großes Handtuch trug. 7) Pontius Pilatus mit Gerichtsdienern. Alle zu Pferd.

Achte Ordnung. Die gelbe Fahne mit der löblichen Bürgersodalität. Eine Reihe von ohngefähr 100 Bürgern, geht paarweis; jeder hält in der Hand ein kleines Gesangbüchlein, welches durch viele heilige wunderthätige Bilder ganz dickleibig ist. Einige aus dieser melodischen Bürgersodalität traten aus der Reihe heraus und wirbelten durch ihre Nasen die herabzusingende Zeile den sie umgebenden Bürgern dar. Bis also eine Zeile abgesungen wurde, war jederzeit eine Pause, die aber bald in eine Secunde bald in einige Minuten ausartete. Ein Vorsänger fand sich bey dieser geistlichen Horde nicht ein, daher eine jede Zeile gewöhnlich in sechs und noch mehr verschiedenen Tönen oben, mitten und unten angefangen wurde. Jeder dieser löblichen Bürgersodalität drückte nun mit seiner Gurgel die Endsilbe der Zeile so kräftig heraus, als es ihm am besten dünkte, und

wie

wie es ihm die gütige Natur verstattete, daher ich mich außerordentlich verwunderte, wie diese Bürger, nur bey einigem Gebrauch ihrer gesunden Vernunft, über dieses geistliche Geblöck nicht selbst untereinander uneins wurden. Wollte ich Ihnen nun noch die ganz besondern Physiognomien melden, die bald in einen stieren, wilden Blick, bald in boshafte, ganz eigene Seitenblicke ausarteten und größtentheils so wenige Denkungskraft, als nur immer möglich war, anzeigten; wollte ich Ihnen erst den schleppenden Gang und die stets auf die Erde gehefteten, gedankenlosen Charfreytagsblicke schildern, ja dann müßte ich die charakterisirende Feder unseres Nicolai oder die physiognomische Kunst des Herrn von Goetz in München haben, um Ihnen dieses auch dem Original gemäß so interessant darstellen zu können. Auf die Bürgersodalität folgte nun 2) der gehorsame Isaac, die Bürde des Holzes tragend. Auch diese Figur mußte den Herzogaurachern ein Vorbild seyn, wie Christus sich selbst sein Kreuz nachschleppte. 3) Abraham mit dem Schwerd. Ob Abraham so gekleidet war, wie er hier vorgestellt wurde, zweifle ich sehr. Hier hatte er einen schneeweißen, bis an den Nabel herabhangenden Bart, und doch zählte der junge Mensch, der ihn vorstellte und weiter keine Maske hatte, kaum 16 Jahre seines Daseyns! Wuchs denn dem Abraham der Bart so geschwind? — Oder ist der weiße Bart nur das Vorbild des Abrahams und das andere willkührlich? — Auf diesen folgte 4) ein Engel (aber

ohne

ohne Flügel) des Abrahams Schwerd einhaltend. Diese beiden Figuren hielt ich für ganz unbedeutend, weil ich mich bey ihrem Anblick auf gar nichts erbauliches besinnen konnte. Aber wie erschrack ich auf einmal, als auf die Vorstellung Abrahams 5) eine jüdische Synagoge folgte. Auf ernsthafte religiöse Gegenstände eine Rotte Hanswursten! Für den gemeinen Mann und — vielleicht auch für den ersten Anblick — mag dieses freilich etwas auffallendes seyn, aber bey der Vorstellung dieses Vorbilds selbsten ist alles so pöbelhaft und falsch gewählt, daß es einem jeden anekeln muß. Und dieß sollen Vorbilder aus der Lebensgeschichte Jesu seyn? Diese vernunftwidrigen Handlungen sollen die Erbauung an einem der wichtigsten Tage unseres Lebens — am Charfreytage befördern, wo wir Christi Leiden und Sterben mit der Würde eines wahren Christen ehrfurchtsvoll bedenken sollten? — Ohngefähr 8 — 10 Jungens, als Juden gekleidet, wenn sie in die Schule gehen, mit unförmlich langen Bärten von Fuchsschwänzen, steigen Paar und Paar, wie englische Kampfhähne, einher; die kleinern Juden tragen alte Follanten unter dem Arm, die zween hintersten größern Juden aber rauchen bey dem feierlichen Umgange Tabak. Ihre Pfeifen sind von ungeheurer Größe und die Tabakslöpfe von Thon so ungestaltet, daß man wohl über ein Pfund Tabak hineinstopfen kann. Während dem Gehen ahmen sie den Juden nach, wanken hin und her, schreien allerley hebräische Worte und brummen dabey. So auffallend und anstößig dieses Vorbild ist: um so mehr muß man 6) über eine Schaar Soldaten lachen. Ohngefähr 15 junge Bauernsöhne in gleicher Größe marschiren unter der Anführung eines Bauerncorporals, 3 Mann hoch, auf. Sie haben alle hellbraune Röcke mit rothem Unterfutter; ihre Hüte vornen spitziger und länger als ein Mauerbrecher, sind statt der silbernen Treffen mit weißem Papier garnirt; jeder ihrer großen Aufschläge ist aus einem Bogen hellrothen Papiers zusammengeklebt, ihre Manschetten aber von weißem Papier; ihre Gewehre sind hölzerne Spieße, die sie auf den Achseln tragen. Ihre Musik besteht in einer gedämpften Trommel und einer Zwergpfeife, womit ein Trauerlied geblasen wird, worzu die Trommel den Tact schlägt. Das Marschiren dieser halb papiernen Soldaten und der Tact der Trommel stehen in gleichem Verhältniß. — Auf diese erscheint 7) Christus das Kreuz tragend. Christus trägt oben am Kreuze und zwey andere starke Kerls unten. Christus selbst ist im Gesichte mit Blut bespritzt, hat auf dem Haupte eine große Krone von Pappendeckel mit Goldpapier überzogen, ferner einen langen weißen Bart, der aus dem Schwanz eines Hammels zusammengesetzt ist, und einen langen weiten Schlafrock von röthlichem Taffet an. Eine Christusphysiognomie konnte ich hier schlechterdings nicht entdecken; der Herzogenauracher Herr Christus hatte eine platte abgestumpfte Alltagsbildung, ohne Würde und Nachdenken. Nun folgte auch 8) Simon von Cyrene

Cyrene mit einer großen Dornenkrone auf dem Haupte und einem rothen blauschillernden taffetnen Schlafrock. Er trug Jesu das Kreuz nach. Der arme Simon dauerte mich in der That, denn er zog an seinem kolossalischen Kreuze wohl stärker als ein Pferd, und dann sah ihm bey dieser sauren Arbeit Hunger und Durst aus dem Munde heraus. — In gleichen Ordnung kamen nun 9) zwey Schächer Dismas und Gismas und 10) zwey Gerichtsknechte, welche den Schächern ihre Kreuze nachtrugen. Hierauf folgte wieder 11) eine Rotte Soldaten, noch obigem lächerlichen Zuschnitt, und dann 12) das Bildniß des kreuztragenden Heilandes von Holz, worauf eine Ordnung Kreuzschleifer folgte. Es waren 28 Personen, eben so wie die Betenden mit ausgespannten Armen, in eine grobe Decke gehüllt, in welche zum Sehen nur zwey kleine Löcher eingeschnitten waren. Das Kreuz war aus zwey starken Balken von weichem Holz zusammengesetzt; in der einen Hand hielten sie ihren Rosenkranz, mit der andern das auf dem einen Schulterblat ruhende Kreuz, welches sie mit allen Kräften hinter sich her fortschleiften. Schon frühe um 10 Uhr begegnete einem fast in jeder Gasse ein solcher Kreuzschleifer, welche dann bey mehrerer Ermüdung ihr Kreuz bald auf diese bald auf die andere Achsel mit vieler Behendigkeit warfen. Man erzählte mir, daß sich auch Weibspersonen mit unter diesen Kreuzschleifern befänden. Ich komme nun auf die

Neunte

Neunte Ordnung. Diese wird 1) von einem Führer mit einem Trauerstab angeführt. Hinter diesem gehet 2) der unschuldige Abel, der von seinem Bruder ermordet wird. Ein Vorbild des Todes Christi. Abel hat eine gewöhnliche Kleidung an, und geht mit herabgesenktem Haupte demuthsvoll voran; der Brudermörder Kain aber, der ihm auf dem Schritt nachfolgt, ist vom Scheitel bis auf die Füße in einen rauhen zottigen Pelz eingehüllt und führt eine dicke schwarze Keile in der Hand. Nach einigen Schritten machte er jederzeit die Mine, als wollte er den Abel auf das Haupt schlagen. Hinter diesen kommen 4) zwey Gerichtsknechte mit Würfeln und einem Brettspiel. Der Anzug dieser römischen Gerichtsknechte war leidlich, nur waren die Personen viel zu jung, als daß sie dem Amte eines Gerichtsknechts nur zur Hälfte hätten vorstehen können. Während daß diese zwey Jungens mit einander giengen, machten sie allerhand Narrenspossen, schrien aus vollem Halse einige unverständliche Worte her und würfelten dabey. Weit mehr Ansehen hatte 5) Longinus mit dem Speer, mit dem er die Seiten Christi eröffnet. Longinus saß hier zu Pferd, mit einem furchtbaren Spieß, der so schwer war, daß ihn die rechte Hand gar nicht halten konnte, daher er an den Steigbügel angeschnallet wurde. Sein Kleid bestand in einem cattunenen gemeinen Schlafrock, den ein breites gelbes Band um seinen Leib befestigte; die eine Hälfte des Kleides bedeckte Longinum, die andere aber den ganzen hintern Theil des Pfer-

Pferdes. Auf seinem Haupte glänzte eine schöne Perlenkrone und an den Füßen ein paar neumobische gewichste Stiefeln, die einen eben so großen Kontrast zum Ganzen machten, als die furchtbar erzwungene Majestät des Longinus im Verhältniß mit derjenigen seines alten hinkenden Paradepferdes, welches gerade von dem Lastwagen kam. Longin und ein unwissender Bauernpursche, der noch nicht über die Gränzen seines Ortes kam, wie räumen sich diese zusammen? Auf diesen Pseudolongin hatte 6) das große Crucifixbild die Ehre zu folgen, ein Abstand — der wohl jedem auffallen mag. Dieses höchst plumpe und in der That kolossalische Crucifix, aus Holz geschnitzt, wo Christus wohl einen unförmlichen Riesen aber keinem Gottmenschen gleich sahe, trugen sechs starke Bürger mit langen Stangen aufgerichtet in der Höhe. Ob eine so unförmliche Maschine etwas zur Erbauung beyträgt, daran zweifle ich sehr; doch sahe ich mehrere alte Mütterchen, welche bey der Betrachtung dieses lieblichen Holzblockes, indessen die Träger unter der schweren Bürde seufzten, bey einem tiefen Compliment, ein Kreuz nach dem andern, bald auf die Nase, bald auf die Brust machten. Nach einer kleinen Pause erschien 8) der bekehrte Hauptmann. Ein kleiner vierschrötiger Bauer in einem gelben leinenen langen Kleide und breitem Gürtel um den Leib saß auf einem Pferde; in der linken Hand hielt er auf eine besondere Art den Zügel, in der rechten aber einen Scepter. Daß er einen langen Bart hatte, werden Sie ohnedis vermuthen,

muthen, denn er war als Hauptmann betrachtet, wie ein Würstchen unter den Säusäcken.

Die zehnte und letzte Ordnung war für mich besonders unterhaltend, und sie ist es auch in der ganzen Procession, da sie uns einen Blick in die Denkungsart und den felsenfesten Glauben der dasigen Einwohner verstattet. Der Anführer hat 1) die schwarze Fahne, als ein Zeichen der großen Trauer des heutigen Tages. Hierauf folgen 2) zwey Engel mit Passionszeichen; nämlich zwei Knaben, weiß angezogen, mit kleinen blauen seidnen Mäntelchen, einem Kreuz auf dem Kopf und einige Passionszeichen in der Hand. Hieher gehört nun 3) mit allem Rechte der Prophet Jonas im Wallfische. Dieses Vorbild ist um so kenntlicher, da es auch alsobald Mitleiden und Lachen erweckt. Ein Fisch, wenigstens 8 Ellen lang, von Brettern fabriciret, braun angestrichen und inwendig hohl, liegt auf einer grossen Tragbahre; seiner offener Schlund ist fürchterlich, seine Zähne eine halbe Elle lang. Zu welchem Thiergeschlechte dieser monströse Fisch gehöre, ist unter den Naturforschern noch nicht ausgemacht, und bey den Herzogaurachern noch immer streitig. Der Herr Schulmeister, welcher Direktor der ganzen Feierlichkeit ist, versicherte mich aber hoch und theuer, es sey ein Wallfisch, wie man ihn zu den Zeiten des Jonas gefunden habe. Dem sey nun, wie ihm wolle, der Fisch ist fürchterlich groß, und die vier Metzger, welche ihn trugen, sollen sichtbare Spuren seiner

Schwere

Schwere auf ihren Achseln gehabt haben. In dem Bauch dieses Wallfisches liegt nun ganz bequem ein Knabe verborgen, welcher zum Schlund desselben allerley Verse heraussingt; ich konnte aber davon, ohngeachtet seiner hellen Stimme, schlechterdings nichts verstehen. Auf den Wallfisch wurde 4) das Grab Christi getragen. Eine jämmerliche Figur, so, daß ich mich wunderte, wie diese guten Leute ein so erbärmliches Schnitzwerk am Charfreytage herum tragen mochten. Christus, ohngefähr zwey Ellen hoch, kniete in der Figur eines Betenden, und hatte wie seine übrigen Konmilitonen ein blauschillerndes Schlafröckchen. Ringsherum stacken Tannenzweige, vermuthlich den mit Tannen bewachsenen Oelberg anzuzeigen. Die vier Träger, abgelebte Bauern, trugen dieses elende Schnitzwerk mit dem Hut unter dem Arm auf einer Tragbahre, von einer Gasse in die andere, und murmelten dabey mit verzogenen Augen und Lippen ihr Ave Maria. Ich traute kaum meinen Augen, als ich hinter diesen armen Grabchristiträgern auch die beiden Geistlichen des Orts in ihrer Kirchenkleidung erblickte. Also auch diese müssen an diesem geistlichen Lustspiele Antheil nehmen? Auch diese müssen die ehrfurchtsvollen Empfindungen, welche Ihnen das Andenken an diesen wichtigen Tag gewährt, durch eine religiöse Gassenwallfarth unterdrücken? Oder ist es Zwang, der ihre Handlungen bloß mechanisch macht? — Einige weltliche Herren und dann Bürger in zahlloser Menge folgten Paar und Paar den beiden geistlichen Herren nach, welche immer von neuem das Ave Maria herzhaft anstimmten, worauf die übrigen Personen die folgenden gewöhnlichen Worte nachmurmelten. Ein so ewiges Einerley, ohne Nachdenken und Empfindungen hergeplaudert, mag allerdings den Menschen fühllos machen, doch nahm sich das Ave Maria etwas besser aus, als das Geheul der löblichen Bürgersodalität in der achten Ordnung, von welchem man warlich nicht errathen konnte, was es seyn sollte. Auf die Mannspersonen folgte nun in angeschlossener Reihe 6) das Vesperbild. Eine junge, gut gebildete Frau (oder war sie noch eine Jungfer wie Maria?) ganz schwarz angezogen mit einem weißen Halstuch und rothen Strümpfen hielte an einer langen schwarzen Stange eine angekleidete Docke oder Puppe, welche die Maria Magdalena vorstellte, ganz nach dem Muster dererjenigen Docken, welche man zu Nürnberg am Thomastage für wenige Kreuzer kauft. Zur rechten und linken Seite der großen Docke war jederzeit eine kleine Docke, welche vermuthlich Maria Jacobe und Salome vorstellten, als welche, da der Sabbath vergangen war, Spezeren kauften und Christum salben wollten. Es soll dieß ein Vorbild des Anhangs seyn, den sich Christus bey den Frauenspersonen erwarb, nur hätte, wenn man ja diesen miraculösen Heldenmuth durch ein Vorbild hätte versinnlichen wollen, diese Vorstellung durch lebende Personen dargestellt werden sollen und nicht durch angekleidete Docken. Der Wind wehte den Rock der Maria Magdalena

fast

fast immer über den Kopf zusammen, so, daß viele
Personen ihren Spaß mit dieser Maria von hinten,
aber dabey keine Andacht hatten. Auch dieß kann
ich Sie versichern, daß man jederzeit zur Tragung
des Vesperbilds drey der schönsten Weibspersonen
nimmt, welche man in dieser Stadt kann ausfindig
machen; und ich mußte herzlich lachen, wie einige
junge artige Leute, welche neben mir standen, mein
Wirth sagte mir, es wären Studenten von Erlangen, alles übrige gleichgültig und zuweilen mit Spott
ansahen, ihre Augen aber mit mir gar mächtig auf
das herannahende Vesperbild warfen! So gleich
bleibt sich der Mensch bey dergleichen äußerlichen Andacht! Auf das Vesperbild und auf die 3 saubern
Mädchens folgte 7) das andächtige Frauenvolk.
Eine unerhörte Menge von Weibern und Jungfrauen, theils aus der Stadt, theils aus andern
katholischen Orten, schloß sich hier paar und paar-
weiß an und sang. Die vordersten Glieder stimmten
jede Zeile an und die hintern gaben dem angestimm-
ten Ton eine solche Dauer, Festigkeit und Kraft,
daß man das tobende Pfeifen eines Orkans zu hören
glaubte. Meine Feder ist zu schwach, Ihnen den
höchst absurden Mißton zu schildern, den das
im Baßton erhobene Gemurmel der Mannspersonen
verursachte, welche die Litaney mechanisch herplau-
derten, und die subtile, schwankende und krei-
schende Diskantstimme, welche sich bey dem Singen
zu sehr von der Litaney entfernte, keinen Uebergang
machte, und also den Ohren ein Chaos von widri-

gen

gen Tönen erweckte, dem Auge sich aber ein Haufe Alltagsmenschen darstellte.

Hier haben Sie also, mein Freund, eine möglichst getreue Schilderung und Darstellung der Charfreytagsprocession zu Herzogenaurach, und einen Fingerzeig, wie noch manche katholische Orte unseres lieben Frankenlandes in Rücksicht der Aufklärung beschaffen sind. Die vereinigten Bemühungen so vieler Fürsten zur Aufklärung ihrer Staaten, die Verbesserungen so vieler Schulen, besonders des katholischen Deutschlandes, und der Unterricht so vieler treflicher Lehrer der Jugend und des Volks konnten ohnmöglich ohne heilsamen Einfluß auf den großen Haufen bleiben, nur sind noch nicht alle Gegenstände des Aberglaubens und des thörichten Katholicismus vermindert, besonders an solchen kleinen, unbedeutenden katholischen Orten und Städtchen, wo sich noch keine Wahrheitsfreunde mit unüberwindlichem Muthe alten Mißbräuchen und schädlichen Einrichtungen widersetzt haben. An der feierlichen Procession am Frohnleichnamstage zu W* beteten die wenigsten Zünfte ihre Litaneyen; die meisten giengen ganz still mit. Viele lachten, und man sah dem langen Umzuge nicht mit ehrerbietiger Stille, sondern mit unandächtigem Muthwillen zu, als wenn man einer Karnavallslustbarkeit beygewohnt hätte. Auch selbst die feierlichsten Processionen werden in unsern Tagen immer unansehnlicher und kleiner, weil es unter so

vielen

vielen hundert Processionsliebenden, doch auch ein halbes hundert vernünftig denkende Katholiken giebt. Selten entdeckt man in den Reihen von Umgebenden gut gekleidete Personen, selbst in dem erzbigotten Herzogenaurach fand ich keinen wohlgekleideten Bürger oder eine angesehene Bürgersfrau darunter. Wenn Processionen aus Kirchen ausgehen, so wird man fast immer wahrnehmen, daß nur diejenigen mitwandern, die Amts halber mitgehen müssen, und daß hingegen die meisten gutgekleideten Herren und Frauenzimmer austreten, und auf das flüchtigste nach Hause eilen.

Wozu soll aber auch eine äußerst flitterhafte und lächerlich gewählte Procession nützen? Vermehrt es nicht noch mehr das Sinnliche, welches ohnedieß in der katholischen Kirche zu weit um sich gegriffen hat. Schon lange würden die Katholiken Ratzen und Mäuse angebetet haben, wenn nicht die heilsame Reformation — dieser Anbeterey zuvor gekommen wäre. Fast sollte ich glauben, in Herzogenaurach schämte man sich auch einer solchen Charfreytagsprocession, weil alle handelnde Personen, Schauspieler und Vorbilder, blos durch Kinder vorgestellt wurden, keine Person von 30 Jahren oder auch noch älter irgend ein Amt verrichtete, welches doch bey manchen Vorstellungen weit schicklicher, weit angemessener gewesen wäre; nur ältere Personen trugen das hölzerne Schnitzwerk, weil es Knaben nicht vermochten. Die löbliche Bürgerschaft, welche

so

so jämmerlich blöckte, bestand ganz aus der niedern Volksklasse, ohne daß eine andere weltliche Person sich dabey hätte einfinden mögen. Es ist unsinnig und vernunftwidrig, daß man während der Procession selbst den Hut abnehmen muß, daß sogar der Amtsknecht und einige Knaben mit langen Peitschen und Stöcken herumlaufen, und alles mit ge**bietender Stimme**, zur andächtigen Abnehmung des Hutes zwingen. Zu welchem Endzweck? — den Knaben etwan oder den sie umgebenden Kleidern seine Ehrerbietung zu bezeugen? — Oder weil dieses buntfärbige Gauckelspiel **Vorbilder von Christo vorstellen soll?** Und solche **Handlungen** mochte die **allein seeligmachende Kirche** zu religiösen, das Herz erhebenden Vorstellungen umbilden, bey der man mit entblößtem **Haupte**, und N. B. ohne Lachen seine lebhafte Ehrfurcht bezeugen soll? — Vermuthlich doch nur bey lebendigen Maschienen, bey angekleideten **menschlichen Bildern?** — Doch nicht für den Kain, für den Jonas und seinen Wallfisch, für den Judas Ischarioth?

Die Aufklärung kann aber noch lange unter allen Ständen des katholischen Deutschlandes zunehmen, bis der äußere Gottesdienst eine merklich veränderte Form erhält, und diejenigen Theile desselben geflissentlich umgewandelt werden, die den Protestanten am meisten aufzufallen pflegen. Höchst unbillig aber würde es seyn, wenn man aus

gewissen Theilen oder den häufigen Mißbräuchen des öffentlichen Gottesdienstes auf den Grad der Aufklärung des ganzen katholischen Deutschlandes schließen wollte. Man hört oft in den verschiedensten Gegenden des katholischen Deutschlandes von gemeinen Leuten die Bemerkung: daß Müßiggehen, stündliches Kirchenlaufen und Gebete hersagen, Gott unmöglich gefallen; daß alle gute Menschen Gott angenehm seyen u. s. w. der gemeine Mann wünscht schon lange an den mehresten Orten des katholischen Deutschlandes, daß die Fasten möchten aufgehoben werden, und dieß aus dem natürlichen und vernünftigen Grunde, weil die Fastenspeisen theurer, und doch weniger nahrhaft, als die Fleischspeisen sind. Man wünscht und sehnt sich an mehreren Orten nach der Aufhebung der vielen Feiertage, welche die Leute nicht nur faul, sondern auch arm machen, und einem wohleingerichtetem Staate zum größten Nachtheil gereichen. Es scheint aber, als wenn die Denkungsart des Clerus, der im alten System erzogen ist, sich wichtigern Fortschritten mit Macht entgegen setze, und daß die weltliche Obrigkeit aus sonderbaren Nebenursachen, die nicht gebilliget, noch viel weniger gründlich vertheidiget werden können, sich als die Widersacher der Aufklärung zur eingeschränkten theologischen Meinung hielte; sich durch die eigennützigen Grundsätze des Bischofs zu Rom, durch schlechtweg angenommene, ohne Prüfung oder einiges Nach-
benken

denken eingesaugte Religionsmeinungen und Seligkeitsmittel, die durch Voreltern desto kräftiger wirken, habe verführen lassen. Wer mehrere katholische Orte kennt, der wird auch hier den Kontrast oft in wenigen Stunden desto auffallender finden.

Natürliche Merkwürdigkeiten in dem Fürstenthume Eichstädt und einem Theile des heutigen Nordgaues.

§. 1.
Beschreibung der Kalkberge an der Altmühl.

Die Berge, welche die Altmühl und das Thal, in welchem selbige, oft sehr enge beschränkt, läuft, sind eine ungeheure Masse kalkigter Materie, die sich hier aufgehäufet hat, und die der Fluß selbst in zwey Haupttheile, deren einer gegen Süden, der andere gegen Norden liegt, absondert. Wir werden hier eine kleine Uebersicht von diesen beiden Theilen, in so weit sie sich in unserer Nachbarschaft halten, nehmen, die weitere Verfolgung aber unsern benachbarten Beobachtern überlassen.

Der südliche Theil dieser Berge also steigt fast von der Altmühl an immer schnell zu einer beträchtlichen Höhe: nachdem er aber diese erreichet hat, so senket er sich gegen die Donau sanft hin, und verliert sich besonders bey Ingolstadt an dem Ufer dieses Flusses

Flusses in eine solche schöne Ebene, daß diese berühmte Festung keinen besonders beträchtlichen und ihr gefährlichen Hügel in der Nachbarschaft hat. Auch gegen Neuburg fließt die Berghöhe in ziemlich sanften Wogen hinab. Wenn man aber weiter ober= oder unterhalb Eichstädt von der Altmühl der Donau zu gehen will, findet man die Bergfläche an sich schon weit ungleicher, und nebenbey durch enge und tiefe Thäler nach verschiedenen Richtungen unordentlich durchschnitten.

Den nördlichen Theil eben bemeldeter Berge theilen die in die Altmühl sich ergießenden Flüsse in mehrere Inseln. So läuft zwischen der Laber und Sulze die Berghöhe von der Altmühl an bis weit über Neumarkt und das verfallene Schloß Wolfstein in der obern Pfalz hinaus. Die Höhe zwischen der Sulze und Schwarzach entstehet zwischen den Mündungen dieser Flüsse bey Peilengrieß und Kündig, geht an der Sulze bis etwas über das Dorf Obermassing hinauf, ziehet sich aber bey Uttenhofen und der Ziegelhütte von dem Fluß zurück, und macht hier einen halben, die Höhlung gegen Untergang wendenden Bogen, auf dessen gegen Aufgang gewendeter Seite die Ortschaften Stierbaum, Ribling, Solengrießbach, Ernsbach, Weltenwang, klein und groß Berghausen, theils liegen, theils an dem Rande befindlich sind. Die Berghöhen, die zwischen der Schwarzach und der Anlauter, wie auch diejenigen, die zwischen diesem Flusse und der Altmühl fortlaufen,

sind

sind gleichfalls aufgehäufte Kalkmassen, die sich zwischen diesen Flüssen auf eine beträchtliche Weite hin erstrecken, nachhin aber sich schnell abstürzen, und sich endigen, ohne in Verbindung mit andern gleichartigen zu kommen.

Die Oberfläche aller dieser eben beschriebenen Berghöhen ist nur mit weniger, meistens thonichter, aber mit gebrochnen Schieferstücken häufig gemengt und überschütteter Erde bedeckt, daß man an manchen Orten Mühe hat, mit flüchtigem Auge Erde unter diesem Gemenge zu entdecken. So elend aber diese Bergflächen immer in die Augen fallen, so wenig hat man sich dennoch über ihre Unfruchtbarkeit zu beklagen. Es stehen auf solchen, und auch an den schnellen und steinigten Abhängen derselben gegen die Flüsse und Thäler, die schönsten Buch- Tannen- und Eichenwälder; alle Getraidesorten, als Waitzen, Korn, Dünkel, Gerste 2c. und keimen aus diesem Gemenge von Steinen und weniger Erde schön, und auch im Ueberfluß hervor.

Dem innern Baue nach bestehen alle diese Berghöhen aus horizontal übereinander liegenden Schichten, und bilden große und weitschichtige Bänke. Diese Schichten nehmen von unten hinauf an Stärke ab. In der Tiefe findet man Bänke, die sechs, acht und auch noch mehr Schuhe dick sind; nach diesen folgen, aber in keiner bestimmten Ordnung, schwächere, und endlich nahe an der Oberfläche zeigen sich Steinlager, die aus Schiefer, die nur einige Linien dick sind, bestehen. Die obersten und dünnsten Schichten sind durch vertikale Ritze sehr unordentlich in kleinere Stücke getheilt. Je tiefer aber die Schichten liegen, je weniger sind sie durch dergleichen Ritze gespalten. Man kann in tiefern Lagern leicht Werkstücke, die 6 und 8 Schuhe in der Dicke, in der Breite und Länge aber 40 auch 60 und mehr Schuhe mächtig sind, erhalten.

In diesen Massen finden sich öfters, wie es durchaus in Kalkbergen bekannt und gewöhnlich ist, starke Höhlen und Gänge, die entweder leer, oder mit eisenhaltigem Thon, Tropfsteinarten, Kalkspath und andern dergleichen Bergarten, zum Theil oder ganz ausgefüllet sind. Diesen Ritzen, Höhlungen, Gängen s. f. mögen größtentheils die starken Quellen, die am Fuße dieser Berge in Thälern hervor brechen, ihren Ursprung zu danken haben, da es sonst hart zu begreifen seyn würde, wie das Schnee- und Regenwasser durch horizontal liegende Steinschichten sich bringen und sammeln könnte.

Die Steinart ist durchaus in allen diesen Berghöhen die nämliche, ein ziemlich reiner Kalkstein. Nur eine etwas verschiedene Härte, eine allzeit blasse, hier in das gelbe, dort in das rothe, bald in das graue u. s. f. spielende Farbe, ein etwas zärteres, oder minder zartes Gewebe und dergleichen kleine Verschiedenheiten machen da und dort einen unbeträchtlichen

lichen Unterschied, der sich auch manchmahl in der Güte des daraus bereiteten Kalkes zeiget; allein ich habe nicht Erfahrung genug, hierüber einige allgemeine Regeln fest zu setzen. Es nehmen diese Steine auch einige Politur an. Sie verdienen aber kaum eine, weil ihre Farben immer sehr einfach und matt sind, und also niemals hiedurch ein vortheilhaftes Licht erhalten. Man würde sehr uneigentlich reden, wenn man diese Steinart unter die Marmorgattungen zählen wollte. Sie ist durchaus von einem allzu groben Gewebe, zu weich und zu staubicht. Wenn sie aber auch diesen höhern Rang nicht behaupten kann; so ist sie dennoch dem Lande und der ganzen umliegenden Gegend sehr vortheilhaft, wie wir bald zeigen werden.

Ich sagte vorhin, die Steinart in diesen isolirten Massen und selbst der innere Bau der Massen, wären sich selbst durchaus ziemlich ähnlich. Ich muß hier eine kleine, aber aller Aufmerksamkeit würdige, Anmerkung machen. Auf der Anhöhe, die zwischen der Schwarzach und Anlauter sich gegen Norden erstrecket, siehet man bey der Zunge, auf deren einer Seite das Schloß Obermässing steht, dort, wo sich auf der entgegen stehende Seite diese hohe Steile gegen das anspachische, in das Amt Stauf gehörige Pfarrdorf, Offenbau, abstürzet, daß die Kalkbänke mit zu 1, 2 bis 3 und mehreren Schuhe starken, sogenannten Eisenstuferzschichten wechselsweise durchschossen sind. Ob sich diese Schichten die ganze

Breite dieser Bergzunge durchziehen, kann ich mit keiner Zuversicht sagen. Der gegenüberstehende Theil, den ich besah, war mit aufgethürmtem Sande bedeckt. So muthmaße ich zwar, kann es aber gleichfalls nicht behaupten, daß sich diese Verschiedenheit auch in dem gegenüberstehenden Berge zeigen werde. Ich glaube, bey dem Dorfe Hebing einige Spuren von ähnlichen Abänderungen gefunden zu haben. Dem ohngeachtet kann ich nicht sagen, wie weit sich diese Eisenerzschichten unter den Kalkbänken zurück ziehen; doch vermuthe ich auch hier, daß sie mit dem anlaufenden Bergrücken bey Pfraunfeld, der ganz aus dergleichen nur mit thonichter Erde bedeckten Erze bestehet, aus welchen solches auch zu den Eichstädtischen Eisenschmelzöfen genommen wird, in einer Verbindung stehen. Ich wünschte, daß diese Vermuthungen den in seinem Fache sehr geschickten Herrn Hofkammerrath Heinrichmayr, wirklichen Eisenbergwerkskommissarium, der auf landesherrliche Kosten verschiedene Akademien in der Absicht, sich in der Bergwerkskunde vollkommen zu machen, besucht hat, zu einer genauern Untersuchung ermuntern. Ich hatte die gehörige Gelegenheit und Unterstützungen hierzu nicht.

§. 2.

Benutzung dieser Kalksteinberge.

Da uns Berge von dieser beschriebenen Art in Eichstädt von allen Seiten umgeben und mehrere

Vortheile von sich schon anbieten: so wird man leicht denken, daß man sie hier nicht unbenutzt werde liegen lassen. Es sind um die Stadt herum an dem Rande der Berge verschiedene Steinbrüche wirklich eröfnet, in welchen man aus ungeheuren sogenannten Werkstücken, theils zur schönen Baukunst, theils zu verschiedenen Nothwendigkeiten, verschiedenes sowohl für das In- als Ausland bearbeitet. So ist auf fürstl. Rechnung unter dem Schloße Wilibaldsburg ein sehr guter Werksteinbruch eröfnet. In der Buchtler Vorstadt sind einige auch Privatpersonen zuständige, schon viele Jahre her bearbeitet; andere sind nach Gelegenheit und Erfordernissen hie und da eröfnet, aber auch wieder verlassen worden. Der beträchtlichste, vielleicht auch einer der längst geöfneten, ist der gleich hinter der Stadt an dem sogenannten Galgenberge liegende. Aus diesen wurden schon viele Jahre die Steine, besonders zur schönen Baukunst genommen, und auch in demselben von fürstlichen Steinmetzen und Bildhauern gearbeitet. Der schöne Brunnen auf dem Marktplatz, der Brunnen und die prächtige Säule auf dem Residenzplatz, der kleinere eben daselbst, die Statüen an dem Portal des Willbaldsthor, die Spitalkirche, wie auch die in dem Hofgarten in der östlichen Vorstadt, und endlich ein prächtiges, nach der Zeichnung des berühmten Herrn Baudirektors Pedetti, schon vollendetes Portal für den Haupteintritt der fürstlichen Residenz, u. s. w. sind aus diesem Bruche, und auch in solchem bearbeitet worden. In diesem und den übrigen werben immer verschiedene Wasserbehälter, Epitaphien, Wegsäulen, Marksteine, Quader u. s. w. bearbeitet. Aus diesem ersieht man die Nutzbarkeit dieser Brüche schon genug: allein auch die Abgänge von den bearbeiteten Stücken sind nicht unnütz. Sie werden zum Straßenbau und dergleichen verwendet; ehe man aber diesen Straßenbau anfieng, hätte bald eine übel angebrachte Sparsamkeit den besten aller dieser Brüche unbrauchbar gemacht. Man arbeitete fast von dem Stadtthor an, an dem Rande des Berges gegen Westen fort, und führte den Bruch auch in die Tiefe, wo erst die stärksten und schönsten Bänke zu gewinnen sind. Um die Kosten zu ersparen, welche das Fortschaffen der Abgänge erfordert hätte, für welche man auch vielleicht damals keinen Ort zu finden wuste, thürmten die Arbeiter diese hinter sich auf, füllten die ausgenommenen tiefen Stellen mit solchen aus, und gruben sich auf diese Art selbst ein: nachhin setzte man sogar auf die ausgefüllten Stellen einige in der Nachbarschaft der Brüche benöthigte Gebäude. Hieraus folgte nothwendig, daß das aus den Klassen zwischen den Schichten im Frühjahr immer häufiger hervor bringende Wasser keinen Ablauf hatte, die Bänke also ersäufte und unbrauchbar machte. Man wollte vor wenig Jahren Maschinen und andere Mittel, sie wieder zu gewinnen, anwenden, verfiel aber meistens auf unanwendbare oder höchst kostbare: nur die leichteste und natürlichste, dem Wasser durch den gehäuften Schutt einen Ablauf zu verschaffen, wurde nicht beliebt.

Wirkin dem Fürstenthume Eichstädt 2c. 263

Wirklich hat man sich entschlossen, den Berg neuerdings von oben herab abzudecken. In dem Bruche unter dem fürstl. Schlosse geht man vorsichtiger zu zu Werke: man arbeitet immer gleich von vorne in den Berg hinein, und entdecket nach und nach breite und tiefe Bänke, wie wohl man auch hier zu beiden Seiten das Abgedeckte und die Abgänge aufthürmet, doch den Bänken ohne Schaden.

Aus höher an dem Berge liegenden Schichten, und dort eröfneten Brüchen werden Stücke von Bänken gewonnen, die nur 1 Schuh bis ½ beyläufig in der Dicke bey aller erforderlichen Länge haben. Sie werden mit leichter Mühe zu Staffeln bey Treppen, zu Gesimsen, Wänden bey Brücken, Tischplatten, u. s. f. bearbeitet; es ist die Brauchbarkeit dieser Bänke vielleicht noch größer, als man sie wirklich einsieht. — Noch höher am Berge hinauf kommt man auf Lager, wo die Schichten nur beyläufig einen Zoll dicke Platten liefern. Diese werden zu Pflastersteinen in Kirchen und andern ansehnlichen Gebäuden verwendet, und von dieser Gattung sind die fast in ganz Deutschland bekannten und gesuchten Solenhofer Steine. Diejenigen, die man in dem Eichstädtischen an vielen Orten, besonders aber auf der Berghöhe bey **Wintershof** und den benachbarten Ortschaften gewinnet, geben den Solenhoferischen an Härte und Schönheit nichts nach. Nur wäre es zum Nutzen des Landes zu wünschen, daß sie auch hier wie dort so ordentlich, zunft- und regelmäßig,

R 4 ge-

gewonnen würden. Ihre Brauchbarkeit aber an beiden Orten würde noch ungemein erhöhet werden, wenn diese Steine nicht blos mit den kleinen Hämmern zu Vier- oder Sechsecken bearbeitet würden, sondern durch Sägen. Die schiefen und schneidenden Seiten und Ecken, die sie durch das Schlagen erhalten, machen, daß sie durch Mertelkütt nicht so fest können verbunden werden, daher sie bald wieder losgehen, und den Auftritt durch ihr Aufschnellen unsicher machen. — Noch höher hinauf findet man endlich Lager von so dünnen Platten, daß sie in der Dicke nur wenige Linien betragen. Diese werden als Dachschiefer gebraucht. Die alte Art, sie dahin zu verwenden, die man noch auf manchen alten Dächern auch in Eichstädt sieht, ist wohl die ungeschickteste, die nur erdacht werden mag.

Wenn man aus diesen Kalksteinen in der schönen Baukunst, oder wo immer dauerhafte und wetteraushaltende Werke zu erlangen sucht; so muß man die Beschaffenheit des Bruches und der Schichten, aus welchen die rohen Stücke genommen werden, zuvor genau untersuchen. Denn viele dergleichen Massen sind ihrem innerlichen Baue nach so geartet, daß sie in kalter und feuchter Witterung entweder irregulär zerspringen, oder auch wohl gar sich schiefern. Besonders sind hier jene Stücke zu vermeiden, die, wenn sie genau betrachtet werden, schon durch kleine, anders gefärbte, in der Dicke des Steins durchlaufende Fäden, oder wenn sie mit

einem

einem Hammer angeschlagen werden, durch einen
zitternd kreischenden Ton einen verborgenen Fehler
zu erkennen geben. Sorglose Auswahl der Stücke
machte schon öfters schöne Kunstwerke in wenigen
Jahren zu schanden. Beyspiele sind einige Statuen
der Monate im fürstl. Garten und andere. Wenn
man die aus dem Bruche genommenen Stücke vor
Nässe beschützt, in eben der Lage, die sie im Bruche
hatten, der freien Luft aussetzet; so schließen sich
die Theile fester zusammen und der Stein erhält eine
größere und dauerhaftere Härte. Doch sichert dieses
in die Länge gegen kalte und eindringende Feuchtigkeit nicht ganz. Die vortrefliche Front des Wilis
baldsthor ist, durch vernachläßigte Vorsorge wider
das Eindringen der Nässe von der Dachseite her, so
übel zugerichtet, daß der eine obere Theil den Zusam-
mensturz drohet. Der schon einmal angerühmte
Herr Baudirektor hat also sehr lobenswürdig bey der
auf dem Residenzplatz errichteten Säule die Vorsorge
gebraucht, solche mit einem dünnen Oelfirniß einzu-
tränken, und so besonders von der Gewisterseite her
wider das Eindringen der Feuchtigkeiten zu schützen.

Daß also die eben beschriebenen Steinbrüche
nicht nur der Stadt und den umliegenden Ortschaften
sehr nützlich, sondern auch dem Lande einträglich seyn
müssen; läßt sich leicht schließen. Die Größe des
Nutzens aber, der sich vom Auslande hereinziehet,
läßt sich bey der unordentlichen und willkührlichen
Bearbeitung unmöglich bestimmen. Unterdessen
kann

kann ich doch mit Zuversicht behaupten, daß der Nutzen weit höher getrieben werden könnte, wenn besonders die obern Steinbrüche mit mehr Ordnung und Schonung behandelt, die Kirchensteine besonders mit größerm Fleiß zugerichtet, ausgesucht, auch einige etwas polirt werden sollten, dabey aber auch gesorget würde, die gar zu kostbare Versendung dieser schweren Waare auf der Achse etwas zu erleichtern. Vielleicht könnte man die Altmühl mit einem erträglichen Aufwande diese Bestellungen, bis in die Donau fort zu tragen, zwingen.

§. 3.
Beschreibung der über diese Berge gegen Norden hin gelegenen Gegenden.

Das über diese Berge gegen Norden hin gelegene niedere Land ist von ganz verschiedener und besonderer Beschaffenheit. Man kann solches mit allem Recht für ein großes Sandmeer ansehen; und ein in solchem liegendes fürstl. eichstädtisches Schloß und Amt führt nicht unbillig den Namen Sandsee. Die niedrigsten Stellen dieser ganzen weitschichtigen Gegend sind wirklich mit einer ganz ungeheuren Menge quarzichten Sandes bedecket, und dieser ist nicht nur dort, wo sich die Kalkberge abstürzen, an dieselbe hoch an- und aufgetrieben; sondern auch weiter von diesen entfernet, bilden sich hier und da wellenförmig gewölbte Strecken, die theils aus ziemlich lockern, theils in Felsenstücke zusammen gebacke-

nen

nen Sande von verschiedener Feinheit, Mischung und Verbindung bestehen.

Die Sandsteine verschaffen nach ihrer verschiedenen Beschaffenheit auch vielfältigen Nutzen. Man findet unter ihnen zarte, im Bruche weiche und leicht zu verarbeitende, die aber in freier Luft verhärten, und in Quader gehauen, zu schönen Gebäuden dienen. Auch die aus ihnen verfertigten Statuen haben wenigstens dieses vor denen aus Kalksteinen gearbeiteten voraus, daß sie von kalter und feuchter Witterung nichts zu befürchten haben. Die deutschherrische Commende Ellingen zeigt durchaus Muster von dergleichen Gebäuden und Statuen. In dem nürnbergischen St. Sebalbergehölze und andern herumliegenden Hügeln, sind Brüche eröfnet, aus welchen die berühmten Mühlsteine verfertiget werden; andere dienen zu guten Schleifsteinen u. s. f. Es ist gar kein Zweifel, daß man nicht auch in andern Gegenden, als in ebengenannten in diesem Sandbezirke Brüche würde eröfnen können, die eben so taugliche Mühl- und Schleifsteine liefern würden. Man hat hierüber in dem fürstlichen eichstädtischen Amt Spalt einen Versuch gemacht. Er ist nur aus Ursachen, die nicht zur Sache gehören, mißlungen; und man würde keine gegründete Ursache haben, sich abschrecken zu lassen, den Versuch auf eine schicklichere Art zu erneuern.

In

In diesem sich auf viele Meilen erstreckenden Sandmeere erheben sich noch neben den vielen Sandsteinbänken und Hügeln ganz von allen andern isolirte höhere Berge, dergleichen der bekannte Möningerberg, der Sulz= und Schlipfelberg, der Buchberg und mehrere andere sind. Das sich schon in ziemlicher Entfernung aus dem Sande erhebende Erdreich, das sich gleichsam in steigenden Wellen auf diese Berge hinschwinget, die äußere Form und Höhe, und noch mehr, ihr ganzer innerer Bau sind merkwürdig und verdienen die genaue Untersuchung eines Naturforschers. Aber auch dieses ist sehr merkwürdig, daß auch an alle diese isolirte Berge der Sand von einer Seite her so hoch aufgeschwemmt ist, daß dieser meistens so gar die höchste Fläche derselben bedecket. Diese Berge, wenn sie gleich durch den dazwischen liegenden Sand von den hohen Kalkbergen abgesondert zu seyn scheinen, und wenigstens keine offenbare Verbindung mit solchen haben, liegen doch immer noch nahe an denselben.

Ich will den Bau des Möningerberges etwas genauer beschreiben, weil mir dieser der bekannteste, und der Bau der übrigen von diesem wenig unterschieden ist. Dieser Berg ist, wie andere seiner Art, von Südwest her mit aufgespieltem Sande bedecket, und selbst der oberste Theil, die sogenannte Platte, ist noch Sand. Man findet in demselben wenig fremdartiges; nur eine Gattung schalenartiger Schlacken verdienet, theils wegen ihrer

ver=

verschiedenen Formen, theils wegen ihrer verschiedenen, gelben, rothen, violeten ꝛc. Farben, mit welchen sie spielen, bemerket zu werden. Sie bestehen aus zartem zusammen gebackenen Sande, mit eingemengten etwas gröbern Kießkörnern, und sind sehr eisenhaltig. Ihre Verschiedenheit in der Form, und das ganz besondere Gemenge, aus dem sie bestehen, macht ihre Beschreibung schwer. Unterdessen kann ich so viel versichern, daß mir in allen diesen Gegenden nichts vulkanischen Produkten ähnlichers zu Gesichte gekommen. Dennoch will ich Niemand Hoffnung machen, in diesen Gegenden den Krater eines ausgebrennten Vulkans entdecken zu können!

Unter diesem Sande auf diesem Berge liegt eine Steinart, welche zwar kalkartig, aber nichts minder als rein ist. Sie geht vor dem reinern Kalkstein, den wir vorhin beschrieben haben, nach der innern Mischung und auch schon an der Farbe, wie an allem übrigen sehr weit ab. Diese Steine bilden in ihrem Lager keine Bänke, sondern liegen in auf einander gesetzten Wacken von nicht gar beträchtlicher Länge und Stärke. Die Schichten, die sie machen, liegen auch nicht horizontal; sie folgen dem Schwung des Erdreichs und gehen wogenweis wie dieses auf die Berge hin und durch solche fort. In den Brüchen, die man in diesen Schichten zum Straßenbau eröfnete, sahe ich diese Wacken so aufeinander liegen, daß sie beynahe ein altes trocknes Gemäuer vorstellten. Die Farbe ist in diesen Schichten oben licht-
grau;

grau; die unteren Lagen nehmen immer eine dunk=
lere Farbe und verfallen endlich ganz in das dunkle
schwarzgraue. Die Mischung endlich bestehet aus
Kalk und etwas eisenhaltigem Thon, dergleichen
thonichte Erde auch die Zwischenräume der Wacken
ausfüllet, und aus verwitterten dergleichen Steinen
entstanden zu seyn scheinet. Diese Steine sind der
Auflösung um so viel näher, je mehr sie neben
besagter Mischung viel Vitriolichtes führen. Wenn
sie auch gleich schon längere Zeit im Trocknen gelegen,
so sind sie doch zum Mauerwerke wenig tauglich; sie
ziehen wegen bemeldeter Ursache die Feuchtigkeit in
sich, machen sehr ungesunde Wohnungen und zer=
fallen endlich, wie ich sehr oft und in mehreren Orten
beobachtet haben.

Diese Schichten enthalten überall etwas, und
in manchen Gegenden eine außerordentliche Menge
von versteinerten Schalthieren. An einer Stelle
z. B. findet man sie mit Muschelschalen, in andern
mit versteinerten Schneckengehäusen so besetzet, daß
der ganze Stein fast nur aus ihnen zu bestehen schei=
net. Man findet in ihnen nicht nur den bloßen Ab=
druck, sondern öfters noch ganze oder wenigstens doch
ganz unläugbare Theile wirklicher und nur wenig ver=
änderter Schalen. Wo dieser Stein verwittert und
in eine Gattung Mergel sich auflöset, findet man
in solchem ganz freie dergleichen Petrefakten, die auch
die Regen= und Bergwasser weiters mit sich fort
schleppen. Es ist also sehr glaubwürdig, daß alle

Petre=

Petrefakten, die man irgendwo frei und einzeln findet, vorhin in dergleichen Steinen bey mehreren sich befunden haben.

Von dieser eben beschriebenen Gattung der Steine ist der bekannte Schneckenmarmor, aus welchem in dem altpfälzischen Schlosse Berg, unweit Neumarkt, kleine Wandtische, Tabatieren und andere schöne Kleinigkeiten von dem geschickten Marbier Herrn Schlauch verfertiget werden. Man setzet aber diese Steine sehr unrichtig, wie ich glaube, unter die Marmorarten, ohngeachtet ihm benannter Marbier eine sehr feine glänzende Politur zu geben weiß. Er ist keine reine Kalksteinart; er hat die Härte eines Marmors bey weitem nicht, und seine Mischung mit Thon, wie auch das vitriolsalzige Wesen, die eingesprengten Markasitkörner und kleinen Adern, die sich öfters in ihm befinden, versagen ihm auch die Dauerhaftigkeit eines wahren Marmors. Eine besondere Schönheit aber läßt sich bey diesen Steinen nicht abläugnen.

Unter diesen eben beschriebenen Schichten folgt eine blaugraue in klaftermächtigen Schichten aufeinander liegende Steinart. Sie ist noch viel weicher als die vorhergehende, läßt sich mit dem Messer leicht behändeln, auch auf der Bank drehen. Sie ist aber dennoch ganz untauglich. Denn in den neueröfneten Brüchen scheinen zwar die, besonders tiefer liegenden Stücke, dicht und aneinander hängend;
allein

allein wenn sie in freier Luft austrocknen, spalten sie sich, nicht zwar in gleich dicke Platten, wie ordentliche Schiefer, sondern in ungleiche unordentliche Stücke. Durch anhaltende Kälte und Nässe verwittert diese Steinart sehr geschwind, und löset sich in einen blaugrauen Mergel auf. Wenn man ein Stück von diesen Steinen auf glühende Kohlen legt, so spaltet es sich, verliehret seine Farbe, und brennt endlich mit einer blassen Flamme. Dieses bezeuget den Schwefelgehalt schon deutlich. Man muß sich also auch nicht verwundern, wenn man, besonders zur Regenzeit in den Hohlwegen in diesen Gegenden, die bis auf dieses Steinlager bringen, einen sehr üblen und starken Schwefellebergeruch entdecket. Man findet auch in solchen hin und wieder Markasitdrusen, und dergleichen ungemein kleine Kristallen in dieser Steinart eingesprengt.

Auch diese Steinlager enthalten sehr viele Ueberreste von Schalen der Seethiere und ganzen Petrefakten. Besonders findet man in ihnen eine ungemeine Menge der verschiedenen Arten der Belemniten, mit welchen diese Steine in manchen Orten von allen Seiten her, wie durchbohret sind. Dieß muß die Ursache seyn, warum die umliegenden Bauern diese Gattung von Versteinerung, Steinnägel nennen. Unter diesen ist eine Art besonders merkwürdig, die manchmal die Länge von einem Schuh merklich übertrift, wie ein Dorn fortläuft, und im stärksten Durchmesser kaum über einen viertel Zoll hält.

Man

Man findet auch Anzeigen von vielen Muscheln, besonders einer Gattung Austerschalen; allein wenn man gleich die Abbrücke noch mit wirklichen braunen Ueberresten der Schalen bedecket sieht, so sind sie doch, wie auch die sogenannten Ammonshörner flach gedruckt, wie wenn sie weich und biegsam gewesen wären.

Ich sahe diese blaugrauen Steinschichten in dem Hohlwege, durch welchen man von dem Dorfe Möning über die ersten Absätze des Möningerberges nach dem Freistädtchen geht, mit einer besondern weißgrauen Steinart in starken Lagen von verschiedener Breite durchschnitten. Als ich sie genauer untersucht hatte, so fand ich, daß diese ganzen Zwischenschichten ein bewundernswürdiges Gemenge von Millionen in einander verschobener Muschelschalen von der kleinsten Gattung seyn. Das Landvolk nennet diese Gattung Erbsensteine, und sie ist eine der merkwürdigsten Erscheinungen, die ich in dieser Gegend immer gefunden habe. Der blaugraue Schiefer wechselt mit dergleichen Schichten einigemal. Tiefer hin unter diesen Steinarten fand ich keine Gelegenheit, etwas zu beobachten.

Ob alle diese verschiedenen Gattungen von Steinschichten sich unter dem Sande auch dort, wo dieser sich mehr ausbreitet und von den reinern Kalkbergen weiter entfernt sich in Hügel und wogenartige Rücken aufwirft, habe ich beträchtliche Ursache zu zweifeln. Ausgegrabenen Brunnen in Alersperg entdeckten nichts von diesen Steinarten, vielmehr zeigte sich unter dem Sande eine Art Gneus, mit welchem die Straßen in diesen Gegenden belegt werden, der gleichfalls wackenförmig bricht. In diesen, wie in allen Sandfelsen, fand ich nicht das geringste Anzeigen von Versteinerungen, wohl aber in feinen und harten Kristallen angeschossenen Markasit, der schon manchem Goldsüchtigen in diesen Gegenden den Beutel geleeret hat. Allein in Gegenden, die noch nahe an den Kalkbergen liegen, ist es sehr glaubwürdig, daß sich oben bemeldete Steinschichten auch unter dem Sande fort erstrecken, weil man sie nach einigen Strecken wieder in Berge aufsteigend findet, wie ich schon gemeldet habe. Selbst die nähern Kalkberge scheinen auf diese Schichten aufgesetzt zu seyn. Denn als man an dem Rande des Berges bey dem Dorfe Untermässing vor einigen Jahren einen Keller auszugraben anfieng, kam man auf blauen, in Mergel aufgelösten Schiefer. Man fand in solchem verschiedene Nieren von Markasit und einige mit Markasit eingesprengte braune, leichtflüssige und eisenhaltige Geschiebe, die so großes Aufsehen machten, so daß man den Ort mit Soldaten bewachen ließ. Allein ohngeachtet die Wünschelruthe recht viel versprach, und auch ein gewisser Gürtler, mit einem jungen durchreisenden Komödianten solarische und lunarische Proben lieferten: so wollten doch Bergverständige in Leipzig und Nürnberg nichts dergleichen erkennen, und so fiel die schöne solarische und lunarische Hofnung, wie schon einmal vor mehrern Jahren

ren bey Plankſteten, bey gleichen Umſtänden, auch hier in den gegrabenen Brunnen. Ich erinnere mich, daß ich in einem Hohlwege in Thalmäſſing die Kalkſteine wirklich auf ſolchen blaugrauen Schiefer aufgeſetzet geſehen. Nebenbey verrathen auch faſt alle Brunnen, die zwiſchen den freiſtehenden, eben beſchriebenen und den Kalkbergen gegraben werden, ſchon durch ihren Vitriolgeſchmack, der ſich merklich verſtärket, wenn das Waſſer einige Zeit geſtanden und trüb geworden, daß das Waſſer in ſie durch dieſe vitriolhaltige Schiefer bringe, und dieſe alſo ſich glaublich unter letztern Bergen auch durchziehen.

Ich ſagte vorhin im freien Sande und Sandfelſen finde man keine oder nur äußerſt ſelten Petrefakten: meine eigene Erfahrung zwang mich, dieſes zu bekennen. Doch muß ich das in dieſen Gegenden ziemlich häufig vorkommende verſteinerte Holz ausnehmen. Ich fand dergleichen in dem Aemtern **Heideck** und **Hilpoltſtein** in den neuburgiſchpfälziſchen Antheile, und auch in dem Aemtern **Sandſee, Pleinfeld, Kleinabenberg, Herrieden** u. ſ. f. Ich gab anfangs dieſen Verſteinerungen gar kein hohes Alter, weil ich dort noch ſicher glaubte, daß dieſe Stücke von Holzſchlägern vernachläſſiget worden, und ſich nachher durch ihre Lage in den weitſchichtigen Sandfeldern in Steine verwandelt hätten. Selbſt der berühmte Leibmedikus in Anſpach, Herr geh. Hofrath **Schmidel** war gleicher Meinung. Dem ungeachtet schäme ich mich, diese Meinung, bey welcher mich nur die prächtigen Folgen getäuschet haben, einer gewissen Akademie vorgetragen zu haben. Denn nachdem ich Gelegenheit gefunden, diese Versteinerungen in ihrem eigentlichen Lager anzutreffen; nachdem ich gesehen, daß sie auf hohen Hügeln unter einer Masse verhärteten Sandes meistens gefunden und nur von hier ausgeschwemmet, in niedere Gegenden hingerissen würden; nachdem ich in andern Gegenden auf und bey den isolirten Bergen, Stücke und auch ganze starke Balken oder Stämme von theils versteinertem, theils in eine fast trippelartige Substanz verändertem, theils ganz oder zum Theil verkohltem Holze, zwischen Schichten, die mit ungeheurer Menge von versteinerten Schalen angefüllet waren, gefunden hatte: so verschwand alle Wahrscheinlichkeit meiner vorhin gehabten Meinung, und ich fand mich gezwungen, diesen Veränderungen des Holzes auch gleiches Alter mit den versteinerten Schalen der Seethiere beyzulegen.

Man findet Stücke von versteinertem Holze in diesen Gegenden, bey welchen aus den sichtbaren Jahren, aus dem Spiegel und andern Merkmalen, die Gattung mit aller Zuversicht bestimmt werden kann; so sind Buchen, Eichen, Tannen u. s. f. meistens sehr kenntlich. Die meisten Stücke wenigstens führen unläugbare Zeichen einer vorhergegangenen Fäulung. Die Art der Versteinerung selbst ist nicht einerley. Man findet Stücke, welche die Zartheit und Festigkeit eines Achats erhalten und eine sehr lebhafte Politur annehmen. Manche spielen mit schönen Farben, andere fallen in das grauschwarze u. s. f. Andere Stücke, wenn sie gleich die Härte glasartiger Steine angenommen, sind doch von so rauhem Gewebe, daß sie niemals eine gute Politur vertragen, und wieder andere haben Mangel an Härte, und nehmen also gar keine Politur an. Eine Gattung von versteinertem Eichenholz findet man, die, wenn sie angeschliffen wird, vollkommen ein natürliches gehobeltes Holz dieser Art vorstellet.

Dieses versteinerte Holz, von dem wir eben gemeldet haben, ist fast das einzige Petrefakt aus dem Pflanzenreiche, das mir, sowohl in den sandigten, als kalkichten Gegenden, unter die Augen gekommen. Nur ein versteinertes ungekünsteltes Geflecht von einer fast einen halben Zoll dicken Binsengattung, das ich an dem Rande des Möningerberges gefunden, und einen Abdruck einer sehr schönen vierblättrichten Alga auf einem Kalkschiefer, den der Freiherr von Hompesch besitzet, und wenige andere Stücke, muß ich noch ausnehmen. Dergleichen Versteinerungen also sind in unsern Gegenden wahre Seltenheiten. Die Dendriten, oder sogenannten Baumsteine, welche Baier in der Oryctographia Norica sehr gut abgezeichnet und beschrieben hat, und die man häufig in manchen Brüchen auf Dachschiefern findet, sind eine Art von Kristallisationen, und gehören also nicht in das Pflanzenreich. Versteinerungen von Landthieren und Vögeln, sie mögen heißen, wie sie wollen, fand ich gar keine. Alles, was mir als daher gehörig andere vorzeigten, waren Stücke, die sie entweder aus aufgelegter Unwissenheit dahin rechneten, oder sogenannte Naturspiele, woran die Einbildung großen Antheil hatte. Der Astacus chelis longissimis, der auf Schiefern öfters, und zwar in den verschiedensten Stellungen vorkömmt, ist es, der sich bey den meisten bald in einen Frosch, bald in einen Vogel, bald in irgend etwas anderes metamorphosirt, mit dem man sich also, um sich nicht zu irren, bekannt machen muß. Unterdessen besitze ich selbst in meiner Sammlung einige starke wahrhaft versteinerte Knochen, die ich aus diesen Steinbrüchen erhalten, die ich aber nicht Ursache habe, eigentlichen Landthieren zu zuschreiben, und dem Meerpferd oder den phocis abzusprechen. Es ist hier der Ort nicht, einen Katalog von Versteinerungen, auch nicht einmal von denen zu liefern, die ich in meiner Sammlung besitze; ich überlasse diese Ehre dem vortreflichen Vorsteher des fürstl. Naturalienkabinetes, der alle hieher gehörige Wissenschaft und auch Unterstützung hat. Wer aber unterdessen die meisten Gattungen der in diesen Gegenden anzutreffenden Versteinerungen kennen zu lernen verlangt, kann solche in des Johann Jakob Baiers oben belobten Oryctographia, und dem Supplemento dieses Werks, das Ferdinand Baier 1757 herausgegeben, in Kupfer gestochen finden, oder noch

noch besser in dem großen Knorrischen Werke, auch nach der Natur gemahlt, besehen.

§. 4.
Vermuthungen über die Entstehung und älteste Beschaffenheit dieser Gegenden.

Wenn man von dem, was ich bisher als Augenzeuge mit aller Aufrichtigkeit erzählet habe, die Uebersicht nehmen, und das Erzählte genau überdenken wird: so glaube ich, daß Jedermann frey auf den Schluß fallen werde: „Diese ganze beschriebene Gegend „müsse vor undenklichen Zeiten, und zwar vielleicht „manche tausend Jahre hindurch, der Grund eines „unheuren Sees oder des großen Weltmeeres gewesen „seyn, von dem sich die Gewässer endlich, aus was „immer für Ursachen, zurück oder abgezogen, der „aber dennoch viele Millionen verewigter Zeichen sei„nes vormaligen Zustandes noch beybehalten habe." Es ist dieses ein Schluß, den zu unsern Zeiten fast alle diejenigen machen, welche die Beschaffenheit der Oberfläche unsers Erdballes in allen bekannten Welttheilen und besondern Gegenden aufmerksamer untersuchen, auf den uns aber diese unsere Gegenden vor allen andern unwiderstehlich hinzwingen. Es ist nicht möglich, daß man sich etwas anderes gedenke, wenn man die so häufig vorfindigen in verschiedenen Schichten übereinander wechselsweis gehäuften, kennbarsten Schalen der Seethiere, betrachtet; wenn man einen Klumpen von beyläufig einem Kubikschuh ansieht, der hier ganz aus einem wahrhaft unzählbaren Gemenge kleiner zweyschaliger Muscheln, dort aus einem Gemenge von unzählbaren gleichartigen Seeschneckengehäusen bestehet; und noch nebenhin bedenket, daß alle diese Schichten, besonders der sogenannte Schneckenmarmor, sich eben nicht in einer Strecke von etlichen Schuhen, sondern in einem an den Kalkbergen sich auf viele Meilen hin erstreckenden Strich Landes befinde. Nicht nur in der Gegend vom Möninger Berge, wo ich ihn entdeckte, nicht nur in den Gegenden von den Sulzbergen, nicht nur in den Gegenden des Buchbergs und des Schloßbergs, sondern auch, nach dem Zeugniß des ältern Baier, bey Altdorf zu Weisenbrunn und Pulheim, findet sich dieser dort schon längere Jahre bekannte Schneckenmarmor, und wenn Naturforscher unserer Gegenden auf diese Steinarten und derselben Lage und Gang einmal aufmerksamer werden gemacht werden: so zweifle ich nicht, daß man solche an noch weit mehrern Orten entdecken werde. Selbst die Kalkberge, die das obenbeschriebene Sandmeer samt allen in demselben liegenden isolirten Bergen, glaubwürdig wie ein Rand einen weitschichtigen Kessel umfassen, und in sich selbst, wie ich vermuthe, zurücklaufen, haben dergleichen unläugbare Zeugen bey sich. Man findet auch in den stärksten Werkstücken verschiedene versteinerte Ammonshörner, und auch größere hochgewundene Schnecken: in höhern Schichten findet man verschiedene Nautilus- und Muschelarten u. s. f. Man findet sie freilich nicht in der ungeheuren Menge,

in

welcher man sie in den niedern vorhin beschriebenen Schichten, auf welche diese Kalkmassen aufgesetzet sind, findet. Die Ursache aber ist, daß das, was man findet, nur wenige, zufällige und noch kenntbare Ueberreste einer unendlichen Menge durch hin und her schwemmen im Sande zerriebener, aufgelöster und in eine unförmliche Masse nach und nach zusammen geschwemmter Schalen sind, aus welcher diese Kalkberge alle entstanden sind. Es ist auffallend, ich gestehe es, wenn man behauptet: alle diese weitschichtige Kalkmassen seyn aus zerriebenen oder aufgelösten Schalen der Seethiere entstanden. Ich schauderte selbst anfangs vor diesem Gedanken zurück. Denn welche ungeheure Menge von Schalen wird hiezu erfodert? welche ungemeine Zahl von Jahrhunderten zu ihrer Erzeugung? wie lange mußten sie nachher Sturm und Wellen im Sande an einander reiben, bis sie zerrieben, zerstöhret, aufgelöset, auf diese Höhen zusammen getrieben, niedergesetzet und endlich erhärtet wurden? Allein diese scheinbaren Schwierigkeiten führen uns auf keine Unmöglichkeit, sondern gerade hin auf das, was wir bey allen andern Untersuchungen unsers Erdballes entdecken; daß er nämlich ein unbegreifliches Alter habe, und unzählbaren Revolutionen sein ganzes Alter hindurch unterworfen gewesen sey.

Als das Wasser diese Gegenden verlassen, hatten sich ganz wahrscheinlich die untersten Schichten

der

der Kalkmaße schon in eine Steinhärte zusammen gezogen; allein die obern müssen nothwendig noch sehr weich gewesen seyn. Bey allmäligem erfolgtem weitern Abgang desselben haben sich die kleinern Fische, die dem Strome nicht gefolgt und schon nicht mehr folgen konnten, in die weiche halbflüssige Maße versenket und erstickten endlich in solcher. Den Beweiß machen die auf den Berghöhen befindlichen Schiefer. Man findet in solchen bekanntermaßen viele Skelete von verschiedenen kleinen Fischen, selten von einigen einer etwas beträchtlichern Größe, bey welchen nicht nur Kopf, Geräde und Rückenwirbel, sondern auch Flossen und Schuppen sehr kennbar sind. Nur die fleischichten Theile sind meistens in Verwesung gegangen, und wo besonders fette Theile ihre Lage hatten, bildeten sich statt derselben weiße Spatkristallen. Fast alle diese Skelete sind in einer gezwungenen widernatürlichen Stellung, die einige Naturforscher sogar auf den Gedanken gebracht, die Maße, in welcher diese Thiere umgekommen, müsse siedend gewesen seyn. Diese Folge scheint mir ganz unrichtig. Denn wenn man auch den muntersten Fisch in eine halbflüssige Maße von Gyps werfen würde: so zweifle ich nicht, er würde vor seinem Tode noch die widernatürlichsten Stellungen, um sich zu retten, annehmen, und endlich doch in einer derselben erliegen.

Meine erzählten Beobachtungen über diese Gegenden machte ich nur auf höchst zufälligen kleinen Reisen und Spaziergängen, ohne einige Unterstützung.

ßung. Ich glaube also auch, daß sie von meinen Lesern Nachsicht verdienen und auch erhalten werden. Verbesserungen aber verbitte ich im geringsten nicht; mein Ziel vielmehr ist durch die Bekanntmachung dieser Beobachtungen andere zu ermuntern, daß sie dieselbe zu berichtigen und weiter als ich zu gehen, sich die Mühe nehmen mögen.

Da ich in Zukunft wenige Gelegenheit mehr haben werde, Beobachtungen dieser Art zu machen, dürfte ich nicht an die Naturforscher unserer Gegenden einige Fragen stellen, die ich durch ihre Aufmerksamkeit bestimmt, oder beantwortet zu werden, wünschte? Ich wage es.

1. Fanden die Flüsse, die Altmühl, Sulz, Laber und andere ihren Weg durch die beschriebene Kalkmassen schon gebahnt, oder bahnten sie ihn sich selbst? beides, wie?

2. Schließen die Kalkberge sich wirklich, wie ich vermuthete, irgendwo an sich selbst an, und bilden also mit den inne liegenden tiefern Sandgegenden eine Art eines förmlichen Kessels? sind nicht vielleicht mehrere dergleichen vorhanden?

3. Was haben die Kalkberge für eine Verbindung mit den in Franken und Schwaben erscheinenden Gypsbergen? was zeiget sich für ein Uebergang von den reinern Kalkarten zu diesen?

4.

4. Sind obengemeldete Keſſel und die ſie umgränzenden Kalkmaſſen, nicht mit einem hohen Urgebirge umſchloſſen, oder waren es wenigſtens in vorigen Zeiten?

5. Wäre es nicht zur Vollkommenheit der Geſchichte unſers Erdballes und zu noch mehreren Abſichten zu wünſchen, und könnte man es nicht durch fleißige und genaue Beobachtungen dahin bringen, daß wir nach und nach von beſondern kleinern Bezirken geographiſche Karten erhielten, die die Erhöhungen, Vertiefungen und beſondere Beſchaffenheit des Erdreiches ziemlich genau anzeigten? wie könnte dieſes auf das leichteſte und gelegenſte erhalten werden?

H. G. C.

Von den Badgästen zu Bad=Embs, in den Jahren 1788 und 1789.

Embs liegt 2 Meilen von Coblenz, 16 von Mainz und 20 von Frankfurt am Main, an dem kleinen Flusse Lahn, in einem Thale, das durch zwey sehr hohe Berge eingeschlossen ist, daher auch dieser Aufenthalt vor dem Nordwinde gesichert ist. Die Luft ist daselbst rein und die Lage sehr schön, auf beiden Seiten steigen Distrikte von Weinbergen und Gehölze in die Höhe. Ein Vortheil für dieses Bad ist, daß es auf der großen Reiseroute liegt, welche von Coblenz nach Mainz durch Schwalbach und Wiesbaden führet. Gleich an dem Flecken Embs sind die berühmten embser warmen Bäder, am Flusse Lahn. Es sind 5 Bäder da, davon die zwey gegen Abend hessendarmstädtisch; die drey gegen Morgen aber nassaudietzisch sind; beide Herrschaften haben daselbst ihre besondern und schönen Palläste; jedoch hat Hessendarmstadt allein den Brunnen. Uebrigens ist die Bewirthung an Essen, Trinken und Logis hier gut. Das darmstädtische Badehaus ist das schönste und ansehnlichste, worin auch die Bäder

Bäder sehr gut und bequem angelegt sind. Da der Flecken **Embs** zwischen hohen Bergen eingeschlossen und das Thal ungemein schmal ist: so brechen sich die Sonnenstralen gegen die hohen Felsen und verursachen auf die unten liegenden Gebäude öfters bey heißen Sommertagen eine unerträgliche Hitze, welche aber doch durch die Lahn, welche sich durch viele Krümmungen und darin liegende Felsenstücke rauschend hindurch windet, in etwas vermindert wird.

Seit wenigen Jahren war man sehr beschäftiget, sowohl die beiden Badehäuser, als auch das Gesellschaftshaus, zu verbessern und zu verschönern, um sie dem Geschmack unseres Zeitalters angemessen zu machen. Auch für die Fremden wurde gesorgt, um ihnen ihren Aufenthalt nicht nur angenehm, sondern auch gesund zu machen. Der Gesellschaftssaal ist so eingerichtet, daß er die beste Gesellschaft aufnehmen und jedermann, welche denselben besuchen wollen, vergnügen kann. Er ist gut zugerichtet, und mit den schönsten Spiegelgläsern und neuen Meubles versehen. Man findet daselbst ein schönes Billard, und man kann daselbst alle Tage mehrere französische und deutsche Zeitungen lesen. *) Der Entrepreneur dieses Saals bedienet daselbst die Fremden

---

*) Zum Beispiel Le Courier du bas Rhin; La Gazette françoise de Cologne; Le Iournal général de l' Europe; La Correspondance littéraire secrete; politische Gespräche der Todten; geheimer Briefwechsel; Frankfurter Staats-Ristretto; Cöllnische Postzeitung.

den mit allen Arten von Erfrischungen, mit Chocolate, Thee, Kaffee, Limonade, Sirop, Punsch, Liqueurs u. s. w. In dem nämlichen Saal wird gewöhnlich alle Sonntage, und auch an jedem andern Tage in der Woche, wenn es die Fremden verlangen, Ball gehalten. Alle Wochen wird die Liste der Fremden ausgetheilet, wofür man 1 Fl. bezahlet, man mag da seyn, so lange man will. Bey erstgenanntem Entrepreneur kann man die Discription historicochimique et medicale des Eaux et des Bains d'Ems für 36 Kr. haben.

Es wäre wirklich der Mühe werth, die jährliche Listen der Fremden und Badegäste in den berühmtesten Bädern Deutschlandes öffentlich bekannt zu machen. Einsichtsvolle Litteratoren haben schon oft den Wunsch geäußert, man möchte die Litteraturprodukte einzelner Distrikte unseres deutschen Reichs zusammen stellen und bekannt machen, weil die Litteratur eines Landes auf eine vorzügliche Weise mit zu dem Charakteristischen desselben gehöret. Sie ist nicht allein der Barometer der Aufklärung in demselben, sondern sie winket auch überhaupt sehr deutlich auf den herrschenden Geist und Charakter desselben hin. Auf ähnliche Weise ließ sich der mehrere oder der mindere Gebrauch der Bäder — eine richtige Klassifikation derselben, nach dem verschiedenen und häufigen Besuch derselben, entdecken, wenn uns von jedem derselben die Zahl der besuchenden Fremden richtig angegeben würde. Könnte man sogar

gar die Namen und Charaktere der Badegäste gegen einander halten; so würde uns dieß eine statistische Uebersicht gewähren, wie stark die Konsumtion in jedem Bade ist, und welches Bad von den angesehensten und entferntesten Gästen am häufigsten besucht wird. Die statistische Kenntniß würde dadurch mannichfach vermehret und das Steigen und Fallen der Bäder am besten erwiesen werden. Selbst die Kenntniß des Arztes würde dabey nicht leer bleiben.

Man nehme den ganz auffallenden Kontrast des Selterbrunnenwassers im kurtrierischen Flekken Niederselters gegen die Einnahme vom Brunnen bald nach der Entdeckung desselben, nicht gar lange nach den Zeiten des dreißigjährigen Krieges, wo ein Bauer Peter Leinweber die Pachtung für 2 Fl. 20 Kr. jährlich übernahm, und jetzt? wo der reine Gewinn vor wenigen Jahren, ohne Unterhaltung der Gebäude, 53787 Fl. Gulden betrug und sich jährlich noch verbessert? —

Wir haben nun in Deutschland keinen Mangel mehr an berühmten, heilsamen Bädern; die Geschichte derselben, so wie ihre mineralische Wirkung, ist in neuern Zeiten eifrig und größtentheils gründlich, bearbeitet worden, so, daß uns in dieser Rücksicht nicht viel zu wünschen übrig bleibet. Nützlich wäre es, wenn wir auch von der Einrichtung derselben, der Bequemlichkeit der mancherley Bäder, der man-

cher=

cherley Arten der Vergnügungen daselbst, von der litterarischen und gesellschaftlichen Unterhaltung, den Spaziergängen, von den malerischen Aussichten, besondern Naturmerkwürdigkeiten, von dem Preiß der Lebensmittel, der Wohnung, von den herumliegenden Orten und anderen wissenswerthen Gegenständen der Bäder, sichere und ausführliche Nachrichten in einer Schrift beysammen hätten. Freilich müßte der Verfasser ein Mann seyn, der an den Orten selbst gewesen und unpartheyisch alles geprüft hätte. Sicher wäre dieser Gegenstand einer größern Ausführung werth, als der Vorschlag zu einer einförmigen Badekleidung, womit sich vor anderthalb Jahren das Journal des Luxus und der Moden von Bertuch beschäftigte. Mancher Badegast würde sich, theils in ein für seine Umstände bequemeres Bad verfügen, theils auch mancher Kosten, woran er vorher nicht dachte, auch öfters gar nicht denken konnte, überhoben seyn.

Ich erhielt durch die Güte des verdienten und würdigen Hrn. Regierungsraths D. Brückmann, Brunnenmedikus zu Bad-Embs, die gedruckte Liste des Seigneurs et Dames venus aux Bains d'Embs pendant la saison de 1788. 3 Bog. weniger 1 Blatt in 8. Ich mache hier den Anfang, daraus folgende Bemerkungen mitzutheilen.

Der Fremden überhaupt waren damals 466 Personen. Nämlich

Vom 15. bis letzten May fanden sich
ein . . . . . 23 Personen
Vom 1. bis 15. Juni . 58 — *)
Vom 16. bis letzten Juni . 58 —
Vom 1. bis 7. Jul. . . 123 — **)
Vom 8. bis 17. Jul. . . 49 —
Vom 18. bis 26. Jul. . 34 —
Vom 27. Jul. bis 5. Aug. . 53 —
Vom 6. bis 24. Aug. . . 41 —
Vom 25. Aug. bis 15. Sept. = 27 —

Summa 466 Personen.

Rechnet man nun hiezu noch die Domestiken, wovon mancher Badegast mehrere bey sich hatte, und dann auch Kinder, welche nicht mit in der Liste angezeigt wurden: so darf man sicher die Zahl der Fremden über 500 und die Zahl der eigentlichen Gäste gegen 400 Personen rechnen.

Ich habe auch die Liste vom Jahre 1789 vor mir, welche 2 Bogen stark ist. Die Zahl der Badegäste war zusammen 327 Personen. Nämlich

Vom

---

*) Worunter sich der regierende Fürst von Anhalt-Bernburg befand.

**) Worunter 3 Prinzessinnen von Wied und der regierende Graf von Issenburg-Wachtersbach waren.

in den Jahren 1788 und 1789.

Vom 15. May bis den 18. Jun.
   fanden sich ein   65 Personen.*)
Vom 19. Jun. bis 1. Jul.   64 —
Vom 2. bis 13. Jul.   36 —
Vom 14. bis 23. Jul.   58 —
Vom 24. Jul. bis 9. Aug.   46 —
Vom 10. bis 21. Aug.   35 — **)
Vom 22. Aug. bis 15. Sept.   43 —
       Summa   347 Personen.

Auch in diesem Jahre waren viele angesehene Personen da; und auch verschiedene aus sehr entfernten Gegenden. Unter diesen 347 Personen waren wenige, deren eigentlicher Endzweck nicht der Gebrauch des warmen Bades war. Der Hôtel de Hesse Darmstadt und der Hôtel de Nassau Orange beherbergten beynahe alle Fremde, dagegen sich im Jahre 1788 viele Badegäste in den dasigen Wirthshäusern einlogirten.

Man würde mich sehr verbinden, wenn man mir von mehreren Bädern die gedruckten oder auch geschriebenen Curlisten, oder die Verzeichnisse der angekommenen Fremden, welche sich des Bades bedient haben, gütigst mittheilen wollte.

                     Hirsching.

*) Worunter der regierende Fürst von Anhalt-Bernburg-Schaumburg, nebst seiner Gemahlin und dem Prinzen Wilhelm waren.
**) Worunter der hessencasselsche General Freyherr von Knip-hausen mit einer Gesellschaft war, die nicht mit angezeiget ist.

Was heißt in Rußland Arende, und was ist ein Arendegut?

Man las im vorigen Jahre in den politischen Zeitungen, daß von Ihro Majestät der russischen Kaiserin an den Hrn. General en Chef, Rigaischen und Revalschen Generalgouverneur und Ritter, Grafen Browne, der specielle Befehl ergangen sey, dem Hrn. Generallieutenant von Derfelden, welcher die Türken zweymal gänzlich geschlagen, den St. Georgenorden von der zweiten Klasse zu verleihen, und daß allerhöchst befohlen worden, ihm ein Arendegut in Liefland, seinem Charakter gemäß, auf lebenslang ohne Zahlung der Arende zu geben.

Ein Kenner der russischen Staatsverfassung, der sich lange in Liefland aufgehalten hat, Hr. Hofkammerrath Boye in Bayreuth, giebt hierüber folgende Auskunft. Das hier weniger bekannte Wort Arende bedeutet einen Pacht, und der Pächter eines Ritterguts heißt Arendator. Ein Gut in Arende haben, ist so viel, als bey uns pachten, und ein Gut verandeririren, so viel als verpachten.

Die

und was ist ein Arendegut?

Die hohe Krone in Rußland besitzt vorzüglich in den vormaligen schwedischen Provinzen sehr viele und ansehnliche Rittergüter, welche zum Theil von solchen Familien herrühren, die vor dem nystädtischen Frieden in der sogenannten Gnadenzeit sich nicht unter russisch-kaiserl. Bothmäßigkeit begaben, sondern in Schweden blieben, theils aber vorhin schon Heermeisterlich war und nachher der Krone Schweden gehörten. Diese Güter werden nicht so wohl als eine Kronrevenüe benutzt, sondern sind vielmehr bestimmt zu Belohnungen und Pensionen für alte oder sich auszeichnende Diener, im Militaire sowohl als im Civile. Wer lange rechtschaffen dient, oder Gelegenheit hat, sich besonders auszuzeichnen, kann, nach Verhältniß seines Charakters, sichere Rechnung auf eine Kronarende bey der ersten Gelegenheit machen. Dieses geschieht indessen auf eine zweyfache Art, nämlich mit Zahlung der Arende, oder ganz frey ohne selbige.

Die erste Art ist die gewöhnlichste, und besteht darin, daß eine geringe Abgabe, höchstens der halbe Ertrag des Guts bezahlt werden muß, das übrige aber als Remuneration oder Pension, (den auch Wittwen genießen dergleichen Arende, so wie auch alte verabschiedete Officiers,) angesehen wird. Wenn zum Beispiel ein Gut 1000 Rubel jährlich trägt, so macht die Arende höchstens 500 Rubel aus, und dem Arendator bleibt das übrige als Remuneration oder Pension.

Die

Die andere Art, nämlich ohne Arende und da gar nichts an die hohe Krone gezahlt wird, sondern der ganze Ertrag dem Herrn Arendator bleibt, ist seltener und geschieht nur bey außerordentlichen Vorfällen und besondern Verdiensten, wie hier der Fall bey den Hrn. Generallieutenant von Derfelden war, dem die Kaiserin, außer dem millitairischen Orden, ein Krongut auf Lebzeiten, ohne Zahlung der Arende, zugesichert und nachher auch wirklich geschenkt hat. Genannter Hr. von Derfelden bekam ein Krongut von 30 Haken auf der Insel Oesel. Der jährliche Ertrag von einem dortigen oder rigischen Haken wird im Durchschnitt auf 150 Rubel gerechnet, so wie ein esthnischer auf 100 Rubel. Die jährlichen Revenüen des auf Lebzeiten geschenkten Guts machten also etwann 4500 Rubel oder 9000 Fl. nach dem 20 Fl. Fuß, weil nämlich nichts dafür bezahlt wird.

Mit dem Orden, welcher an einem orange oder gelben Band mit schwarzen Striefen, und zwar von der zweiten Klasse über der Weste mit einem Stern getragen wird, ist auch eine ansehnliche Einnahme verknüpft: wenn zumal nicht mehrere Ritter sind, als die festgesetzte Zahl ausmacht; dieses ist bey den zwey ersten Klassen selten, bey den zwey letztern aber häufig. Indessen ist die allergeringste Einnahme von diesem Orden 120 Rubel, und steigt bis auf einige tausend Rubel in der ersten Klasse.

Etwas

Etwas über den Anbau kleiner oder Trüpfhäuser.

Im vorigen Jahrhundert und noch im Anfange des jetzigen, hat man ziemlich ohne Einschränkung und ohne Widerspruch neue kleine Häuser und Trüpfhäuser erbauet, weil niemand sich darüber zu beschweren Ursache hatte, da die Bevölkerung noch nicht groß, man mehr auf die Ausrottung, als auf die Schonung der Waldungen bedacht war und das Holz in keinem Werthe stand.

Gegen die Mitte unseres Jahrhunderts aber gewann die Sache eine andere Gestalt; die Wälder wurden lichter, die steigenden Holzpreise ermunterten noch mehr zu deren Dünnemachung, der steigende Luxus vermehrte das Holzbedürfniß, zu einer Zeit da er dessen Verminderung verursachte, und — nun fieng man an einzusehen, daß der uneingeschränkte Anbau neuer Häuser schädlich werden und das Maas der Bevölkerung auch seine Gränzen haben könne. Die Städte wollten an ihren Waldungen keine Häuser mehr anbauen lassen, deren

Bewohner theils zu unvermögend waren, Holz zu kaufen, theils es nicht einmal ums Geld erhalten konnten, folglich zum Holzstehlen und Verwüstung der Wälder gleichsam genöthiget waren.

Es sind freilich wenige Länder, die sich einer zu starken Bevölkerung rühmen können, allein ich halte dafür, daß besonders in Deutschland viele Gegenden sind, wo der Holzmangel eine wesentliche Hinderniß der Bevölkerung seyn mußte. Ein von allen großen Flüssen, von der See entferntes, rauhes, felsigtes, an und für sich unfruchtbares Land, wo es acht Monate Winter ist und und wo man die übrigen vier öfters noch einheizen muß, wo alles von Holz gebauet ist, wo alle Jahre ein Paar Dörfer abbrennen — und wieder von Holz erbauet werden, wo ein sehr mäßiges Städtchen 900 bis 1000 Klaftern Holz verbrauchet, wo Bergbau, Eisenhämmer, Glashütten und andere holzfressende Fabriken die Erhaltung der Waldungen erfordern, wo die Holzungen folglich einen Theil des Reichthums des Landes ausmachen: — ein solches Land kann ohnmöglich eine so starke Bevölkerung ertragen als Frankreich, Spanien, Italien u. s. w. wo die Sonne wärmt; als die Niederlande und England, wo Torf und Steinkohlen den Mangel des Holzes ersetzen, wo die Schiffahrt Bauholz aus Schweden, Norwegen und Nordamerica herbey führt. Wenn das Voigtland und der erzgebürger Kreis so bevölkert wären, als die sieben vereinigten Provinzen: so
mußte

mußte die eine Hälfte der Einwohner erfrieren und die andere Hälfte die Erfrornen fressen, da die Zufuhr der Holz- und anderer Bedürfnisse auf der Art zum Theil äußerst kostbar, zum Theil unmöglich werden würde.

Man sagt; der Anwachs der Fabriken und Manufakturen — von dem der Flor und die Aufnahme der Länder abhienge, erfordere eine größere Bevölkerung, und ziehe eine solche auch nothwendig nach sich. Nun fragt's sich: wie weit kann diese Bevölkerung gehen? wie weit soll sie gehen? — Ins Unendliche gewiß nicht.

Was sind aber das meistens für Leute, die man auf dem Lande, zum Betrieb der Manufakturen, in den Schutz nimmt oder anbauen lässet? Jauner, Landstreicher, Deserteurs, Flüchtlinge aus andern Ländern, die es hier anfangen, wie sie es dort gelassen haben, die mit dem wenig übelerworbenen oder gestohlenem Gelde ein Häuslein errichten, sich Credit schaffen, in der Folge Schulden machen, und wenn sie genug angesetzt haben, das Weite suchen. Freilich vermehren sie die Volksmenge, aber ohngefähr in der Maaße, wie ein Freibataillon, welches in einem Distrikt einen Einfall thut, raubt, plündert und nothzüchtiget — dann seiner Wege geht, leere Nester und uneheliche Kinder hinterläßt. Es wäre also immer sehr billig, daß kein neuer Anbauer angenommen würde, ohne von dem Amt und dem Pfar-

Pfarrer des Orts, wo er gewohnt hat, gute Zeugnisse seines Wohlverhaltens mit zubringen; alsdenn aber müßte er eingeforstet und eine gewisse Klafterzahl Holz anzunehmen, angewiesen werden. Dieses ist weder als beschwerlich, noch ungerecht anzusehen, denn hat das Dorf, wo sich ein solcher neu Angekommene ansäßig machen will, Holz genug, so wird der Herr und die Gemeine froh seyn, dessen Holzabgabe zu sichern, und leiden sie selbst Mangel, so müssen keine neue Anbauer geduldet werden. —

— Diese hingeworfenen Gedanken, welche schon ehemals der einsichtsvolle und thätige Herr Landeshauptmann von Weitershausen in dem Hofer Intelligenzblatt äußerte, wären einer weitern Ausführung werth, und ich wünschte, daß sich Jemand die Mühe nehmen möchte, solche mehr auseinander zu setzen.

Arbeitslohn der Maurer und Zimmerleute im Fürstenthum Bayreuth.

Damit eine gleichförmige Taxe in dem ganzen Fürstenthum Bayreuth bey Maurern und Zimmerleuten beobachtet werde: so ist seit dem Febr. 1782 in den Hauptstädten folgender Lohn, woferne nicht ein noch geringerer hergebracht ist, welcher sodann beybehalten werden muß, bestimmt worden; nämlich es bekommt:

Ein Meister, Maurer oder Zimmermann,

16 Kr. fränk. vom neuen Jahr bis Lichtmeß.
18 — — von Lichtmeß bis 20 März.
20 — — vom 20. März bis Galli den 16. Octob.
16 — — von Galli bis zum neuen Jahr.

Ein Geselle,

16 Kr. fränk. vom neuen Jahr bis zu 20. März.
18 — — vom 20. März bis Galli.
16 — — von Galli bis zum neuen Jahr.

Ein

Arbeitslohn der Maurer und Zimmerleute

Ein Junge,

12 Kr. fränk. im ersten Jahr.
15 — — im zweiten Jahr, im dritten Jahr bekommt der Junge den Lohn wie oben die Gesellen, nach Unterschied der Tageslänge.

Ein Handlanger,

9 Kr. fränk. vom neuen Jahr bis Lichtmeß.
10 — — von Lichtmeß bis 20. März.
12 — — vom 20. März bis Galli.
10 — — von Galli bis Martini.
9 — — von Martini bis zum neuen Jahre.

Außer diesem ordentlichen Lohn ist der Bauherr schuldig, wöchentlich nur einmal, und zwar Sonnabends jedem fleißigen Gesellen und Jungen, und wofern der Meister auch Handarbeit verrichtet, diesem ebenfalls 3 Kr. fränk. zu einem Trunk abzureichen; ein Handlanger bekömmt 2 Kr. fränk.

Die Meistertage, welche dem Baumeister für die genaue Aufsicht bisher zugelassen worden, werden dergestalt gerechnet, daß auf 12 Gesellentage nach obigem Ansatz 1 Meistertag passirt werden soll, wohingegen bey geringen Reparaturen, z. E. Uebersteigen der Dächer, oder Ausweißen der Zimmer u. dgl. alle Meistertage hinwegfallen müssen.

Die

Die Abgabe der Gesellen an den Meister bestehet täglich in 2 Kr. fränk. wofür der Meister dem Gesellen dasjenige prästiren muß, was dem Handwerksbrauch gemäß ist.

In den Nebenstädten, Märkten und Dörfern ist zwar obiges Verhältniß gleichfalls zum Grund gelegt, doch mit dem Unterschied, daß sowohl Meister als Gesellen und Jungen, wie auch die Handlanger 1 Kr. fränk. weniger erhalten, als in den Hauptstädten. Und da in Erfahrung gebracht worden, daß an einigen solchen Orten ein weit stärkerer Arbeitslohn eingeführt ist, als selbst in den Städten, wo alle Lebensmittel theuer sind; so wurde diese Ermächtigung durchaus abgestellt, und überhaupt allen Maurern und Zimmerleuten in Städten und auf dem Lande, bey Verlust ihrer Meisterrechte und Ausstoßung von dem Handwerk, verboten, obige Taxe im geringsten zu überschreiten, wie denn auch jeder Bauherr, welcher aus Nebenabsichten sich untersteht, den gesetzten Lohn, es sey mit Geld, Bier, Brod oder Brandtwein, zu übersteigen, vor jeden Kreuzerswerth in 1 Fl. fränk. Strafe genommen ist.

Landshauptmannschaftliche erneuerte Verordnung, wie es bey Hochzeiten, Kindtaufen und Leichen in der Stadt Hof im Fürstenthum Bayreuth gehalten werden soll.

Ohnerachtet die hochfürstl. Landesconstitution klare Ziel und Maaß setzt, wie es in Ansehung der Hochzeiten, Kindtaufen und Leichen gehalten werden soll: so nehmen die Mißbräuche und der Aufwand dabey dermaßen überhand, daß, um dem Verderben der Bürger vorzukommen, folgendes mit Genehmigung der hochfürstl. Regierung ist festgesetzt worden.

a) Hochzeiten.

1) Bey Heurathstagen oder Verlöbnissen der Bürger und gemeinen Leute, soll keine Gasterey gehalten, sondern nur den Heurathsleuten, die der Eheberedung beywohnen, und deren nicht über 6 seyn dürfen, nicht mehr als 4 Gerichte in allem, inclusive Suppen, Gebackenem, Obst, Butter, Käse und dergleichen, bey Strafe von 10 Fl. vorgesetzet werden.

2)

2) Der Hochzeitbitter erhält 1 Fl. wer darüber giebt, zahlt 5 Fl. Strafe.

3) Braut und Bräutigam müssen mit ihren Gästen, Vormittags präcise um 10 Uhr in der Kirche erscheinen; sobald eine Viertelstunde darüber verstrichen ist, wird die Kirchthüre verschlossen und nicht wieder eröfnet, bis die Brautleute 5 Fl. zum Gotteshaus erleget haben.

4) Bey Abholung der Bräute sind Tüchergeben und Auswerfen, Frühsuppen, Essen, Trinken u. dgl. bey 10 Fl. Strafe verboten.

5) Die Hochzeitgäste müssen sich zu rechter Zeit auf die erste Einladung einfinden bey 3 Fl. Strafe, ebenfalls zum Gotteshaus.

6) Es sollen nie mehr als 20 höchstens 30 Personen, mit Einschluß Braut und Bräutigam, bey der Hochzeit seyn, und als Hochzeitgäste geladen werden, auch vor dem Hochzeittage keine Mahlzeit angerichtet werden, bey 10 Fl. Strafe.

7) Bey der Mahlzeit sollen nicht über 6 Schüsseln, Suppen, Butter, Käse u. dgl. mit eingerechnet, gegeben werden, bey 10 Fl. Strafe für den Bräutigam, oder den, der die Gasterey angedinget, und 10 Fl. Strafe für den Wirth.

8) Keine Hochzeit muß länger als zwey Tage währen, und jeden Tag nur eine Mahlzeit erst vorgeschriebenermaßen, nie aber Wein oder anderes Getränke als Bier dabey gegeben werden, bey 10 Fl. Strafe.

9) Kinder, Gesinde und überhaupt ungeladene Personen, sollen nicht in die Speisestube gelassen werden, und eben so wenig ist den Gästen verstattet, etwas von Speisen, oder sogenannten Bescheide, heim zu schicken: wer hierwider zu handeln ergriffen wird, wird auf der Stelle um 2 Fl. gestraft.

10) Musikanten und Spielleute sollen sich an den gesetzten Lohn halten, und während den 1 oder 2 Hochzeittagen nicht mehr als einmal Aufsetzen, noch weniger aber etwas an Hals- oder Schnupftüchern, Bändern, Hemden oder Kleidungsstücken fordern oder erhalten; derjenige der etwas giebt, wird um 5 Fl., der es aber erhält, ohne einige Rücksicht mit breytägiger Gefangenschaft, oder um 3 Fl. gestraft.

11) Um 11 Uhr des Nachts muß ein jebes nach Haus gehen, bey 5 Fl. Strafe für den Wirth, der die Gäste länger behält, 2 Fl. für jeden Gast und Musikanten.

b) Kind-

b) Kindtaufen.

1) Es sollen nie mehr als 2 höchstens 3 Gevattern gebeten, hiezu aber niemals Domestiken und Dienstboten, und eben so wenig Kinder unter 15 Jahren genommen werden, bey 10 Fl. Strafe.

2) Zur Taufe und Begleitung des Kindes, darf niemand als die wirklichen Gevattern genommen werden; jede Person, die darüber ist, bezahlt 3 Fl. Strafe.

3) Vor der Taufe wird nichts an Essen und Trinken gegeben, bey 6 Fl. Strafe.

4) Die Taufe mag in der Kirche oder im Hause seyn, so muß solche präcise um 3 Uhr Nachmittags geschehen, bey 5 Fl. Strafe zum Gotteshaus, für jeden, der eine Viertelstunde zu spät erscheinet.

5) Nach der Taufe soll dem Kindesvater erlaubet seyn, dem Geistlichen und den Gevattern **einen Kuchen und ein Maaß Wein** oder einige Maaß Bier vorzusetzen; doch muß mit dem Schlag 5 Uhr jedermann nach Hause gehen; wer dawider handelt, wird um 5 Fl. gestraft.

6) Die Taufpathen sollen **einen Conventionsthaler, höchstens einen Dukaten** einbinden, für jeden Groschen, der darüber gegeben wird, wird 1 Fl. bezahlt, und der Kindesvater wird besonders um 10 Fl. gestraft.

7)

7) Alles übrige an Citronen, Zucker, Kaffee, Eier, Hühner, Kuchen und überhaupt alle Geschenke und Verehrung, sie mögen Namen haben, wie sie wollen, während oder nach dem Kindbett, so wie auch die sogenannten Todtengroschen, Kleidung der Kinder, wird bey 20 Fl. Strafe untersagt.

8) Sollte jedoch die Kindbetterin arm und unvermögend seyn, so ist den Gevattern nicht verwehret, derselben und ihrem Kinde vor und nach dem Kindbette Gutes zu thun.

9) Bey dem Kirchgang nach dem Kindbette, hat niemand die Sechswöchnerin zu begleiten, noch ist auch denselben einige Kollation oder Mahlzeit zu geben erlaubt, bey 10 Fl. Strafe.

c) **Viertel und halb Chorleichen.**

1) Dabey soll Niemand in Flören erscheinen, als die Eltern, Kinder und Geschwistere, und keines über 3 Ellen Flor haben; jede Person, die das wider handelt, wird um 5 Fl. gestraft.

2) Es sollen weder Leichtücher, Kränze oder Kreuze auf die Särge gemacht werden bey 10 Fl. Strafe. Hingegen

3) sollen Leichtücher, Kränze und Kreuze bey den Gotteshäusern gehalten werden, die ein jeder gegen eine gewisse leibliche Taxe für das Gottes-

teshaus, den Geistlichen und den Kirchner, geliehen erhalten kann.

4) Kindern unter 6 Jahren werden keine Leichenpredigten gehalten.

5) Nach der Leiche gehet jedermann nach Hause, ohne ins Trauerhaus zurück zu gehen, wer daselbst angetroffen wird, wird um 5 Fl. gestraft.

6) Kinder unter 3 Jahren werden gar nicht betrauert.

7) Dienstbothen sollen in gar keinem Fall für ihre Herrschaft oder deren Kinder Trauer anlegen, bey Vermeidung, daß die Herrschaft um 5 Fl. gestraft werden soll.

8) Wie es übrigens bey ganzen Chören und mit der Trauer unter Anverwandten gehalten werden soll, soll durch ein besonderes auszufertigendes Reglement angeordnet werden.

Hof den 24 März 1783.

Statistische Nachrichten von der Stadt Reichenbach im kursächsischen Vogtland.

In Büschings Erdbeschreibung findet man wenig von dieser Stadt, daß es also willkommen seyn muß, eine genauere statistische Beschreibung davon zu erhalten. Reichenbach war ehedem eine der blühendsten Städte im Vogtlande, trieb einen starken Handel mit Tuch, und hatte die schönste Scharlachfärberey in Sachsen: sie ist aber sehr gesunken, und besonders durch den letztern Brand von 1773, wo auf 380 Häuser eingeäschert wurden, sehr in Verfall gerathen. Büsching giebt der Stadt beynahe 700 Häuser; sie hat deren aber nur ohngefähr 500 und an 3000 Einwohner: also mehr Häuser als Plauen, aber weniger Menschen. Die Manufakturisten sind:

1) Tuchmacher, der aber kein einziges Stück Tuch fertigen, sondern blos Flanelle und Rasche, und welche fast blos vom Kammerath Oehler in Crimmitzschau *) und von einigen Kaufleuten in Greitz leben.

2)

---

*) Ein nahrhaftes Städtchen im erzgebirgischen Kreise, welches (nicht mehr der Familie von Berbisdorf wie noch in der 6ten Auflage von Büschings Erdbeschreibung steht, sondern) dem Kaufmann Seyfarth als ein schriftsässiges Rittergut gehört.

2) Zeug- und Leinweber, die Cottone und Mousseline machen, welche sie in Plauen, Elsterberg und Werda verkaufen. Den eigentlichen Tuchhandel treiben nur noch etwa 2 oder 3 Häuser.

Die Schönfärbereyen sind von 20 bis auf eine einzige herab gekommen; aber diese färbt immer noch vortrefliches Scharlach, wenn sie nur genug Arbeit darinne hätte. Der Vortheil liegt darin, daß es dort ein hartes Wasser giebt, wodurch man mit weniger Cochenille besser, als anderwärts soll färben können.

Eine gute halbe Stunde von Reichenbach an der Straße nach Plauen liegt ein kurfürstl. Alaunwerk, welches in sehr gutem Zustande ist. Die Stadt selbst ist gut gebaut und gehört jetzt dem Amtshauptmann von Metzsch in Friesau, eine halbe Stunde von hier. In Absicht auf kirchliche und Schulanstalten ist es, wie fast überall in Sachsen. Die Prediger haben bey der Haltung des Abendmahls noch Meßgewande; das Wandlungsglöckchen wird auch geläutet, doch hat es einen guten Endzweck, indem es erst angezogen wird, wenn die Weibspersonen bey dem Altar erscheinen sollen. Ueberhaupt herrscht hier viele Religiosität, welches man für eine Folge der immer einförmigen Lehre und des thätigen Eifers der gegenwärtigen 3 Prediger, die als wahre Amtsbrüder zusammen leben, halten kann.

Nachrichten von der gegenwärtigen Einrichtung und dem Fortgang des Krankeninstituts zu Erlangen.

Aus den darüber herausgegebenen Nachrichten des Hrn. Hofraths und Professor Wendt, als Stifter desselben, gezogen.

Bereits im Jahre 1779 gab der ordentliche Professor der Arzneigelahrheit, Hr. Hofr. Wendt, einen kurzen Aufsatz im Druck heraus, der Vorschläge zu Anstellung praktischer Uebungen in der Medicin enthielt. Die Ausführung davon schien anfangs vielen Schwierigkeiten unterworfen zu seyn. Das Neue der Sache; die Bedenklichkeit und unzeitige Schaamhaftigkeit der Kranken, ihre Zufälle in Gegenwart mehrerer junger Aerzte zu erzählen; der geringe Fonds zu Bestreitung der Kosten und zu Bezahlung der Arzeneien für Arme, welche nur von dem gewöhnlichen Honorario geschehen sollte; der eben so große, wo nicht größere Aufwand bey der Pflege und dem Unterhalt der hülfsbedürftigen Leidenden; der Mangel einer öffent-

öffentlichen Anstalt zur Aufnahme gänzlich verlassener Kranken: alle diese und noch mehrere, hier nicht anzuführende, Hindernisse ließen vermuthen, daß meine Absicht, wo nicht ganz unerfüllt bleiben, doch nur sehr unvollkommen ausgeführt werden würde.

Allein unerwartet und ungesucht erhielt die Sache eine kräftige Unterstützung durch die huldreiche Fürsorge unseres durchlauchtigsten Landesfürsten und durch die unermüdete Aufmerksamkeit der hochfürstl. Universitätsdeputation. Denn auf die von Seiten der hochfürstl. Deputation an unsern Hrn. Markgrafen geschehene Anzeige, ließ Höchstderselbe dieser Anstalt Seinen höchsten Schutz angedeihen, sie zur Würde eines Instituts zu erheben und mit einer Freigebigkeit, deren Genuß sich nur wenige Akademien in dem Grade rühmen können, nicht nur jährlich eine gewisse Summe zu Bezahlung der Arzeneien auszusetzen, sondern sie auch durch ein neues dazu gnädigst ausgesetztes Kapital ansehnlich zu vermehren.

Unter so heitern Aussichten und durch den Beyfall unseres durchlauchtigsten Beschützers ermuntert und aufgefordert, fiengen wir im May 1779 unsere Beschäftigungen an. Es wurden dazu anfänglich nur zwo Stunden in der Woche bestimmt, weil man nicht vorhersehen konnte, wie viele und was für Arbeiten sich finden würden.

Aber der Fleiß der Mitglieder dieses Instituts, ihre Aufmerksamkeit und Sorgfalt für die Bedürfnisse der Kranken vermehrten die Geschäfte so, daß mit dem Ausgange des ersten halben Jahres täglich eine Stunde zu unsern Zusammenkünften festgesetzt werden mußte. Oft konnten auch die vorgefallenen Sachen in einer Stunde nicht geendigt werden, daher wir gegen das Ende des ersten Jahres anfiengen, zwo Stunden täglich diesem Geschäfte zu widmen.

Es bestehen aber unsere Beschäftigungen vornämlich darin, daß die Kranken, welche selbst zu uns kommen können, oder die Personen, welche von ihnen Nachricht bringen, um die Umstände und Zufälle der Krankheit in Gegenwart sämtlicher Mitglieder gefragt werden.

Dieses ziehe ich der auf einigen andern Akademien eingeführten Gewohnheit, die Kranken durch ein Mitglied nur allein befragen, und hernach von ihm die Umstände den übrigen erzählen zu lassen, darum vor, weil es denen, welche bey dieser Unterredung aufmerksam seyn wollen, Gelegenheit giebt, gleich selbst über die Krankheit und ihre Ursachen nachzudenken; weil es Veranlassung wird, auf neue Fragen zu sinnen, und weil es die Fertigkeit vergrößert, aus den dunkeln, undeutlichen und verworrenen Erzählungen, welche den meisten Kranken eigen ist, das Wahre zu finden und die Krankheit zu ergründen.

Wenn

Wenn dies geschehen ist, und es betrift eine Krankheit von Wichtigkeit, oder es finden sich Schwierigkeiten, den Sitz und die Ursachen derselben zu bestimmen: so werden sämtliche Mitglieder um ihre Meinung gefragt. Hierbey wird vornämlich darauf gesehen, die Art der Krankheit aus den gesammelten Zeichen zu bestimmen; ihre Ursachen zu erforschen, richtige Schlüße nach vorher überdachten Gegenanzeigen zu machen, genaue Regeln zur Heilung festzusetzen und schickliche Mittel zu wählen. Sind es leichtere Fälle, so geben nur einige ihr Gutachten: sind es aber gewöhnliche oder oft vorgekommene Krankheiten, oder die Zeit verstattet keinen Aufenthalt, so sage ich nur kurz meine Meinung von der Krankheit und den gewählten Mitteln, und schreite sogleich zu ihrer Verordnung.

In der Wahl der Arzneien sowohl als auch in der Curmethode selbst, wird Niemand genöthiget, besondern und einseitigen Grundsätzen zu folgen: ich suche vielmehr Gelegenheit zu geben, die von andern Lehrern gefaßten Grundsätze in Ausübung zu bringen, ich bemühe mich mehr auf die Kenntniß der Krankheit zu führen, und auf ihre Ursachen, als b e s o n d e r e Curarten zu empfehlen. Bietet sich sichere Gelegenheit dazu dar, und wir können mit wahrscheinlicher Gewißheit den Nutzen vorher sehen, so unterlassen wir auch nicht, kräftige Arzneien, die noch nicht hinlänglich untersucht sind, oder nicht so häufig, als sie es verdienen, gebraucht werden, zu untersuchen und anzuwenden; wovon die Mitglieder des Instituts bereits angefangen haben und noch fortfahren werden, in den akademischen Probeschriften thätige Beweise auch öffentlich zu geben.

Ist Jemand entgegengesetzter Meinung, so werden die Gründe desselben gehört, geprüft und nie verworfen, wenn sie nur einigermaßen gültig sind, indem ich mir äußerst angelegen seyn lasse, den Trieb und Fleiß im Nachdenken aufzumuntern, nie aber auf irgend eine Weise niederzuschlagen.

Nächst der Beschäftigung mit gegenwärtigen Kranken wird die übrige Zeit auf verschiedene Art angewendet, besonders aber dazu, daß sämtliche Mitglieder von dem Befinden der besuchten Kranken Nachricht geben. Diese Nachrichten wurden mir anfänglich nur von jedem besonders und zu einer unbestimmten Zeit am Tage gegeben, welches zwar auch noch geschieht, wenn bringende Fälle es nöthig machen und die Umstände es erfordern: die gewöhnlichen Berichte aber werden nun täglich bey unserer Zusammenkunft abgestattet, und zwar aus folgenden Gründen. Die jüngern Mitglieder des Instituts können, um in der Besuchung der übrigen Kollegien und in ihrem Privatfleiß nicht gestöret zu werden, nur wenige Kranke zur Besorgung erhalten: folglich werden sie nur von dem Verlauf einiger Krankheiten eine praktische Kenntniß bekommen. Werden aber die Nachrichten im Beysein aller gegeben, so werden
sie

sie gemeinnütziger; und, da doch die meisten Kranken in ihren Häusern besucht werden müssen, die Fälle zahlreicher. Sie hören alsdann auf einmal die Geschichte mehrerer Krankheiten; sie erfahren ihre Zufälle, die Wirkung der Arzney und die Art der Behandlung, ohne für ihre Personen einen schädlichen Zeitverlust zu haben, und ohne von den übrigen akademischen Arbeiten abgehalten zu werden. Hernach, glaube ich, hat es auch den Nutzen, daß man sich in dem zusammenhängenden Vortrage übt, und eine Krankheit so beschreiben und erzählen lernt, daß andere, welche zuhören, schon aus der Erzählung die Gründe des Verfahrens und der gewählten Mittel bemerken und erkennen.

Damit nun die Geschichte der Krankheit vollständig werde, so wird das erstemal bey der gegebenen Nachricht eine etwas unständlichere Erzählung der Krankheit, ihrer Zufälle, Ursachen und der angewandten Mittel gemacht, hernach aber täglich nur das erwähnt, was bey jedem neuen Besuch vorgefallen und wahrgenommen worden ist. Ich selbst schließe mich von dieser Beschäftigung nicht aus, sondern, wenn es ohne Bedenklichkeit geschehen kann, erzähle ich mit Verschweigung des Namens die wichtigern Fälle bey meinen eigenen und von mir nur allein besuchten Kranken.

Sind schwere Fälle vorhanden, oder die gebrauchten Medicamente wollen die erwarteten Dienste nicht

nicht leisten; so werden die nun anzuwendenden Hülfsmittel gemeinschaftlich und auf eben die Weise in Ueberlegung genommen, als ich vorhin in Absicht der zu uns kommenden Kranken gesagt habe. Außerdem führen die Mitglieder genaue Tagebücher über die Krankheiten, und theilen mir von Zeit zu Zeit daraus gezogene Krankheitsgeschichten mit, welche ich dann vorlese, die auszezogenen und an dem Rande bemerkten Sätze aber, welche theils die eine Krankheit bestimmende Zeichen, theils die critischen Ausführungen, theils die Wirkung der Medicamente betreffen, zur Beurtheilung vorlege und genauer durchgehe.

Ueber wichtige Fälle, die mir in meiner eigenen Praxis vorkommen oder ehedem vorgekommen sind, und über die ich Gutachten geben soll oder gegeben habe, auch über schwere Krankheiten, deren Geschichte mir von andern Aerzten mitgetheilt worden ist, werden förmliche Gutachten abgefaßt, die ich vorlese, beurtheilen lasse, und deren Prüfung ich nach allgemein angenommenen Grundsätzen vornehme. Oft gebe ich auch dergleichen Aufsätze einem oder dem andern Mitgliede zur Untersuchung. Das was dieser dabey zu erinnern findet, trägt er öffentlich vor, und bestätigt seine Meinung durch Gründe. Will der Verfasser des Gutachtens, dessen Name sonst gewöhnlich verschwiegen bleibt, sich durch Rechtfertigung seiner Meinung zu erkennen geben, so steht es ihm frei, und ich suche zuletzt durch neue Gründe die

vor-

vorgetragenen Meinungen zu unterstützen, zu widerlegen, zu vereinigen.

Ein gleiches geschieht mit Fällen aus der gerichtlichen Arzneigelahrheit, da ich Sectionsberichte aus wirklichen Akten ausziehe, und Gutachten darüber verfertigen lasse, die theils nach den Regeln dieser Wissenschaft, theils nach dem Urtheil und den Aussprüchen medicinischer Fakultäten darüber verbessert werden.

Was noch von dieser Zeit übrig bleibt, wird zu gesellschaftlichen Krankenbesuchen angewendet: oft rufen auch unerwartete, dringende, neue Vorfälle einen oder den andern von den Mitgliedern aus unserer Versammlung zu dem Krankenbette ab.

In diesen Bemühungen haben wir bisher den göttlichen Seegen nicht nur in Absicht der Heilung der Kranken, sondern auch in Betracht der unerwarteten Hülfsquellen zu Bestreitung unserer Ausgaben ganz deutlich verspürt, welches wir mit demüthiger Verehrung erkennen.

Bey dieser Gelegenheit muß ich einem möglichen Vorwurf zu begegnen suchen, der mir von Auswärtigen könnte gemacht werden, wenn sie in den gedruckten Anzeigen der Vorlesungen lesen, daß die Anweisung zu praktischen Uebungen unentgeldlich gehalten werde, und daß doch die Mitglieder des

des Instituts einen gewissen Beytrag vorauszahlen müssen. Der Beitrag von 6 Fl. rhein., welchen die Mitglieder beim Eintritt in das Institut bezahlen, ist eigentlich kein Honorarium oder Art von Belohnung, welche jedem akademischen Lehrer gebühret. Denn, ob ich gleich ein Honorarium bey einer Arbeit erwarten könnte, die mit nicht wenig Sorge, Mühe und Unannehmlichkeit verbunden ist; so nehme ich doch dieses Geld nicht als einen zu erwartenden Lohn meiner Arbeit an, den ich hernach nur der Kasse widmete und übergäbe, sondern ich sage jedesmal beim Anfange der neuen Kollegien oder bey einer jeden in der Zwischenzeit vorgefallenen Vermehrung der Zahl der Mitglieder, daß dieser Beitrag der Kasse gehöre.

Was die Art der Behandlung der Patienten betrift, so erlaube ich mir nicht, darüber etwas zu sagen: hier muß die Stimme des Publici und der Beyfall der Kranken entscheiden. So viel darf ich indeß sagen, daß ich bey keinem Mitglied dieses Instituts das schuldige Mitleid und das Gefühl von wahrer Menschenliebe vermißt habe. Wir haben uns wenigstens bemühet, die gewöhnlichen Fehler solcher Anstalten zu vermeiden und dem Vorwurf auszuweichen, den man diesen Einrichtungen macht, nämlich, daß nur alles eilig abgethan werde, daß man weder Aufmerksamkeit noch Sorgfalt genug für einzelne Kranke habe u. s. w. Inzwischen kenne ich das unvollkommene menschlicher Bemühungen zu sehr.

des Krankeninstituts in Erlangen. 319

sehr. In Absicht der Vertheilung unserer Hülfe haben wir uns Mühe gegeben, niemanden unbefriedigt von uns gehen zu lassen, er sey einheimisch oder fremd. Vielmehr haben wir gesucht, den Bitten und Wünschen der Hülflosen und Dürftigen zuvor zu kommen. Es ist möglich, daß wir aus mangelnder Kenntniß der häuslichen Umstände, auch solchen gegeben haben, die es nicht benöthiget waren, und also nicht völlig die Absicht unserer Wohlthäter erfüllet haben, welche sie bey der Bestimmung ihres Geschenkes hatten. Ich halte es aber für sicherer, in dem Stück zu fehlen, und für beruhigender, als wenn wir genöthiget gewesen wären, da unsere Hülfe aus zu großer Sparsamkeit zu entziehen, wo sie nöthig war.

Unter den Mitgliedern des Krankeninstituts befinden sich immer auch mehrere Doktores, welche auf andern Akademien promovirt haben, und hernach zu uns gekommen sind, um sich in der Praxi zu üben.

Mit der Einnahme der Gelder, so zu Bezahlung der Arzneien für Arme sind angewendet worden, verhält es sich seit der Entstehung dieses Instituts also:

Die von Sr. Hochf. Durchlaucht, dem regierenden Herrn Markgrafen zu Brandenburg-Anspach, zur Unterstützung des Instituti clinici gnädigst ausgesetzte Summe von 50 Fl. rhein. ist vom 1 Jan. 1779

aus-

ausgezahlet worden, und betrug bis zu dem gewöhnlichen Anfang der Sommervorlesungen im Monat May 1780 durch 15 Monate 62 Fl. 30 Kr. Hiezu die Geschenke von Wohlthätern und die Beyträge von den Mitgliedern gerechnet, so sind eingegangen 207 Fl. 30 Kr. rhein. Die Ausgabe für Arzney betrug 179 Fl. 12 Kr. rhein.

Bald darauf widmete Se. Hochfürstl. Durchlaucht unser gnädigst regierender Markgraf zur Verpflegung armer Kranken ein neues Kapital von 2000 Fl. rhein.

Für das zweite Jahr von 1780 bis zum 30. April 1781 war die Einnahme 1) die erste Summe welche der regierende Hr. Markgraf zu Anspach zum Besten des Instituts aussetzte, betrug 50 Fl. 2) Die Zinsen eines von Höchstdenenselben aufs neue dazu geschenkten Kapitals von 2000 Fl. wurden vom 1. Jan. 1780 an ausbezahlt und betrugen bis zum Anfang des May 1781 durch 15 Monate 125 Fl. 3) Baarer Bestand in der Kasse blieb vom ersten Jahr 28 Fl. 18 Kr. Rechnet man nun noch die Geschenke von einheimischen und auswärtigen Wohlthätern und die Beyträge der Mitglieder des Instituts hinzu, so war die vollkommene Einnahme 426 Fl. 34 Kr. rhein.

Wenn

Wenn von der vorstehenden Einnahme der . . 426 Fl. 24 Kr.
die Ausgabe der während des zweiten Jahres für Arzneien bezahlten Gelder an . . 235 Fl. 34 Kr.
abgezogen wird, so blieb in der
Kasse Bestand . . 191 Fl. —

Nach Verfluß dieses Zeitraums erhielt das Krankeninstitut zu Erlangen neue Vortheile, sowohl durch die huldreiche Fürsorge seiner Beschützer und Gönner, als auch in der demselben gegebenen mehrern Ausbreitung, in der gewissen Dauer und Beständigkeit auf die Zukunft, und in den ansehnlichen Beiträgen und der kräftigen Unterstützung durch einheimische und auswärtige Wohlthäter.

Zu den neuen Vortheilen, nach Verfluß des zweiten Jahres, gehört vorzüglich die abermalige Schenkung eines Kapitals von 1000 Fl., welches der regierende Markgraf von Anspach, dem Institut von der von buirettischen Stiftung zu geben bewilligte. Ein anderes Kapital von 800 Fl. ist uns durch die Fürsorge des Hrn. geh. Ministers von Benkendorf aus der sartoriusischen Verlassenschaft zu Anspach zugeflossen: auch hat die löbliche Armenanstalt zu Erlangen sich erboten, den, die Einkünfte des Instituts übersteigenden, Aufwand für die Arzneien aus der Armenkasse zu bezahlen. Eine größere Dauer hat

hat das Institut daburch erhalten, daß unser Durch=
lauchtigster Fürst die Gnade gehabt hat, die
Besorgung der armen Kranken mit dem Institut auf
immer zu verbinden, ohne jedoch der eigenen Wahl
und dem Vertrauen einzelner Kranken dadurch eini=
gen Zwang anzuthun, oder dem Wunsch anderer
Aerzten, den Kranken umsonst zu dienen, dadurch
Gränzen zu setzen.

Mehr Ausbreitung hat es bekommen, indem
der Hr. Markgraf die Gnade gehabt hat, zu befeh=
len, daß auch Hülfsbedürftige auf dem Lande, an
dem unentgeldlichen Empfang der Arzneien Theil
haben sollen.

Zu der mehreren Gelegenheit, nützliche Kennt=
nisse zu erlangen, rechne ich auch die von der gehei=
men Landesregierung zu Bayreuth gegebene Erlaub=
niß, daß die Mitglieder des Instituts bey zu Zeiten
vorfallenden legalen Obductionen beywohnen dürfen.
Wie häufig endlich und groß die außerordentlichen
Beyträge zur Arzneykasse des Instituts gewesen sind,
zeigt hier die Berechnung der Einnahme und Aus=
gabe vom 1. May 1781 bis dahin 1782.

Baarer Bestand in der Kasse war am 30. April
1781 191 Fl., die von dem Hrn. Markgrafen zum
Besten des Instituts jährlich ausgesetzte Summe be=
trug 150 Fl. Rechnet man hierzu die namhaften
Geschenke von Wohlthätern und Beyträge der Mit=
glieder

glieder des Instituts, und 24 Fl. gewöhnlichen Beytrag des Hrn. Hofraths und Professor Wendt; so betrug die ganze Einnahme 529 Fl. 11 Kr.

Wenn von der vorstehenden Einnahme der   ‧   ‧   529 Fl. 11 Kr.
die Ausgabe der Arzneien vom 1. May 1781 bis 30. April 1782, welche beträgt   ‧   ‧   316 Fl. 52 Kr.
abgezogen wird; so blieb in der Kasse Bestand   ‧   ‧   212 Fl. 19 Kr.

Am Ende des dritten Jahres blieb laut der vorstehenden Rechnung in der Kasse baarer Bestand 212 Fl. 19 Kr. die von unserm gnädigst regierenden Fürsten zum Besten des Instituts jährlich ausgesetzte Summe betrug 150 Fl. Die gnädigst bewilligte Zulage von 50 Fl. aus der von buirettischen Stiftung betrug vom 1 Jul. 1782 bis 30. März 1783 37 Fl. 30 Kr. Die Interessen des sartoriusischen Vermächtnisses von 800 Fl. wurden das erstemal den 30. Octob. 1782 erhoben und betrugen auf ein halbes Jahr 20 Fl. Rechnet man hierzu noch die ansehnlichen Geschenke von in- und auswärtigen Wohlthätern und die Beyträge der Mitglieder des Instituts, so belief sich die Einnahme vom 1. May 1782 bis 30. April 1783 auf 596 Fl. 48 Kr.

Wenn von der vorstehenden Einnahme der . . 596 Fl. 48 Kr.
die Ausgabe für die jährliche Arzneien von . . 576 Fl. 49 Kr.

abgezogen wird; so blieb in der
Kasse Bestand . . 19 Fl. 59 Kr.

Die wichtigsten Ereignisse dieses vortreflichen Krankeninstituts zu Erlangen in dem fünften und sechsten Jahre sind folgende:

Meine Bitte, um die Vermehrung des Fonds der Arzneykasse wurde gnädig aufgenommen, und unserm durchlauchtigsten Fürsten vorgelegt, worauf Höchstderselbe, bewogen durch diese Vorstellungen gnädigst beschloß, unsern Fonds durch ein neues Kapital von 3000 Fl. zu vermehren und dadurch die Dauer unserer Anstalt noch mehr zu gründen.

Nicht weniger muß ich den thätigen Beystand rühmen, womit die löbliche Armenanstalt zu Erlangen, unsern Bedürfnissen nun schon zweimal zu Hülfe gekommen ist.

Mein ganz vorzüglicher Dank gebühret den einheimischen und auswärtigen Wohlthätern dieser Anstalt. Besonders halte ich mich verpflichtet, des einen Geschenkes von 50 Fl. zu gedenken; nicht allein wegen der Größe der Summe, sondern auch um um der Beständigkeit der Wohlthäterin willen, womit diese fürtrefliche Dame,*) welche den größten Theil ihrer Einkünfte zu milden Endzwecken verwendet, diesen Beytrag vom ersten Jahre der Stiftung des Instituts an gegeben hat, und jährlich zur bestimmten Zeit fortgiebt.

Zu den seltenen Beyspielen von Großmuth, und von wirklich edlen Gesinnungen gehört die Art, womit der Herr Ammeister von Türkheim zu Strasburg und der kurfürstl. mainzische Grenadierhauptmann, Hr. von Eckert, die Schenkung ihres Schwiegervaters, des Hrn. von Seuferheld, vollführt haben. Ich hatte über dies Vermächtniß von 1000 Fl. keine schriftliche Versicherung. Ein Schlagfluß raubte diesem Wohlthäter das Leben, ehe derselbe über die mir wenig Wochen vor dem Ableben versprochene Summe einen Schenkungsbrief aufsetzen konnte, wie solches das Jahr zuvor mit einem gleich großen Kapital für die Freitische in Erlangen geschehen war. Den Erben selbst war von dem Versprechen vorher nichts bekannt worden. Dennoch bewilligten sie die Auszahlung davon mit einer Bereitwilligkeit und Gefälligkeit, die man nur sehen und bewundern, nie aber mit Worten schildern kann.

Durch dieses Geschenke von 1000 Fl., durch ein gleich großes Kapital, welches aus eben so wohl-

*) Es ist die Frau geheime Räthin, Freifrau von Buirette, geborne von Eyb.

thätigen Händen kommt, und das in einem gerichtlich übergebenen Testamente dem Krankeninstitut auf die Zukunft zugesichert ist, und besonders durch das oben erwähnte, von unserm mildesten Fürsten kommende große Geschenk von 3000 Fl. ist der eigene und bleibende Fonds der Arzneykasse in der kurzen Zeit von 6 Jahren von einem sehr kleinen Anfange bis auf neun tausend acht hundert Gulden angewachsen, welches Kapital gewissermaßen doppelte Interessen trägt, da es sowohl zur Bildung junger Aerzte, als zur Erhaltung so manches guten und dem Staate brauchbaren Bürgers, angewendet wird.

Ich kann auch, der Wahrheit gemäß, sagen, daß die sämtlichen Herren Apotheker durch die angesetzten billigen Preise mich in den Stand gesetzt haben, meine Hülfe noch mehr auszubreiten, und daß die Herren Wundärzte, wie dieß ihre Rechnungen zeigen, mir mit der größten Uneigennützigkeit ihren Beystand geschenket haben.

Ich erwähne noch der Einnahme der Gelder, die zu Bezahlung der Arzneien für Arme vom 1. May 1783 bis dahin 1784 angewendet wurden. Am Ende des vierten Jahres blieb, laut letzter Rechnung, Bestand 19 Fl. 59 Kr. Die von unserm gnädigst regierenden Herrn Markgrafen zum Besten des Instituts jährlich ausgesetzte Summe betrug 150 Fl. Die Zulage aus der von buirettischen Stiftung 50 Fl.

Die

des Krankeninstituts in Erlangen.

Die Interessen des sartorisischen Vermächtnisses von 800 Fl. 40 Fl. Von der löblichen Armenanstalt erhielt das Institut 49 Fl. 2 Kr. Rechnet man hiezu noch die Geschenke edeldenkender Wohlthäter und Mitglieder des Instituts, so bestand die Einnahme in 546 Fl. 27 Kr.

Wenn nun von der vorstehenden
 Einnahme der   •   •   546 Fl. 27 Kr.
die Ausgabe der für Arzneien und
 Bemühungen der Wundärzte
 bezahlten Gelder an   •   514 Fl. 33 Kr.
abgezogen wird, so blieb in der
 Kasse Bestand   •   31 Fl. 54 Kr.

Ich theile hier noch die Berechnung der Einnahme und Ausgabe vom 1. May 1784 bis dahin 1785 mit. Die Einnahme war: den 30. April 1784 blieb baarer Bestand 31 Fl. 54 Kr. Die von dem Hrn. Markgrafen jährlich ausgesetzte Summe betrug 150 Fl. Das von Hochdemselben aufs neue gnädigst bewilligte Kapital von 3000 Fl. betrug an Interessen vom 7. Octob. 1784 bis 30. März 1785, 72 Fl. 30 Kr. Aus der von buirettischen Stiftung 50 Fl., aus der von seuferheldischen Stiftung vom 15. April 1784 bis 30. März 1785. 74 Fl. 55 Kr. Aus der sartorisischen Stiftung 40 Fl. Von der löbl. Armenanstalt 50 Fl. Rechnet man hiezu noch die Geschenke von Wohlthätern und die Beyträge von

X 4   Mit-

Mitgliedern des Instituts, so betrug die ganze Einnahme 646 Fl. 50 Kr.

Wenn nun von der vorstehenden
  Einnahme der   646 Fl. 50 Kr.
die Ausgabe der für Arzneien und
  Bemühungen der Wundärzte
  bezahlten Gelder an   663 Fl. 22 Kr.
abgezogen wird, so sind   16 Fl. 32 Kr.

zu viel ausgegeben worden, welche einstweilen vorgeschossen wurden.

In dem ersten halben Jahre belief sich die Anzahl der Kranken, welche von den Mitgliedern des Instituts besucht worden waren, auf 155, wovon uns der Tod nur vier entrissen hat; und unter diesen waren noch drey an unheilbaren Krankheiten, als Schwindsucht und an ähnlichen Zufällen, die über die Kräfte menschlicher Hülfe gehen. In dem andern halben Jahre, in welchem die Anzahl der besorgten Kranken auf 228 gestiegen ist, können wir uns zwar nicht gleiches Glücks rühmen, denn die Natur der Krankheiten und einige von uns nicht abhängende Umstände raubten uns den 23. oder den 25. Kranken. Ich glaube aber doch, daß, im Ganzen genommen, der Erfolg so gewesen sey, daß ich ihn glücklich nennen könne, und darin die Spuren des göttlichen Beystandes eben so wenig verkennen dürfe, als in dem Fortgang des Instituts überhaupt, indem

eine

eine Anzahl von 383 Kranken im ersten Jahre einer ganz neuen Einrichtung, die sich noch dazu auf eine bloße Privatpraxis gründete, und nicht das Beständige einer öffentlichen Anstalt und Einrichtung hatte, mir beträchtlich genug zu seyn scheint.

Die Zahl der im zweiten Jahre besorgten Kranken ist 525, und übersteigt also die Zahl der der im ersten Jahre Genesenen um 142. Von diesen 525 sind 464 genesen und 26 gestorben. — Die Summe der für Arzney im ersten Jahre ausgegebenen 179 Fl. 12 Kr. hätte bey weitem nicht gereicht, die 383 Kranken sämtlich mit Medicamenten zu versehen; die mehresten unter diesen Kranken hatten die erhaltenen Arzneien selbst bezahlt. Um diesem Mißverständniß vorzubeugen, habe ich diesmal die Anzahl der von unserer Kasse mit Arzneien versorgten Kranken aus den Rechnungen ausgezogen. Es sind nämlich 207 Kranke, welche die Arzney umsonst erhalten haben.

Die Anzahl der Kranken hat sich im dritten Jahre auf 641 vermehrt, worunter man 511 Genesene zählte; 41 sind davon gestorben, und 7 noch krank von uns gegangen.

Im vierten Jahre ist die Zahl auf 826 gestiegen, wovon 705 genesen sind, 46 gestorben und 5 noch krank von uns weggegangen. An der großen

Zahl der Kranken in diesem Jahre haben die Epidemien vorzüglich Antheil.

Mit Arzneien sind unentgeldlich versorgt worden im Jahre 1781 bis 82, 278 Kranke, und im Jahre 1782 bis 83, 505 Kranke. Die quittirten Rechnungen von jedem verflossenen Jahre werden ins Archiv der Universität niedergelegt.

Die Anzahl der vertheilten Kranken war im Jahre 1783, 912, darunter sind 798 genesen, 31 gestorben und 5 noch krank von uns weggegangen. Im Jahre 1784 war die Anzahl der sämtlichen Kranken 834. Darunter sind 714 genesen, 35 gestorben und 13 noch krank von uns gegangen. In diesen beiden Jahren war die Anzahl der Kranken größer, als in den vorigen. Die Anzahl wuchs aber zu dieser Größe an, nicht nur wegen der Epidemien, welche sich in diesen Jahren einstellten, sondern auch durch den Fleiß einiger meiner Gehülfen, welche diese große und reiche Erndte nutzten, und durch ihre Sorgfalt für das Wohl der empfohlnen Kranken sich das Vertrauen anderer erwarben, und mir daher eben so viele Patienten zuführten, als ich ihnen gab. Vorzüglich zeichnete sich hierin der Hr. D. Richter aus Königsberg aus, dessen Beystand ich eben so wenig vergessen werde, als seinen freundschaftlichen Umgang.

Mit Arzneien sind versorgt worden im Jahre 1783 bis 84, 510 Kranke, und im Jahre 1784 bis 85, 540. Hierunter sind 50 von den umliegenden Städten und Dorfschaften.

Dieß sey hinlänglich, die vortrefliche Einrichtung dieses vorzüglichen Krankeninstituts kennen gelernt zu haben, das sich eine der ersten Stellen unter den Krankenanstalten auf deutschen Akademien bereits glücklich erworben hat.

Kurze Uebersicht des Zustandes der Stadt Hof im bayreuthischen vom Jahre 1785.

Die Stadt liegt an der Saale, gleich weit, nämlich 15 Meilen, von Nürnberg und Leipzig, 2 bis 3 Stunden von der böhmischen, kursächsischen, Hochstift bambergischen und gräflich reussischen Gränze entfernt, und ist in dem Bezirk von einer Stunde mit mehr als 40 adelichen Rittersitzen, Dörfern, Vorwerken und dergleichen umgeben. Sie gehört unter die sechs Hauptstädte des brandenburg-bayreuthischen Fürstenthums.

Von Gebäuden ist nichts merkwürdig, als die Haupt- oder Michaeliskirche im besserm gothischen Geschmack, als man es aus dem 15ten und 16ten Jahrhundert vermuthen sollte, liegt aber in einem ungesehenen Winkel; die Kloster- die Hospital- und die Lorenzkirche sind ohne allem Geschmack; das Rathhaus ein großes Gebäude und — weiter nichts; die untere steinerne Brücke über die Saale ist mit Verstand gebauet, die obere von Stein, Holz und Erde zusammen gestoppelt, ein Denkmahl des Unsinns, so wie die Thore, Pförtchens

chens und andere — selbst neuere öffentliche Gebäude — Muster der Abscheulichkeit sind.

Die Luft ist rauh, aber rein und gesund, und man höret wenig von epidemischen Krankheiten; von bösartigen Blattern selten, von Ruhren aber öfters. Für Naturkündiger ist merkwürdig, daß beynahe nie ein Gewitter oder Donnerwetter die Stadt trift, sondern daß sie fast alle vorbeyziehen. Die Stadt und Altenstadt Hof nebst den Vorstädten hatte nach einer im Jahre 1787 vorgenommenen Zählung 606 Häuser und 4674 Einwohner. Gute statistische Nachrichten fehlen noch von dieser Stadt.

Die Stadt ist der Sitz der Landeshauptmannschaft, welche bestehet aus dem Landeshauptmann, Secretair oder Expeditor und Aktuarius oder Registrator, welche beide Rechtsgelehrte seyn müssen. Ferner ist hier das Kastenamt, das Klosteramt, welches einen gemeinschaftlichen Gegenschreiber hat, und das Stadtvoigteyamt, welches aus dem Stadtvogt und einem Aktuarius bestehet. Die vogtländische Ritterschaft Hofer Bezirks hat ihren Consulenten und Kassirer, und hält auch ihre Versammlungen oder Convente in Hof.

Es sind hier zwey Postexpeditionen, eine kaiserliche und eine kursächsische. Man kann alle Wochen ein paarmal nicht allein durch ganz Deutschland

land, sondern auch durch ganz Europa die besten uub schleunigsten Bestellungen machen, welches auch von dem Poststall in Ansehung der fahrenden Posten zu verstehen ist.

Die Geistlichkeit bestehet aus dem Superintendenten, vier Diaconis und Hospitalpfarrer; vielleicht würden drey Diaconi die Kirchen versehen können, der Gottesdienst nichts dabey verlieren, und die Geistlichkeit dabey gewinnen. Eine katholische Kirche würde hier der Glaubensfreiheit Ehre machen. Die Schule oder das Gymnasium, worüber der Superintendent die Inspection hat, besteht aus einem Rektor, (dem gelehrten Hrn. M. Kirsch, der sich durch viele interessante Programmen bekannt gemacht und besonders in der syrischen Litteratur bleibende Verdienste erworben hat,) Conrektor (dem durch verschiedene herausgegebene, mit Beyfall aufgenommene Schriften, bekannten Hrn. Conrektor Rennebaum,) Tertius, Quartus, Cantor und Quintus. Sie haben fast alle den Ruf als gelehrte Leute: man wirft ihnen aber vor, daß sie nicht nach einem Plan arbeiten und sich dadurch das Lehren erschweren. Ein wesentlicher Fehler ist, daß bey der guten Gelegenheit in der lateinischen, griechischen und hebräischen Sprache der Unterricht im englischen, italienischen und französischen ganz mangelt. Noch muß man sich daselbst mit Landläufern und Avanturiers

turiers behelfen, deren Dialekt dem Rothwelschen näher kommt, als dem Französischen.

Es ist freilich vorauszusehen, daß der Fleiß dieser Männer — für diese Schule in kurzem verlohren gehen wird, und sie bey ihrer kärglichen Versorgung andere Beförderungen suchen werden. Da aber Lage und andere Umstände ein Gymnasium daselbst sehr begünstigen: so wünschte ich ihm Unterstützung, so wenig ich übrigens die Zahl der Studierenden möchte wachsen sehen. Nur der Genie und Geld hat — soll studieren; der Genie hat und arm ist — kann studieren — der aber weder Genie noch Geld hat, soll das Spinnrad drehen — oder pflügen, sollte ihn auch seine Mutter zehnmal im Traume auf der Kanzel gesehen, oder den Bauern einen guten Rath haben geben hören. Der Beruf zum Studieren ist so mancherley, daß er öfters den gesunden Menschenverstand auszuschließen scheint. Und doch werden alle Leute geprüft!! Wenn der mit Gold beladene Esel ins Heiligthum eingeht, so ist es nicht zu verwundern; aber der elende mit Sägespänen beladene?? —

Es sind hier noch vier deutsche Schulen, worüber aber nichts zu sagen ist.

Burgermeister und Rath besteht aus 4 Burgermeistern, davon immer einer 4 Monate im Amt ist; dem Stadtsyndicus, der ein

Rechtsgelehrter seyn muß, zugleich Expeditor ist und auf dem Rathhause das Protokoll führet; 8 Rathsherren.

Eine Uebersicht des Nahrungsstandes wird man hier in alphabetischer Ordnung finden.

Zwey Baumwollenhändler aus Macedonien, handeln im Großen, desgleichen auch mit türkischem Garn.

Baumwollenspinnerey; beschäftiget gegen 700 Personen und vielleicht noch 200, die es als eine Nebenhandlung treiben.

Zwey und dreißig Becker, sind meistens wohlhabende Leute: dem ohngeachtet lassen sie es bey der geringsten durch Dürre oder Fröste einfallenden Wasserklemme an Brod mangeln, weil sie sich weder in Getraid- noch Mehlvorrathe setzen, sondern an den Markttagen den Armen das Getraide Scheffel- und Achtelweis vom Mund wegkaufen. Diesen würde gleich abgeholfen seyn, wenn man entweder ihre Anzahl vermehrte, oder den Landbecken Brodt in die Stadt zu verkaufen, erlaubte.

Vier Beutler.

Ein Blechschmidt.

Zwey Bortenwürker; bey der Veränderlichkeit der Moden sollten auch diese nicht beym alten Schlendrian bleiben.

Sechs

Sechs Brauhäuser. Es wird zum Theil sehr gutes Bier gebrauet, ohnerachtet man noch vor einigen Jahren glaubte, ein Bier sey nicht gut, wenn es nicht dick, schwarz und dummmachend sey, wobey doch einige Sudler den Schlendrian nicht verlassen wollen. Es werden jährlich gegen 4400 Scheffel Gerste und daraus 26 bis 27000 Eimer Bier gebrauet; dennes ist noch eine Weißbierbrauerey, Burgermeistern und Rath gehörig, die über 160 Scheffel Waitzen verbrauchet, und über 1600 Eimer Bier brauet.

Der Vertrieb wird gar sehr durch den sich 2 Stunden um die Stadt erstreckenden Bierverlag befördert, und die Bürgerschaft hat bey der immer mehr zunehmenden Bevölkerung sich wohl vorzusehen, daß ihr dieser Nahrungszweig nicht durch vernachlässigtes Brauen entzogen werde.

Sechs Buchbinder, darunter sehr gute Arbeiter sind.

Eine Buchdruckerey, die nur zwey gangbare Pressen hat; würde aber bey einer durchgängigen Verbesserung mehr zu thun haben, mehr thun und wenigstens vier Pressen beschäftigen können. Typographische Kenntniß fehlt!

Eine Buchhandlung, der es an Verlag, an kritischer Auswahl und an Thätigkeit fehlt.

Ein Büchsenmacher.

Zwey Bürstenbinder.

Eilf Büttner oder Faßbinder.

Die Cottun- oder Zitzmanufaktur beschäftiget gegen 500 Personen. Sie ist ein deutlicher Beweiß, was ein offener Kopf mit Fleiß und Thätigkeit auch ohne große Anlage vermag.

Drey Drechsler, davon Hr. Hoe blasende Instrumente verfertiget, die weit und breit im Rufe stehen. Seine Flöten sind vortreflich gearbeitet und haben den reinsten und schneidendsten Ton, den man verlangt.

Acht Färber, sie färben zum Theil in Seide, und sind besonders in Ansehung des dunkelblauen Färbens berühmt.

Ein Feilenhauer.

Feldbau gehöret unter die guten und beträchtlichsten Nahrungszweige der Bürger, nur wäre zu wünschen, daß viele ihren Handwerkstrieb — der Pflicht gegen das Publikum ist — nicht ganz darüber vernachlässigten. Es wird Waitzen, Korn, Gerste, Kraut, Erdäpfel und etwas Hopfen gebauet. Die Felder liegen niemals brach, und der Fleiß in der Bearbeitung und Bedüngung ist so groß, daß das Erdreich beynahe alle 10 Jahre erneuert wird.

Sechs Flaschner, die zum Theil vorzüglich gute Arbeit verfertigen.

Die Florwirkeren ist gefallen und kann kaum mehr auf etliche 30,000 Stücke berechnet werden, es ist aber nichts dabey verloren gegangen, da an deren Statt die sogenannte Tuchleinsweberey eingetreten ist, davon weiter unten.

Vier Fuhrleute.

Die Fütterung ist seit einiger Zeit in sehr hohem Preis, theils weil der Wiesen nach Verhältniß der Felder zu wenig sind, theils weil der Bürger mit der künstlichen Gräserey noch zu wenig bekannt ist, theils weil die Getraide zu kurz ins Ströh wachsen.

Ein Galanteriewaarenhändler ist durch Modetändeley nothwendig geworden.

Gartenwerk und Gemüßbau wird hier ganz vernachläßiget und muß von außen bezogen werden.

Sieben Gasthöfe, unreinlich, Fuhrmannseinkehren, elende Bewirthung, theure Zeche.

Ein Geigenmacher.

Drey Glaser.

Ein Goldarbeiter.

Drey Gürtler, sind sehr geschickt; der Vortheil aber in der Vergoldung muß ihnen ganz fehlen, weil man nach zwey bis drey Jahren nichts mehr davon sieht.

Acht Huffschmiede; einige fangen nun auch an, sich der Pferdekuren zu befleißigen.

Sechs Hutmacher. Sie werden sich vermuthlich immer besser bey den geringen und Mittelsorten — die sie sehr flüchtig verfertigen — stehen, als bey den feinern, wo ihnen andere schon den Rang abgelaufen haben. Doch muß ich des Hutmachers Sengewald, in der Altenstadt Nro. 451. wohnhaft, gedenken, der sehr tüchtige und dauerhafte Hüte zu 3, 4 bis 5 Thaler verfertiget.

Zwey Jahrmärkte.

Zwey Kammmacher.

Zwanzig Kaufleute, darunter funfzehen mit Material- und fünf mit schneidenden Waaren handeln. Die beträchtlichsten sind:

Hr. Georg Wilhelm Bürger treibt den Lederhandel nach Oesterreich und Ungarn, von daher er Weine bringt.

Hr. Friedrich Gotthelf Franz führet außer verschiedenen seidenen, wollenen und baumwollenen Schnittwaaren, auch allerley Sorten Schnupf- und Rauchtaback und ausländische Weine.

Hr. Joh. Georg Herold ist der Besitzer der Cottun- und Zitzmanufaktur, davon oben; handelt auch mit seidenen und halbseidenen, dann Bandwaaren.

Hr. Joh. Gottlob Jörbens treibt Speditions-
und Kommissionsgeschäfte, hat einen eigenen
Handel ins Große mit Baumwolle, baumwollenen und schaafwollenen Garnen, ins Kleine mit
Spezerey- und Farbenwaaren.

Hr. Joh. Gottlieb Kapp handelt auswärts ins
Große mit Material- Spezerey- und Farbenwaa-
ren und vertreibt solche auch in hiesige Gegend ins
Kleine.

Hr. Burgermeister Franz August Köhler besitzt
ein ansehnliches Waarenlager an Zucker, Kaffee,
Gewürz, Farben und Fischwaaren, Oehl, Ta-
back ꝛc. womit er auswärtigen Vertrieb hat. Die
Baumwolle gehet besonders in hiesiger Gegend.

Hr. Oberkömmerzienrath Jacob Friedr. Pütt-
ner hat ein starkes Waarenlager an Material-
Droquerey- Spezerey- Farb- Mahler- Berg- und
Fischwaaren; besitzt ein beträchtliches Alaun- und
Vitriolwerk; handelt auswärts ins Große, ins
Kleine in die ganze umliegende Gegend; treibt
Wechselgeschäfte und starken Speditionshandel.

Hr. Georg Christian Püttner's sel. Erben handeln mit köllnischen, steyerischen, schmalkaldner
Eisengeräthe, rohen Stahl, allen Sorten Blech,
Messing und Eisendrath, rohen und verschiedenen gegossenen Eisen, nürnberger Fabrikwaaren,
ins und ausländischem Leder ꝛc.

Hr. Joh. Gottfried Schneider handelt mit Gewürz und betreibt Speditiones in und außer Landes. Es macht auch diese Handlung ansehnliche Geschäfte in baumwollenen Waaren.

Hr. Joh. David Wagner handelt im Großen und im Kleinen mit seidenen und wollenen und andern Schnittwaaren, desgleichen mit goldenen und silbernen Tressen, Galanteriewaaren ꝛc.

Hr. Joh. Albr. Wunnerlich, davon unten, unter Papiermühle und Tüchleinsmanufaktur.

Ein Knopfmacher.

Vierzehn Krämer und Högler.

Fünf Kupferschmiede, bestehen durchgehends aus geschickten Leuten, es werden sehr gute Feuerspritzen verfertiget.

Vier Kürschner.

Zwey Lebküchner.

Sechs und vierzig Leinweber, kommen in Abnahme, weil der wohlhabende Theil die Baumwollenwirkerey unter dem Titel der Tüchleinsfabrikanten ergriffen hat, siehe Tüchleinsweberey.

Vier Lichterzieher oder Seifensieder, auch das geringste Handwerk soll sich der Vollkommenheit zu nähern suchen; vor einiger Zeit wurden die Hofer Lichter auswärts gesucht, nun aber

machen

machen die meisten Lichterzieher so schlechte Arbeit, daß man auswärts seine Zuflucht nehmen muß.

Vier Mauermeister, die im Ganzen genommen, gut genug wären, es ist aber gewiß, daß, wenn man nicht eine besondere Verfügung in Ansehung der Maurer und Zimmerleute und hauptsächlich ihrer Gesellen trift, das Bauen eine unendliche Last, und am Ende nicht mehr zu bestreiten seyn wird. Dieser ganze, nicht zu bessernde Auswurf von Menschen, behauptet dem ohngeachtet — durch den Handwerksschlendrian unterstützet — das Recht, ausschließungsweise und ungestraft zu betrügen; ich sage **ungestraft**: denn Zeitversäumniß, Verschleppen und Verderben der Materialien sind die geringsten Nachtheile für den Bauherrn. Blendwerk, Unregelmäßigkeit, Feuersgefährlichkeit sind Fehler, die man oft erst nach zehen, zwanzig und mehreren Jahren, zu seiner und vielleicht der ganzen Stadt Schaden gewahr wird. Für sein gutes Geld sollte doch dem Bauherrn erlaubt werden, Bauleute **aus dem Lande** zu nehmen, zu denen er ein Vertrauen hätte!

Ein und dreißig Metzger, das nämliche unbändige Volk, wie überall, und die nicht anders zu bessern sind, als daß man die Schlachtgerechtigkeiten erweitere und vermehre.

Ein Mahler.

Fünf Mulzer.

Drey **Müller** an der Saale, mahlen mit 13 Mahl- u. 3 Malzgängen, haben daben Loh- Gewürz- Oehl- Graupen- Schleif- und holländische Mangmühlen.

Zwen **Nabler**, sehr unbedeutend.

Drey **Nagelschmiede**, die gut und schlecht genug auf ihr Ausschließungsrecht losarbeiten.

Ein **Neber-** oder **Zirkelschmidt**.

Obstbau ist ganz oder gar vernachlässiget und das Obst wird fast alles aus Culmbach und dasiger Gegend bezogen.

Ein **Orgelmacher**.

Ein **Papierhändler**.

Die **Papiermühle** liegt eine halbe Stunde von der Stadt und gehöret oben genannten Herrn Kaufmann Wunnerlich, welcher dieselbe sehr verbessert hat. Außer den gewöhnlichen Pack- Conzept- Canzeley- Brief- und Postpapier, werden auch feinere Postpapiere von verschiedener Größe auf französische und holländische Art verfertiget, von denen sie schwerlich zu unterscheiden sind.

Fünf **Peruquenmacher**.

Ein **Petschierstecher**, sticht in Stahl und Messing.

Drey **Riemer**.

Eilf **Rothgerber**.

Sechs **Seiler**.

Vier Sattler. Wenn ein Handwerk einen guten Ruf hat — wie es die Hofer Sattler in Ansehung guter Sättel und dem Bau englischer Wagen haben, so sollten sie nie räudige Glieder unter sich leiden, die durch Schein und Flickarbeit betrügen und rechtschaffene Meister um die Kundschaft bringen.

Ein Scheerenschleifer.

Ein Schieferdecker.

Sechs Schlosser. Diese gehören unter die unentbehrlichen Handwerker, deren Zwangsrecht am drückendsten ist; der gute Arbeiter nimmt mehr an, als er fördern kann, zieht auf und läßt sich am Ende doppelt bezahlen, und mit dem schlechten wird man auf alle Fälle betrogen.

Drey und dreißig Schneider.

Ein Schornsteinfeger.

Zehen Schreiner oder Tischler, darunter vortrefliche Arbeiter. Dieses Handwerk ist wegen der langen Verzögerung und Vernachlässigung seiner Kunden höchst berüchtigt.

Acht und funfzig Schuhmacher.

Seifensieder siehe Lichterzieher.

Ein Siebmacher.

Fünf Silberarbeiter oder Silberschmiede.

Ein Sporer.

Zwey Staffiermahler; Glanz, Vergoldungen und gute Firnisse fehlen noch ganz.

Sechzehn Strumpfwirker, sollten sich mehr auf feine Sorten legen.

Taglöhner sind über 300, und können sich — das Spinnen noch ausgenommen — bey dem starken Feldbau, der Brauerey, Ladung der Kaufmannsgüter, Holzhauen, Handlangen beim Bauwesen und dergleichen sehr wohl nähren.

Acht Töpfer erhalten sich bey ihrem guten Ruf.

Sechs und vierzig Tuchmacher; verfertigen eine sehr gute und dauerhafte Sorte geringer und Mitteltücher, und würden es noch weiter bringen, wenn sie die Arbeit etwas weniger Handwerksmäßig trieben. Unterdessen verdienen sie Unterstützung, da ihr Nahrungstrieb durch den geringen Verschluß kümmerlich wird.

Tuchleinsweberey ist meistens an die Stelle der Florwirkerey getreten, und werden mit Einschluß der folgenden Manufaktur gegen 20,000 Dutzend Tüchlein, so wie auch etliche 100 Stücken Mousseline verfertiget.

Tuchleinsmanufaktur des obengenannten Hrn. Kaufmanns Wunnerlich, welche gegen 100 Stühle beschäftiget. Das Dutzend dieser Tüchlein wird von 4 bis 12 Fl. rhein. verkauft. Der Besitzer hatte ein Ausschließungsrecht, da aber ein jeder Weber sich mit dieser Waare abgab, und er alle Rechtshändel vermeiden wollte, wodurch jemand an seiner Nahrung litte; so suchte er andere bere Auswege, und durch die feinsten Waaren, entferntern Verschluß. Vielleicht hat man nie einen edlern Gebrauch von einem Ausschließungsrecht gemacht.

Fünf Tuchscheerer.

Ein Uhrmacher in großen Uhren.

Viehzucht macht mit der Brauerey und dem Feldbau verbunden einen sehr beträchtlichen Nahrungszweig aus. Es werden jährlich über 130 Stück fette Ochsen außer Landes geführet, und wenigstens eben so viele in die umliegenden Oerter, ohne noch was in der Stadt verbleibet.

Vier Wagner sind gute und geschickte Arbeiter; es herrscht aber meistentheils auch der Mangel an Holzvorrath, welcher zur Verfertigung schöner und tüchtiger Wagen unumgänglich nöthig ist.

Ein Weinhändler, der durch einen stärkern Verkehr die so häufig hereinlaufenden fremden Weinhändler zu verdrängen suchen sollte.

Sechs Weißgerber.

Siebzehn Wirthshäuser, Garküchen, Zapfenschenken — mehr als zu viel, und eine schlechter, als die andere.

Wochenmärkte werden alle Donnerstage gehalten.

Zwey und zwanzig Zeuchmacher, mit diesen will es ihres Fleißes ohngeachtet nicht fort. Wie löblich wäre es, wenn es einer unternähme, dieses sowohl als das Tuchmacherhandwerk durch eine freye Manufaktur in Bewegung und Nahrung zu setzen.

Eine Ziegel- und Kalkbrennerey gehöret Burgermeister und Rath. Die Ziegelbrennerey wird so übel und mit so wenig Aufsicht getrieben, daß man sagen sollte, sie wetteifere mit ihren Nachbarn zu Wölbatendorf und Zelle, wer die schlechteste Arbeit machen wolle.

Fünf Zimmermeister. Hier tritt alles ohne Ausnahme ein, was oben bey dem Maurerhandwerk gesagt worden.

Sechs Zinngießer, gut und geschickt.

Zwey Zuckerbecker. *)

Zur Unterstützung der Armuth sind vielleicht in vielen Städten von gleicher Größe bessere, aber nicht mehrere Anstalten. Dahin gehören vorzüglich:

Das

---

*) Niemand wird den Nutzen einer so kurzen und allgemeinen Uebersicht des Nahrungs- und Gewerbestandes verkennen. Der Kopf bekommt Materie zum Nachdenken; die Obrigkeit zum Verbessern; der Nachbar, der öfters eine Sache zwanzig Meilen weit hat herholen lassen, ersieht, daß er sie eine Stunde weit findet; der Bürger übersieht die zu viel und zu wenig besetzten Gewerbe und drängt seinen Sohn nicht in eine Klasse, die schon voll ist; der Handwerker bekommt einen Fingerzeig, wo es ihm fehlt; der Fremde erhält Kenntnisse, die dem Einheimischen nützlich werden können.

Das Hospital, welches eine sehr reiche Stiftung ist, und unter der Inspection des Landshauptmanns, welcher das Direktorium hat, des Superintendenten, des landeshauptmannschaftlichen Secretairs, das Kastenamtmanns und des Stadtvogts und unter der Administration von Burgermeister und Rath stehet. Dann hat es einen besondern Amtmann, Gegenschreiber und Förster. Es werden gewöhnlich erhalten: 36 ganze Pfründner, die zur Nothdurft Fleisch, Brod, Bier und andere Lebensmittel und etwas weniges an Geld bekommen und die im Convente wohnen, werden auch bis zum Brüten mit Holz versehen. 28 halbe Pfründner, denen ohngefähr das nämliche, jedoch nur zur Hälfte, und 40 Personen und darüber, denen wöchentlich sechs auch zwölf Pfund Brod gereichet werden. Außer diesen werden noch einige ansehnliche Geld- und Getraidezulagen und Pensionen ertheilet.

Das Waisenhaus ist eine sehr gute Anstalt, worin 17 Kinder zweckmäßig zum Dienen und zu Handwerkern erzogen werden; die Anzahl wird, so wie die Einkünfte zunehmen, vermehret.

Zwey Armenhäuser, worinnen 22 alte Weiber ihre Unterkunft haben, mit Holz und etwas Getraide versehen werden und deren jede noch von den Einlagegeldern aus den Kirchen und allerhand andern Bettelenen bey Taufen, Hochzeiten, Leichen

und

und andern Gelegenheiten es über 13 bis 14 Gulden fränk. bringen kann.

Die Allmosen Kasse, die durch wöchentliche Sammlung jährlich gegen 1700 Reichsthaler einbringt. Sie reicht bey weitem nicht zu, durchreisende Handwerkspursche und Hausarme mit Allmosen zu versehen, und dennoch hat sie Kapitalien gesammelt!—

Zu den Armenanstalten kann noch die Armenschule oder das Alumnäum gerechnet werden, wo 16 — 18 junge Leute aufgenommen und mit Wohnung, Kost und Kleidung nothdürftig, aber freilich nicht reichlich versehen werden, indem die meisten Ausgaben von den Zinsen eines kleinen Kapitals und von freiwilligen Beyträgen bestritten werden.

Es sind hier zwey Aerzte, drey Bader, drey Barbierer, zwey Apotheken und drey Hebammen. Dann noch eine Menge Afterärzte, wohin alte Jungfern, Schweinschneider und Schinderknechte gehören. Jährlich kommen hier sehr viele todte Kinder zum Vorschein, woran vermuthlich die Hebammen Schuld sind. So lange die Hebammen nicht der Gegenstand öffentlicher Anstalten sind, so lange ihre Kunst die Frucht des elenden Schlendrians ist, so lange das gemeine Wesen sie nicht in ihren Sold nimmt und sie der Dürftigkeit entreißet, so lange werden todte Kinder und übel zugerichtete Mütter uns täglich unsere Sorglosigkeit vorwerfen.

Das

Das Siech- oder Grenzhaus, welches etwas entfernt von der Stadt und ganz frei lieget, wäre eine gute Anstalt, wenn es nur einige sichere Einkünfte zur Unterbringung solcher Leute hätte, die mit ansteckenden Krankheiten behaftet sind. Die Landschaft hat es vor einiger Zeit so herstellen und einrichten lassen, daß 16 bis 18 Betten in verschiedenen Stuben und Kammern darin Platz haben.

Das Bauwesen ist hier in dem erbärmlichsten Zustande. Die Brandanstalten sind durch die vor kurzem erneuerte Feuerordnung ziemlich zweckmäßig gemacht worden; allein in einem Orte, wo alle Häuser mit Schindeln gedecket, wo die Hintergebäude alle mit Brettern und Latten zusammenhangen, wo die Feuergefährlichkeiten schon in der Anlage der Gebäude zu suchen sind, wo alle Röhrkasten in einer Viertelstunde ausgeschöpft seyn müssen, da sind bey etwas starkem Winde alle Anstalten vergeblich. Die Stadt ist gegen 400,000 Reichsthlr. in der Brandkasse. — Die Beleuchtungsanstalt bestehet aus 102 Laternen, die acht Monate lang, außer bey Mondschein, brennen.

Hof hat auch ein Intelligenzblatt. Es wurde vom October 1770 bis Ende 1771 auf eigene Kosten eines Privatmannes besorgt, gieng aber, weil er einen beträchtlichen Verlust dabey hatte, wieder ein. Im März 1783 übernahm es die Vierlingische Buchhandlung; mit welchem Vortheil, kann

kann man sich leicht vorstellen, da es kaum zwanzig Pränumeranten in der Stadt, aber nur so und so viel Leser hat. Eine solche Anstalt ist ohne Unterstützung. Seit ein Paar Jahren in letzten Zügen, doch hat es sich mit dem Anfange des Jahrs 1790 wieder sehr gebessert. Der dasige Landshauptmann, Hr. geheime Rath von Reitershausen — ein thätiger und sehr rechtschaffener Mann — hat viele lehrreiche Aufsätze in dieses Intelligenzblatt geliefert.

Die Kinderzucht ist hier sehr schlecht; der geringste Theil der Einwohner weiß, was Kinderzucht ist.

Das Lesen wird ziemlich allgemein, und theils durch die Buchhandlung, theils aber und besonders durch einen Geistlichen befördert, der durch Auswahl guter Bücher den Geschmack zu verbreiten, und der Lesegesellschaft zweckmäßig zu machen gesucht hat.

Der Luxus hat bey dem ziemlich allgemeinen Wohlstand noch wenig beträchtliche Fortschritte gemacht, welches an den Hofern sehr zu loben ist. Der Bürger hat daselbst mehr Arbeitsamkeit, als nachdenkenden Geist; er ist aufmerksam auf seinen Nutzen, gleichgültig für alles, was ihn nicht unmittelbar rührt; unermüdet in seinen häuslichen Geschäften, unbekümmert bey allem, was seinen Nachbar betrifft; er thut alles für den gegenwärtigen

Vorder Stadt Hof im Jahre 1785.

Vortheil, und ist sorgenlos über die Zukunft; er hält das Erworbene zu Rath — nicht um es zu genießen, sondern — um mehr zu erwerben; gut ohne wohlthätig, wenig gesittet, ohne lasterhaft zu seyn; ohne heftige Leidenschaften, wie alle Biertrinker, aber wüthend, wenn er auf das äusserste gebracht wird. Er übertritt die Gesetze nie aus Bosheit. — Unbedachtsamkeit aber macht, daß er sie nicht hält. Was man alte deutsche Redlichkeit nennet, nimmt nach und nach ab, so wie der Geist der Erwerbsamkeit zunimmt; vor 20 bis 25 Jahren traute man sich noch aufs Wort, jetzt macht die Menge der Advokaten, selbst bey Handschriften, daselbst vorsichtig.

Im Ganzen genommen, giebt es daselbst viele schöne Leute männlichen und weiblichen Geschlechts; man verwundert sich aber, die schönsten Mädchens und Jungens von 16 — 18 Jahren, mit 22 — 24 bis zum Verkennen veraltert und verblühet zu sehen. Starke und anhaltende Arbeit mögen das meiste hiezu beytragen. Genug für den Denker! *) Zu dieser Uebersicht von Hof will ich noch folgendes beyfügen. Der Nahrungsstand hätte 1785 durch den Tod des Kommerzienraths Oertel, eines jungen, thätigen und rechtschaffenen Mannes, einen wichtigen Verlust erlitten, wenn nicht die Kaufleute Herren Burgermeister Köhler und Schneider die vom jenem angefangene Mousslinmanufaktur in noch größere

*) S. Hofer Intelligenzblatt 1785.

ſere Betriebſamkeit geſetzet hätten. Wer muß alſo dem Hrn. Prof. Wünſch zu Frankfurt an der Oder wohl geſagt haben, was er in der Berliner Monatsſchrift, October 1785, nachbetet. „Hoch auf dem (ſächſiſchen) Erzgebirge klöppeln alle Kinder und Weiber, in dem die Männer meiſtentheils auf der Bergzeche arbeiten; weiter unten ziehen Baumwollen- und Leinenmanufakturen der Länge nach dem Gebirge hin und zwar bis nach Plauen hinaus, wo ſogar die allermeiſten Frauenzimmer die ſchönſten Mouſſeline weben, und wo auch eine ſehr große Cattunfabrik iſt. Hier aber ſchnappet alles ab, und Hof, die erſte bayreuthiſche Stadt, macht weiter faſt nichts als wenig ſchlechten Flor, der nicht viel ſagen will.“ Was doch die Herren alles ſchwatzen, wenn ſie mit Antitheſen ſpielen wollen! Selbſt zu der Zeit, wo in Hof nichts als die ſchlechten Flöhre gemacht wurden, war dieſer Handel wichtig, indem jährlich über 200,000 Stücke verfertiget wurden. So wie aber dieſer Handlungszweig durch innere und äußere Umſtände einen Stoß litte; ſo erhob ſich die Tüchlein- dann die Cattun- und endlich die Mouſſelinweberey; ab dieſes nichts ſagen will, hätte Hr. Wünſch in Plauen ſelbſt erfahren können. Auch verbreitet ſich der Baumwollenhandel im Großen immer mehr durch die neuerdings ſich daſelbſt niedergelaſſenen Griechen.

Der

Der Armenhäuser sind in Hof noch immer, der gesunden Vernunft zum Truk, zwey, ohnerachtet sie zweckmäßiger, wohlfeiler und besser in eines gezogen werden könnten.

Es ist schon oben gesagt worden, daß es unbegreiflich ist, wie sich in Hof noch Jemand zum bauen entschließen könne, indem alles dazu beyträgt, es äußerst zu erschweren. Der Zimmermann macht seinen Anschlag auf über= und ganz fübrige Bäume, da wo er halb fübrige oder Sparreiser braucht, und um sich schadlos zu halten, hauet er die einen zu Sparreiser und die andern zu Zaunspfählen zusammen, worinnen der Zimmermann Röbel besonders Meister ist. Dadurch verträgt er die Zeit und gewinnet Späne. Der Maurer macht den Materialienanschlag so gering als möglich, in der Folge ist es des Bauherrn Sache, das Döppelte an Sand, Steinen, Kalk und Ziegeln nachfahren zu lassen. Hundert anderer Unannehmlichkeiten zu geschweigen.

Druckfehler und Verbesserungen.

Seite 141, Zeile 10 lese man Auswüchse. S. 19 Z. 2 von unten statt, besonders mehr, lese man, besonders nahe. S. 25 Z. 1 l. seinen. S. 31 Z. 5 l. man und die ländlichen ꝛc. S. 41 Z. 2 l. von dem Geschmack. S. 58 Z. 16 setze man statt des Semikolon ein Comma. S. 63 Z. 2 v. unt. l. m. statt aber, eben so hat ꝛc. S. 73 Z. 4 v. u. l. seinem. S. 77 Z. 1 v u. war statt waren. S. 87 Z. 1 v. u. l. die Kirche. S. 89 Z. 13 l. Adelmannischen. Ebendaselbst auf der lezten Seite in langen ꝛc. S. 90 Z. 3 st. Falie, l. Familie. Ebendas. auf der vorlezten Zeile, des Bergs. S. 98 Z. 22 l. der Fürstbischof. S. 99 Z. 15 l. seinem. Eben so S. 100 Z. 2. S. 101 Z. 17 l. nach dem. S. 103 Z. 4 st. sich l. sind. S. 106 Z. 3 st. Thors l. Wilibaldchors. Ebend. Z. 9 setze man nach lassen ein Punkt. S. 113 auf der lezten Zeile st. Stad l. Stand. S. 122 Z. 4 von unten l. Nach dem ꝛc. S. 123 Z. 3 verändert hat. S. 124 Z. 1 l. anschlagen oder zutreffen. S. 145 Z. 17 l. einem. S. 152 in der Tabelle statt Münchenberg l. Münchberg. S. 160 Z. 17 l. 3¼ Schuh. S. 164 Z. 11. Nach dem Worte Meerbusen setze man ein Punkt und schalte folgende Worte ein: Drozyn lief aus dem Obischen Meerbusen ꝛc. S. 167 Z. 4 l. Nahe dabey. S. 168 Z. 24 l. Jussieu. S. 184 Z. 16 st. aus den l. aus der. S. 204 Z. 5 st. nach l. noch. S. 215 Z. 21 l. Statuts. S. 221 Z. 13 l. größtem. S. 229 Z. 1 l. Herzogenaurach. S. 238. Z. 28 l. vorstellen. S. 246 Z. 19 st. seiner l. lese man sein. S. 259 Z. 24 l. stehenden. S. 261 Z. 17 l. diesem. Z. 24 l. Wilibaldschor. S. 263 Z. streiche man einmal das Wörtchen zu weg. S. 265 Z. 13 l. Wilibaldchors. S. 270 Z. 15 l. habe. S. 273 Z. 17 st. seyn l. sind. S. 273 Z. 28 l. ausgegrabene. S. 275 Z. 19 st. dem l. den. Z. 20 st. dem l. dem Z. 21 st. dem l. den. S. 287 Z. 12 l. jährlichen. S. 288 Z. 19 ist Gulden doppelt gesetzt. S. 290 Z. 20 st. 327 l. 347. In der zweiten Note, Z. 2. l. Isenburg. S. 293 Z. 23 st. den l. denn S. 298 Z. 13 l. Hauptmann. S. 299 Z. 16 st. zu l. zum. S. 301 Z. 1 l. Meister.

www.ingramcontent.com/pod-product-compliance
Lightning Source LLC
Chambersburg PA
CBHW032043220426
43664CB00008B/834